道徳教育の批判と創造

社会転換期を拓く

藤田昌士・奥平康照［監修］

教育科学研究会「道徳と教育」部会［編］

エイデル研究所

はじめに

道徳教育なんて教育の中心的問題ではない、と思っている人も少なくはない。さらに進んで、学校教育に道徳教育がなくても少しも困らない、文科省が道徳の時間の設定を義務付け、今回は「特別の教科道徳」というように格上げして大騒ぎしているから、その道徳科をどうするかが問題になっているけれども、行政当局の押しつけさえなければ、学校での道徳教育のことなど、考えなくてもいい、と思っている人も、たくさんいる。しかし他方で、学校での道徳教育は必要であり、力を入れてほしいと考えている人たちも多いことが、アンケート調査などに現れている（第12章参照）。

本書の執筆者の間にもいろいろな意見があるけれども、道徳教育が必要であり、現代学校教育において重要な位置を与えられなければならないということでは一致している。

第一に、意識的であるか、計画的であるかどうかは別にして、どの社会でも次世代に対して、道徳教育は現実に行われている。どの社会にも〈道徳〉と称されてきたシステムがあり、社会の存続のためには若い世代による〈道徳〉の再生産・再創造を、指導・支援しなければならないからである。

第二に、その道徳教育は学校においてだけではなく、家庭、地域、職場、その他多様な場の社会集団において行われてきたが、現代日本の子どもたちの共同生活の場が限られたものになり、確実なつながりの場は学校の中だけになってしまっている場合もあるという現実を踏まえれば、今こそ学校において道徳教育が意識的に行われなければならないからである。

第三に、私たちが現代学校に必要だと考える道徳教育は、現行学習指導要領の方式・方法、内容をそのまま受け継ぐものではない。毎学年、20項目前後の内容項目一つひとつを説明し伝達する時間を設定し、その徳目伝達道徳授業をもって、教科学習や教科外活動の中で行なわれる道徳教育を補充・深化・統合する、という学習指導要領方式は、1958年の「道徳の時間」の特設以来、半世紀以上実施されてきた。文教当局はその道徳教育のために大きな努力を重ねてきたのだが、道徳教育行政当事者も認めているように、成功していない。道徳教育の根本的転換が必要になっている。

ではどうするか。本書の目的は、まずは現代道徳教育の実践と理論が抱えている問題を明らかにするということにある。本書の編集主体である教育科学研究会「道徳と教育」部会は50年以上前からずっと存続し活動してきた（補章「教科研『道徳と教育』部会の研究経過」参照）。今さら問題探しの段階で右往左往しているのかと、叱られるかもしれない。私たちの歩みの遅れについての批判は甘受せざるを得ないが、2点は意識しておきたい。

第一には、道徳教育における学習指導要領方式の縛りが、実践における自由な工夫と探究を困難にしてきたという点である。第9、10、11章は公立の小、中学校での実践報告であり、子どもたちの道徳性・

人格・人間成長にとって必要な課題について、安心と平和の問題に焦点を当てて構成された実践である。大江、小堀、大橋の各先生は度量と力量を兼ね備えたベテランであるが、たまたま管理職の理解があったり、なければ戦いがあったり、あるいは行政や地方議員からの不当な干渉を気にしながら、失敗を許されない重圧の下で実践をしなければならないのである。若手が試行錯誤しながら、のびのびと思い切った実践をして、相互に自由な検討と批判が可能だという条件がなければ、実践は育たない。実践の育たないところに、研究も育たない。今回の「道徳科」による道徳教育改革構想において、「多様な価値観」に誠実に向き合う姿勢は「道徳教育で養うべき基本的資質である」（２０１４年10月の中教審答申）というのならば、教師にとって、実践と相互検討の自由がまずは公認されなければ、道徳教育の改革は進まない。

第二には、現代日本社会は大きな転換期にあり、〈道徳〉とはなんであるか、人間にとって〈道徳〉のもつ意味はなにか、未来に生きる子どもたちにとって、どのような〈道徳〉が必要なのか、等々、いくつもの難しい問いに直面している。人間社会は法律・規則や慣習・仕来たりや礼儀・作法など、人間・社会間の関係・つながりの制度によって成り立っている。それらのつながりの制度を根底において支えあるいは規制しているものが〈道徳〉だと言える。〈道徳〉の形式的な位置と意味はそのように理解できるのだが、さて、その〈道徳〉の内容は、となると、社会転換期の諸関係流動化のもとにおいては捉えることが容易ではない。道徳教育の内容と過程の構成は、改めて考え直されなければならない時代なのである。

本書は副題を「社会転換期を拓く」としたが、「社会転換期」という用語や捉え方については、私たちの部会内でも見解は多様である。本書を読んでくださった人たち、そして私たちの内部でも、危機の時代に応答する根本的な論議を期待して、上のような概念を選択し、副題とした。

1章「つながりの崩壊と再構成」で、奥平は現代の社会転換期を、人間のつながりの総合性が失われ、単機能化と流動化が徹底するという特徴をもって捉えている。その下では人びとの孤立化そして安心の崩壊が進行する。現代道徳教育実践の課題は子どもたちの安心の要求にこたえ、さらに具体的に現れるつながりのトラブルに具体的に応答できる力量を、子どもたちと共に求めることだと示している。

2章「道徳理解に欠かせないもの」で小渕は、道徳にとって欠かせないのは、「規範性の原理」と「自主性の原理」だととらえる。道徳教育における「価値選択の自主性」の形成は、「道徳と教育」部会の発足以来の一貫した主張であるし、本書の執筆者の共有するところである。小渕の提起は、自主性尊重だけではシステムから発生する諸問題が未解決に残されるから、社会規範更新の側面（公共的側面と言い換えてもいいか）をもう一つの原理として同時に備えていなければならないとしたところにある。小渕のもう一つの提起は「基底的価値感覚」という概念を、道徳的規範を支える感性として重視していることである。この概念と道徳教育での位置は、「基本的信頼関係」論やルーマンの「原信頼」（8章）、奥平の言う「安心と信頼」の保障や12章藤田の「道徳的諸教育の構造的把握」における「基本的価値」論とどういう関係になるのか、検討に値する問題である。

「道徳科」発足で何が起こるのかを、以下の三つの章で検討する。

3章「中学校用道徳科教科書の特質」で伊東は、検定を通過した中学校道徳科教科書と、現行副読本（民間出版社の全国展開販売の副読本8社）にある全道徳資料を比較検討して、検定教科書になって、各社に共通する資料が著しく多くなったこと、また「日の丸」掲載数は12から49点へと増加したこと、などを客観的な数値をもって示し、検定によって内容の画一化と国家主義化の傾向が強められたことを明らかにしている。

4章「『教科化』時代の道徳教育の方法と評価」で広瀬は、「よく考え、議論する道徳への転換」をそのように言わざるを得なくなったのだと捉え、国が求める価値観を教え込むことにならないようにするにはどうすればいいか、成績評価をテコに国が求める人間づくりにならないように、評価はどうしたらいいかを示そうとしている。

「考え・議論する道徳」を道徳教育への政策的変更と見るのか、それとも国家道徳教育強化のカムフラージュと見るのか、など、本書の中でも筆者間で見方と対応は分散している。藤田論文では「多分にカムフラージュ」だと見ているし、広瀬論文はそれを捉えて逆流させるなと対応しているように読める。小渕論文では、徳目を毎学年繰り返し教え込み、のち「補充・深化・統合」という方式が、考え・議論する道徳に適した道徳資料の教科書への採用を難しくしている、という視点を提供している。

5章「道徳教育におけるジェンダー・セクシュアリティの問題」で橋本は、ジェンダー・セクシュアリティの視点から中学校道徳教科書の資料内容を分析して、思春期の子どもの性の現実課題を避けていること、性的役割分業を前提とする視点から脱け出せていない資料が多いことなど、具体的教材に基づいて明らかにしている。

6章「孤食と共食のはざまの子どもの『食』と道徳性の形成」で田口は、「食」という人間生活の基本的活動が、子どもたちのしつけや道徳教育において重要な役割を担わされてきたこと、現代の子どもたちの孤食化は食事に伴う共同と子どもへのケアの消滅をもたらしている、と指摘する。現代の子どもたちの共食の場である学校給食という活動をどのように組織するか、共食の規律訓練的側面とケア的側面とのいずれを強調するか、子どもたちの道徳教育の重要な争点であると気づかされる。

7章「多文化社会とナショナル・アイデンティティ」において櫻井は、愛国心あるいはナショナル・アイデンティティの形成という課題に焦点をあてて、移民によって急速に多文化社会化しているスコットランドの学校カリキュラムを分析する。スコットランドに生まれている文化的多様性を享受するという、アイデンティティのあり方の新しい可能性を明らかにしている。

8章「教師と子どもの関係を組み替える『不信』の可能性」で横井は、ドイツの社会学者ルーマンの信頼論を手がかりにして、教室における安心を確かなものにするためには、「不信」の存在と表明・議論の可能性に開かれた学級でなければならないことを明らかにして、その事例を日本の教育実践に求めている。

以下の三つの章では、安心と平和を中核に置いた実践報告が続く。

9章「子どもが安心する教室を」では、子どもたちにとって自分を理解し受け止めてくれる友だちと教師がいて、安心できる教室づくりがあって、その関係性の中で大江が行なっている道徳授業が報告されている。

10章「歴史教育と道徳教育」で小堀は、教科教育と道徳教育の関係を問い、道徳教育を社会科授業によって包囲する、あるいは社会科を道徳的価値選択に向かって組織すると主張し、歴史的事実として戦争体験の証言に学びながら、生徒たちとともに平和への価値選択を問う歴史教育実践を報告している。

11章「中学校3年間の平和学習と道徳授業地区公開講座」で大橋は、公立中学校学年教師集団による、3年間の平和学習計画にもとづく実践を報告する。それは教科学習、総合学習、教科外活動、「道徳」

にわたって、地域の人たちにも開かれた、総合的かつ計画的に取り組まれた平和学習である。

12章「道徳教育の批判と創造」において、民主的道徳教育は日本国憲法と子どもの権利条約にもとづき、価値選択の自主性形成と人類共生の規範としての民主的価値意識を育てることだと、藤田は主張する。その民主的道徳的価値の育成過程においては、子どもによる発見・創造を促すような学習活動を目的意識的に構成することが重要だと、指摘する。

以上は、各章の内容の一端である。それを切り口の一つとして、読者の皆様には、各章の内容に即して詳細にご検討いただければ幸いである。

本書の企画以来、編集委員のまとめ役として、櫻井歓氏には格別のご尽力をいただいた。特記して感謝の意を表したい。

２０１９年３月

奥平　康照

目次

第1章

つながりの崩壊と再構成
――社会転換期における道徳教育実践

奥平　康照

第1節　人間的つながりの崩壊

(1) 孤独・孤立の広がり

2018年1月の寒い朝、「孤独担当相」新設、という新聞の見出しが目に入った。英国のメイ政権は17日、「孤独担当相」を新設した。英国では7人に1人が孤独を感じていて、健康への悪影響も指摘されるなど、深刻な問題になっている。地域の人々を結びつける活動などに資金を提供することも検討する（朝日新聞2018年1月19日朝刊）、という内容だった。孤立・孤独の広がりが放置しておけない状況になり、イギリス政府が特別な対策を立てる方向に踏み出したのだ。

孤立・孤独はイギリスだけの問題ではない。経済的社会的先進地域ではどこでも深刻になりつつある。日本でも、孤独死が度々問題になり、子どもや若者のひきこもりが深刻になっている。孤立は老人や子ども・若者たちだけの問題ではない。失業や病気や離婚などの異変が身に起これば、どこの誰もが生活に必要な最小限のつながりさえ、維持できなくなるかもしれない。そういう生活・関係状況に、私たちは直面している。

そもそも近代社会は、家や身分や職業や地域共同体など、幾重にも絡みあった伝統的社会の拘束から人びとを解放し、自立的個人として生きる自由を保障する社会として構想された。近代国家の人権の基礎である自由権は、血縁・地縁など生まれたときから与えられている人間関係・社会的つながりの束縛から離脱する自由であり、そうして解き放たれた個人が、自らの信条と意志に従って新しい人間関係・社会関係を選択する自由である。近代人が警戒すべきは社会的束縛であって、自由獲得の結果生じる孤立や孤独は覚悟の上のはずだった。

（２）全人格的全体的つながりから、目的合理的機能的なつながりへ

ところがそうして生まれた近代社会の「自由な個人」は、現実にはいくつもの共同やつながりに組み込まれ、縛られる一方で、実はそのつながりに支えられてもいた。人間は安定したつながりという、存在の土台があってはじめて、自由も自立も我がものにすることができる。乳幼児が母親など特定の保育者との強く深い関係から生まれる安心の絆によって、外の世界へと歩み出す自信と勇気の土台を育むことができるように、安心と安全の保障となるつながりは、子どもから老人まで、どの世代にとっても、生きることを支える基盤なのである。

これまで人々は、安心と安全のつながりをどこに見出していたか。近代社会の人びとを縛りかつ支えていたつながりを二種類に分けて見ると分かりやすい。第一のつながりは前近代社会から引き継いで残った制度や共同関係や慣習である。家父長的な家族関係、親族関係、地縁的扶助・共同関係（例えば若者組、部落会など）、職・仕事・学習における主従・師弟・先輩後輩同輩などの関係、宗教や王室・皇室・伝統文化などの精神的支配・依存・従属の関係である。

第二のつながりは、近代社会の制度として生まれた法的・制度的関係である。公民としての法的制約や義務や権利や保護など、行政によって仕切られる関係がある。近代家族においては保育・保護・支援、管理と指導のための親子関係、そして兄弟姉妹関係。福祉・保育・教育施設での保護・管理・指導とその運営のために関係が生まれる。企業や職場においては、指揮・命令・服従の関係、支援・指導・協同など、職階間・同僚間などに幾重にも関係が作動している。そしてその周辺に職能団体や労働組合、塾やクラブ、その他多様な要求や必要に応じて多様なグループや団体が作られている。

これら二つのつながり・関係を簡単に前近代的人間関

係と近代的人間関係と呼ぶことにする。前者においてはいつも全人格的あるいは総合的なつながりが求められ、前提にされてきた。師匠は教えの場面において有能な指導者であるだけではなく、弟子の全生活に配慮する人間でもあった。弟子は全生活を師匠の指示に委ねる。また地域の例会である「部落会」などは地域の相談・協議よりも、戸主たちの親交と娯楽などの多面的なつき合いの場でもあった。[1] 地主と小作人の関係は、一面から見れば土地の貸し手と借り手という契約関係に過ぎないが、前近代的関係においては、人格的にも主従の関係にあり、従属ときには保護の関係でもあった。

それに対して後者の近代的人間関係においては、つながりから人格的従属関係が取り除かれ、労働・生産、取引、秩序維持・管理、保育・教育、保護、娯楽など、生活活動それぞれの目的達成に必要な機能別関係が編み出される。そのつながりは、目的合理的な機能的関係であることを特徴とする。

人間丸ごとの、人格従属的な人間関係から、人間活動のそれぞれの目的達成に必要な機能的人間関係への移行は、近代社会が生み出した重要な転換である。この転換によって私たちは、人間諸活動にともなう人格従属的関係から解放されて、目的合理的な限定的範囲内でのつながりを選択できるようになり、人格としての自由を法的・制度的に保障されることになったのである。

(3)「自由な個人」を支える社会的人間的つながり

しかし、近代的人間関係へと法的に転換したからといって、直ちに前近代的人間関係・社会関係が消滅し、近代的人間関係の支配する社会が、完成した形で出現するわけではない。明治憲法体制下ではもとより、日本の戦後制度改革の後もしばらくの間は、前近代的人間関係が、近代的人間関係と融合したり、並存したりしながら、子どもたちのつながりのあり方を規定していた。戦後民主教育の重要な課題は、子どもたちの生活の場面に残存している前近代的人間関係を、家庭や地域から、そして子どもたち自身の人間関係から追放することだった。そして近代的人間関係をもって編成された子どもたち世代の新しい社会をつくることだった。

１９５０年代中頃からの急激な経済成長の始まりとともに、生産と労働と生活の形が急速に変わっていく。それまで、農山漁村の農漁業家族や街中の自営業家族では、子どもたちもそれなりの働き手として位置づいていた。サラリーマン家庭でさえ、電化（とりわけ、洗濯機、冷蔵庫の普及）以前の家事労働は、子どもたちの手伝いなしには成り立たなかった。そのように家族は子育て集団であると同時に労働集団であり、総合的生活集団であり、子どもたちを含めて家族一人ひとりが寝食のすべてにおいて役割と位置と時間を割りふられている、緊密な生活共同体であった。

高度経済成長期に入ってから地域でも職場でも家庭でも、こうした生活丸ごとのつながりは次々に分解し、近代的な目的合理的なつながりへと変わっていく。縁故採用・終身雇用から能力主義・競争主義へ、人生・生活丸ごと面倒を見る親方や上司からの解放、学校と教育における能力主義・学力到達評価競争主義の支配、成績主義家族の蔓延、残業から帰宅して親だけの遅い夕食や弁当をもって塾通いなどによって共同食卓の崩壊、などと、日本の人間関係が１９６０年代70年代を通じて変化していったことを、私たちは経験してきた。

そして近代的人間関係のもつ個別目的的合理化機能化は、その後も一層純化していく。それがどこまでの広がりをもって現実化したかは別にして、メシ・カネだけの親子関係、セックス・フレンド、アッシーくん・メッシーくんなどの表現に象徴される友人関係のように、家庭のつながりも、友人・男女関係も、部分的機能役割へと細分化されていく。学校教育が併せもっていた役割も分解していく。学習を進学塾のための勉強に特化してよしとする親や子どもが現れ、学校の授業を無視して、授業中

1――水野茂一「おひまち」（『教育』１９５５年6月号）。「おひまち」は山で無事に働けたことを山の神に感謝する月一度の部落会だが、酒とバクチとしばしば喧嘩が恒例の会だった。丹沢山麓の単級学校に赴任した教師水野が、部落会の一員となり、相談のできる会にしようとした数年間の実践記録。

に遊び、あるいは眠り、「勉強」が忙しくなれば学校を休む。高校では卒業資格のためにだけ在籍し出席する。

さらにその後、商品化、情報化の進展によって、ネット販売、ネットつながりが普及し、顔の見えない人間関係が広がり、つながりの単機能化が進行している。そして一方ではＳＮＳなどによって従来は不可能だった世界的規模と普遍性と即時性をもった、質的に新しい関係・つながりが生まれている。

そのように近代的人間関係が個別目的的合理性をもってする機能的純化が全面に広がってきて、わかってきたことがある。実は、近代企業・生産と近代労働、近代家族、近代学校・近代教育等々、近代的目的合理的制度は、人間的な温かさというような、目的合理性にとっては無用に見える人間的つながりの土台の上に成り立っていたということである。そしてその土台としての人間的つながりが、経済成長とそれに見合う目的合理性の徹底によって消失してしまうと、その結果、近代的人間関係も機能不全を起こすことになる。

（4）社会転換期―つながり崩壊が普遍的に広がる

私を支え、そして社会をも支えている「人間的つながり」という、なんとも曖昧な表現によって示されているものは何か。それについては誰にも納得できる考察が必要だが、それは改めて論究すべき課題としたい。それは私の生活（生きること、命、人生）の安定性、永続性、確実性を、根底において担保するものであり、私の生活に次々にやってくる困難や苦悩に立ち向かう私に、有無を言わずつき合ってくれる受容性である。

ところが、私たちの存在を支えてきたつながりが、一部の人たちにとってだけではなくて、現代社会に生きるどの人にとっても確実なものではなくなってしまった。現代社会の鋭い観察者たちが、一様にその点を指摘するようになっている。「いまの生活状況のもっとも普遍的な（と同時に、もっとも苦しい）特質は、不安定、不確実性、危険性」であり、それは「地球上いたるところで、多様なかたちで経験され、さまざまな名称をあたえられた人間的苦悩の共通部分、わけても、先進富裕地域で深刻な……苦悩の共通部分」である。身分と権利と生活の不安定、永続性と将来の安定の不確実性、そして、からだと自己と財産と近隣と共同体の危険性の三層からなる現象だと、ジークムント・バウマンは述べている。[2]

社会がどのように変化しようとも、そこに住む人たち・子どもたちは、その変化に対応する新しいつながりを作って生きていくのだが、１９７０年代後半以降、とくに90年代に入ってからの情報化とグローバル化がもたらした変化作用の累積が急速かつ巨大なので、その下で生きる人たちの新しいつながりが、容易に見えて来ない。人たち・子どもたち、とくに社会的弱者は旧つながりの保護を外されながら、新つながりを見出せずに放置され、孤立することになる。

近代的人間関係が成熟した近代後期と言われる最近20～30年の経験から、私たちには二種類のつながりのあり方について着目する必要があると分かってきた。一つは人間存在の根源的つながりの確保、もう一つは目的合理的つながりの批判的再構成である。あるいは、存在根源的つながりを維持する形で近代の目的合理的つながりを再構成する、と言い換えてもいい。

道徳教育の思想も実践も現代社会の転換に対応して、新しい展望を必要としている。国の行政府・文教当局は、由来も根拠も説明なしの徳目群を提示して、その徳目の伝達をもって、道徳教育の核心だとしている。

道徳とは、人間と自然、人間と人間、人間と社会、社会と社会の関係についての「決まり事」を表現したものである。それぞれの社会はそれぞれ固有の「決まり事」をもって成り立っている。社会の「決まり事」にはいろんな質的レベルがあり、多様な言葉によって表現されている。法律、慣習、礼儀、口約束などの形式のレベル、可罰、禁止、推奨、希望・期待、配慮・心配りなど、実行・遵守期待の強弱のレベル。それらの社会の「決まり事」の内で、何を固有の道徳と呼ぶべきなのか、つまり道徳とは何か、について合意が成立していない。

社会転換期には、これまでの社会の「決まり事」がそ

2―Z・バウマン（森田典正訳）（２００１）『リキッド・モダニティ―液状化する社会』大月書店、２０８頁

のまま前提にできなくなり、自然・人・物の関係・つながりが、あちこちで見えなくなってくる。それでも私たち・子どもたちは生きていかなければならないのだから、現在の歴史・社会・生活上の課題を引き受けて、子どもたちの将来と社会を創造的に構成していかなければならない。現代の道徳教育実践は、まず一つには子ども・若者と共に、安心のつながりをつくることである。二つには、つながり・関係・集団・社会に生ずる自分たちの問題を自分たちで意識的に取り組み解決に歩み出す道徳的実践力を育てることである。

第2節　ケア的関係による安心の教育
——道徳教育実践　そのI

(1) 道徳性の土台はつながりの確保

社会転換期とは社会的・人間的関係・つながりの質的変貌の時である。近代社会の関係・つながりが崩壊の危機にあるのに、それに代わる新しいつながりが見えずに、つながりなしの状態、つまり孤立・孤独化が、社会的弱者に広がっている。道徳とは社会・人間関係・つながりについての決まり事であり規則であり、社会的合意である。つながりがなくなり、バラバラになってしまったところに、道徳は成立しない。子ども・若者たちからつながりが消え、安心の場が奪われれば、道徳性が育つ基盤はなくなる。社会秩序を維持するために定められた法律・規則と、それによる処罰・処分は、社会を管理する権力装置の支配の可能なかぎり存続するが、そのもっと底において社会秩序を支える道徳は消滅する。したがって今、道徳教育実践の第一の課題は、なによりもつながりの維持と形成である。

私たちが持っている人間のつながりは、一つだけではない。家庭内・家族間のつながりもあれば、学校・学級内や保育・福祉施設内のつながりもある。地域やスポーツクラブでのつながりもある。それらが、親や教師の視野の内にあるものだとすれば、その視野を外れたところに、公的なつながりとは切れた形で存在するつながりもある。コンビニの明かりの前にたむろする仲間、非行仲間、逸脱行為のために集まるネットつながり、等々。

家庭や学校など公認の場でのつながりが大きな力をもっていて、その公認つながりだけが子どもたちの道徳形成の場だと考えていたような実践においては、その外あるいは裏にあるつながりは、よくて無視、多くの場合は排除あるいは解体の対象だった。今でも学校的秩序に抵抗する集団やつながりについては、抑圧の対象だと見ている教育実践は少なくない。しかし非公認の裏つながりは、公認のつながりにおいては満たせない必要に応えているのだから、裏つながりから子どもを引き離したり、あるいは裏つながり自体を解体しようとするならば、子どもは公認のつながりに戻ってくるのではなくて、どのつながりからも切り離され、ただ孤立するだけになる。孤立は保護の消失だけではなくて、「生きる意味」崩壊の危険でもあるから、たとえ「反社会的」つながりであって、自分の現在と将来にとって有害だと子ども自身が理解していても、表の社会・集団・つながりに自分の安心の居場所が見出せなければ、唯一の裏のつながりにしがみつき、それを放棄することはない。

つながりがないところには道徳がないだけではなく、生もない。そしてつながりがあるところに決りごとや掟があり、道徳が生まれる。現代道徳教育実践にとってまず重要なのは、子どもがつながり維持を切実に必要としていること、そして安心のつながりと場を切実に求めていることを忘れないということである。

（2）安心のつながりと場をつくる

家庭や地域に子どもたちの安心の関係と場が確保されていれば、学校教師はそれを基盤として教育実践を進めることができる。しかし今や三世代同居家族が少数になり、共働きと貧困化と少子化が増え続ければ、家庭が子どもの安心を支える機能をもつことは困難になる（１９９０年と２０１６年の比較では、三世代家族は５４３万から２４５万世帯へ）。新自由主義的教育政策である公立学校選択制と学区制度自由化、学童保育の企業経営化、地域行事の崩壊などが拡大して、地域のつながりも消失して、子どもは地域にも、頼りになるつながりを求めることが難しくなる。スポーツクラブや家庭にも能力主義的競争志向が全面化し、選別におびえなければならない。選抜競争に勝ち抜いても、将来の社会的流動化・流民化（若年失業、臨時雇用、解雇、企業倒産などによる）に自己責任で立ち向かうという不安の将来を見せられれば、子ども・若者はどこに安心の基盤を見つけることができるだろうか。

安定したつながりと安心は子どもの命・存在を支える不可欠の基礎であり、発達と教育の根本的条件であるのならば、現代の学校や子ども施設の第一の仕事は、つながりと安心の場を提供することにある。

この30年間、どの教師も出会うことになったのは、工夫を凝らした分かりやすい授業や心を込めた指導であっても拒否する子どもたちであり、授業崩壊・学級崩壊である。その教師たちが切り拓いた実践は、つながりと安心の場つくりをなによりも優先して大事にするということである。日本作文の会の地方組織の一つである「なにわ作文の会」は土佐いく子らが中心になって、安心を生み出す作文・綴方の実践を切り拓いた。

なにわ作文の会編（2010年）『ぼくも書きたいことあるねん―どっこい生きてるなにわの子』は、大阪の綴方・作文教育実践記録集である。収録されている実践の場は、小中高そして支援学級といろいろだが、それら作文教育実践は

「書きたいことを書きたいだけ書きたいように、自分の言葉で書く」

という原則によって貫かれている。そのリーダーのひとりである土佐いく子は、「子どもたちの表現したいという人間としての要求を受け止め、どの子もが書くことが好きになる作文教育でありたい」（なに作・土佐2010[3]の221頁）と述べている。そして綴方教育の重心が国語の表現技術指導に傾くことを戒めて、表現技術の添削ではなく「書いた子のくらしと心に寄り添って、そこに共感する読みを大切にしてきました」とも述べている。

〈書きたいことを書きたいように自分の言葉で書く〉という原則は、いくつかの実践的工夫によって支えられている。一つにはなによりも子どもたちの表現意欲の高まりを丁寧に育てている。文字を書くことが苦手な子についても、表現の自由と楽しさと喜びを、きめ細かく支

援する。字は書けなくても話したり、絵で表現することができる子もいる。「書かせることを焦らさない、いっぱい語らせて、それをしっかり受け止めてやる、まず表現したい気持ちを十分熟成させること」（なに作・川口2010の13頁）を大事にする。

二つには学級通信や一枚文集などに載せて、みんなで読み合う。学級で読み合うのは他学級の子どもの詩や綴方でもいい、学級の友だちの語りを教師が書き留めた口頭作文でもいい。「誰にでもある失敗を教室で読み合うと、みんなほっとします。子どもの作文では、あるべき姿でなく、ありのままの姿を読みたいと思います」。作文を読み合う時間はゆったり和やかな雰囲気に包まれる（なに作・川口2010の12頁）。通信や一枚文集に載る作文には、子どもの真実の生活が表現されている。

わからんかってん　5年　大輔

算数の時間／「わかった人手をあげて」／となりの子が手をあげた／次々と手があがる／ぼくはつられて手をあげた／手の先は頭の横らへんで止まった

（なに作・竹内2010の108頁）

三つには、教師も親も子どもたちの作文を通して、子どもへの共感と理解をもつことができる。子どもの自由な作文の中に、子どもも教師も安心と喜びを再発見する。その安心と喜びが、子どもと教師をエンパワーする。「自分の書きたいことを書きたいように書きたいだけ、自分の言葉で自由に書いた綴方だからこそ、子どもの真実が見えるのです」[4]。教師や親の共感が子どもに伝われば、子どもはまた表現したいと思うようになる。

四つには、作文の読み合いがあれば、子ども同士の間にも、子と親の間にも、理解と共感が生まれる。子どもの作文を仲立ちにして親と教師の共同と信頼が生まれる。

「親もまた子どもの作文の中に子ども発見をし、元気

3—なにわ作文の会編の上記著書の土佐の執筆担当部分を示す。以下同じ。
4—なにわ作文の会編（2016）『教室でいっしょに読みたい綴方—子どもたちの作文・詩』フォーラム・A、4頁

をもらいます。そして学校が好きになり、友だちと楽しく遊び、学ぶことに意欲を見せる我が子の成長を真ん中に、親と教師の間に共同と信頼が生まれる」（なに作・土佐２０１０の６頁）。

そのようにして子どもたちの中に広がっていく綴方・作文という表現とその読み合いを通して、子どもたちは安心の関係を自分たちのものにする。

安心を求めているのは、子どもたちだけではない。いま、学生も大人も自分を安心して表現でき、受けとめてくれる人との関係を求めている。土佐は小学校教師を退職（２００８年）後、複数の国立大学の教職課程の授業を受け持つようになった。そこでも、土佐は毎回の授業の中で、子どもたちの詩や綴方を読むことにした。「そうすると学生たちはいつの間にか私の話も聴いてもらいたいと思うのでしょうか。次々と作文や手紙を書いてくるのです。読んでもいいというものを『講義通信』に載せてみんなで読み合う……すると大きな教室の中に、共感の空気が流れ、学生たちがつながり始め、集団が動き出す」。（２０１７年８月教科研大会講演レジュメ）

しかし、なにわ作文の会の中においても、〈書きたいことを書きたいように自分の言葉で書く〉と〈仲間と読み合う〉とを両翼とする安心の学級づくりの生活綴方教育という原則が、詳細な教育技術の完成という誘惑によって歪められて、実践の隅々に貫徹しないことも起こる。「最近目に触れる実践が、書かせる技術指導優先になっていないだろうかと気になっています。……もちろん私達も、国語の時間に主語や述語と言って文のお稽古もするけど。私達は、お話を聞いたり作文を読んであげたりして、言語感覚を豊かにし、いろいろな体験を言葉でつなぐ仕事をして、作文を書かせているよね」（なに作２０１０の２０２頁）と、土佐は実践検討の討論の中で、自分たちの原則を再確認している。[5]

(3) どの子も自分を表現したい、話を聞いてほしいと願っている

「胸の想いが自分のことばで自由に書けて、それを共感して読んでくれる先生や仲間がいたら学級は変わります。……子どもが真ん中に座る学校です。綴方教育は、

今日、教育を蘇らせる大きな力になっているのです」（なに作・土佐２０１６の４頁）。

作文・綴方は日本の子どもたちの重要な表現手段である。生活綴方は現実生活のリアルな認識とその表現であるだけでなく、子どもが自分の想いや、考えや、観察を、自由に表現し、それを他者と共感的に共有する、主体的な方法である。つながりの喪失や希薄化の中で、つながりを切実に求めている現代日本の子どもたちにとって、作文・綴方は、自分たちの安心のつながりづくりの方法となることができる。そのことを、土佐たちは、実践的に発見したと言える。

〈書きたいことを書きたいように自分の言葉で書く〉と〈仲間と読み合う〉とを両翼とする安心づくりの生活綴方教育という原則は、綴方・作文教育実践の質的に新しい段階を創り出したと評価していいと思う。

本書に実践報告を寄せている大江未知も、教室を安心のつながりによって満たすことを、その実践の第一の目標にし、土台にしている。

同僚教師からあなたの学級は騒々しい、指導が甘すぎるのではないか、と批判された大江は、キッパリと自分の姿勢を披露した。「私の学級の秩序は、つらい時は、友達や先生が優しくしてくれるという安心で成り立ってんねん。甘いどころか、子どもたちの〝私の感情を受け止めてよ〟という厳しいまなざしに、体張ってるよ」[6]。

保健室活動や子ども食堂やさまざまの子ども・若者支援活動は、子どもたちの安心と居場所を提供し、多重貧困に陥っている子どもたちをエンパワーする役割を果たしている。保健室と養護教諭が心身養護の機能を担うだ

5―安心づくりの生活綴方教育の原則が、なにわ作文の会にいつ頃から定着したか、また日本作文の会でこの原則はどのような位置と評価を得ているかは、私にはまだ検討の課題。なお、なにわ作文の会の実践論の紹介部分は奥平（２０１８）と重複している。

6―大江未知（２０１６）『魔女先生の玉手箱』（『しんぶん赤旗・日曜版』に２０１４年４月から２０１６年３月まで99回連載のコピー私家版冊子による）の第15回

けではなく、子ども達が心と体を休め、解放と安心を得られる居場所として、かけがえのない役割を果たしている実践事例を、秋山千佳（2016）[7]はていねいに報告している。保健室は多様な出会いを通して自分を作る場にもなっている（例えば、秋山2016の133頁）。

日本の中等教育では安心のつながりを徹底して貫く実践は保健室では広がっているが、教室ではまだ部分的実践に止まっている。日本では、高校受験・大学受験のための学力選抜という制度は、人生進路決定装置として極めて公平な制度だという幻想が定着してしまった。その幻想が社会にも親にも教師にも、そして子ども自身にも浸透していて、子どもは試験対策のための知識や理解の授業に従順であるように自分を抑圧しているのだ。その学力試験競争教育体制のしばりに依拠して、日本の中等教育はかろうじて外面的崩壊を免れている。日本の中等学校で教師たちが、安心のつながり形成を教室実践の第一課題として徹底して追求する必要に追い込まれずに、生き延びている理由はそこにあるのではないだろうか。しかし土台は失われ、仕組みはすでに崩壊寸前にある。

（4）安心の学校と中等教育改革
――ノディングズの改革提案

アメリカの教育哲学者ネル・ノディングズはもともと中等学校の数学教師だった。彼女はその著『ケアリング―倫理と道徳教育への女性の視点』（原著初版は1984年）において、教育の第一の目標はケアリングを維持し高めることであり、その目標は授業でもその他の訓練でも、つまり教育全過程で貫かれなければならない、知性の訓練は優先目標ではない[8]、と主張した。

学校をケアリング最優先の場にするためには、学校と教育を再組織し、中等学校（日本の高校を含む）を一人の教師が複数教科を担当する小規模学校へと改革し、同じ教師が何年にもわたって同一学級を担当すべきだと考えた。「とるべき選択肢は、ケアリングが盛んにおこなわれるように、学校と教授の構造を変化させることである。このようにして、高水準の認知的成果と、さらに新たなケアリングや倫理的な社会に到達する」（ノディングズ1997の278頁）。

ケアリング最優先中等学校改革案は『学校におけるケ

アへの挑戦—教育のもう一つの形へ』（原著は１９９２年）に一層詳細に展開されている。[9] ケアされることとケアすることは、人間の根本ニーズであるが、「子どもたち、特に青年たちは学校の中でケアされていないと感じている」。学校においてケアリングの必要は決定的であり、教育目的の第一は、学問的追い立てではなく、ケアという道徳性だと、ノディングズは序文において述べる（ノディングズ２００７の11～13頁）[10]。

そのケア中心中等学校の優先目的は、知的発達ではなく、道徳的人間として生徒が育つことである。「知性の発達は重要」だが、「学校の第一義的な優先権が知性的発達にあるという致命的な観念をひとまず脇におかねばならない」（ノディングズ２００７の35～38頁）。そこで、本来ならケアの諸中心と諸テーマのまわりにすべての学習と活動が配置される学校にするべきなのだが、当面の妥協として既成諸教科別選択学習コースとケア諸テーマを学ぶ全生徒必修コースとに分けることを提案する（１３７頁以下）。

ケア諸テーマは全生徒の学習対象であり、担任教師が担当する。全ての生徒が知らなければならないことは、どの教師でも教えることができることでなければならない。「すべての生徒が知ることを要求されるような内容」は、「教師の日常的な知識の一部」でもあるはずだ。「もし日常的な知識のすべての要素が専門家に分業されなければならない」とするならば、そんな専門知をすべての生徒に熟達させることなど期待できるだろうか。（１５１頁）

中等学校教師はその社会の教養人であるはずだ。その

7—秋山千佳（２０１６）『ルポ保健室—子どもの貧困・虐待・性のリアル』朝日新書

8—N・ノディングズ（立山善康ほか訳）（１９９７）『ケアリング　倫理と道徳の教育—女性の観点から』晃洋書房、２６５頁

9—Nel Noddings(1992.2.ed.2005); *The Challenge to Care in School, An Alternative Approach to Edcation,* Teachers College Press

10—N・ノディングズ（佐藤学監訳）（２００７）『学校におけるケアの挑戦—もう一つの教育を求めて』ゆみる出版

教養人誰もが熟知している範囲を越えて、全生徒必修の授業があるとは、奇妙なことだ。ただし、例えば数学についてもう少し実践的基礎力を得たいと考えたり、深く専門的興味を持つ生徒もいる。そういう要求のためには、数学専門教師による専門教科別コースを選択できるように用意すればいい。それがノディングズの中等学校カリキュラム改革案である。

「教育は、伝統的な学問分野（disciplines）に基づいてではなく、ケアのテーマに基づいて組織されるべきだと私は論じてきた。すべての生徒が従事すべきなのは、自己、親しい他者、遠方の他者、植物、動物、環境、人工の世界、そして理念、などをケアするようにと導くような一般教育である。このように定義される道徳的生活が、教育の主目的として率直に受け入れられるべきである。そのような目的は知的発達、あるいは学力……の確固たる基盤となるものである」（３１０頁）。

土佐・なにわ作文の会や大江らは、その実践的苦闘と直観から、安心のつながりの関係と場をつくることこそ、現代社会の子ども・若者が求めていることであり、その提供と保障が教育者の最大の仕事だという思想に到達した。ノディングズは米国で、同じようにケアリング、つまり安心と主体的かかわりの形成こそ、教育の第一の目的だと、もう一つの倫理学と教育哲学の思想と思考を経て、ケア中心学校改革案に到達したのである。[11]

第３節　生活の具体的課題に即して価値的判断・選択を重ねる　――道徳教育実践　そのⅡ

(1) ケアの倫理は具体的状況応答的倫理

安心のつながり、ケアの関係、ケアリングは、ケアの相手や対象を、原則や規則の基準によって評価・裁断するところには成立は難しい。普遍的な道徳的原則による評価と断罪は、弱者、未熟者に不安をもたらす。自国の成人男性を基準とする道徳原則は、子ども、女性、性的マイノリティ、障碍者、病人、異国人などの弱者、異端者にとっては、不安の原則であり源泉である。安心のつながり、ケアリングが現代学校の第一の課題だとするならば、道徳規則による外からの裁断は放棄されなければならない。

教室と子ども同士の関係に安心とつながりをもたらすことを第一の目的とする綴方教育において、土佐らは子どもに、書くことの内容も方法も時も場所も強制しない。しかし何もしないのではない。子どもたちの共感しそうな他学級や他の子どもの作文を読む時間をつくって、自分も書いてみたいという意欲が生まれるのを待つ。表現したくても書けない子どもには、子どもの発話を教師が文字に直して表現欲求を助ける。綴方表現は安心の方法・通路になり、正書法の習得が先になる評価と裁定は注意深く回避される。

流行性感冒も去ったのに、毎朝保健室にマスクをもらいに来る生徒に、養護教諭はマスクを渡す。どこにも悪いところなく、何も話すことがなくて、でも保健室に来てしばらく休んでいく生徒を受け容れる。その生徒が保健室に来ることが適切かどうか、その中学校保健室の先生は学校規則に則って判断しない（秋山２０１６）。

そこには普遍的な原則による評価と裁定を越えて、具体的状況に対応するケアの倫理が働いている。ケアの倫理は子どもや生徒の意のままの放任ではない。その人が持っている成長・自己実現の欲求を感じて、その方向に沿って応答することである。[12] ケアの対象の具体的必要に応答して支え、その対象が成長することを待つことである。そうであれば、具体的状況的対応であり、臨床的倫理であり、その子ども・生徒の問題をその主体の感性と認識と言葉で、一緒に考え、判断と行為を選択していくことである。

11—沖縄八重山学びのゆいまーる研究会・村上呂里ほか編著（2018）『海と空の小学校から　学びとケアをつなぐ教育実践』（明石書店）は、授業とケアをむすぶ学校ぐるみの探究である。地域公立学校での先進的実践の報告として注目したい。

12—方針を押しつけるのではなく「他者の成長の方向をみて、……どのように私が応答すべきか、……を決める……。私は他者を、尊重さるべき諸要求をもち、それ自身の存在の権利において独立しているものとして遇する」。M・メイヤロフ（田村真・向野宣之訳）（1987）『ケアの本質—生きることの意味』ゆみる出版、22頁（原著はM.Mayeroff; *On Caring*, 1971）

(2) ケアする力を育てる

　ケアリングによって貫かれた学校や教室では、そこにいる人たち、子ども・生徒たちがケアされるだけではなく、ケアする人に成長していく。ケアする人は他人をケアし、自分自身をケアする。ケアは他人を既成の道徳原理によって裁断しないで、具体的場面と状況に即して、その人と一緒に、その個別事例にかかわる人と一緒に、必要なつながりのあり方を探索する。自分自身についても、支配的な道徳原理をいったん脇に置いて、既成の観念や枠組みから自由になって、具体的個別的状況に戻って、自分の言葉で知識と価値を選びつつ、具体的な解決への道を模索する。

　大江未知の実践は、子どもに安心のつながりを保障することとともに、子どもがケアの力をつけていくように支えること、に徹している。親や世間の子ども観、学習観、道徳観などの束縛から子どもが解放されて、相手のことも自分のことも、具体的場面や情報に即して考え行うことは、ケアの力の獲得に通じる。親や世間の「良い子」観の押しつけや教育観念から子どもを解放することは、大江実践の重要な仕事である。

　将哉は母親から日記を書くことを義務として強制されていた。親の我が子へのダメ観（汚い文字で、メチャメチャな文しか書けない）に対して、大江は子どもの努力と成果を示し、「あの子自身の言葉を大切にしようよ」と語る。やがて将哉の日記が親の手入れなしになって、その汚い日記を友達と楽しみながら、最後に将哉は「お母さんだまっとけ」と書いて日記を書かなくなった（大江2016の第12回）。そうしながら子どもは自分を肯定的に生きる姿勢を身につけていく。

　そうした解放と同時に、大江学級の子どもたちは、問題を具体的事例に即して丁寧に考え解決する道を実践的に学んでいく。2年生の男の子たちが近所のおじさんとトラブルを起こした時も、1年生の学級で自閉症のこうちゃんが、仲良しのよしとさんの顔にパンチをして大騒ぎになった時も、大江は双方の気持ちと事実を丁寧に浮かび上がらせて、子どもたちが解決の過程と方法を見つけていくことを支援する（第5回と7回）。それらは具体的状況に即して問題を判断し解決していく道徳の方法の学習過程である。

しかし、問題を具体的状況に即して考えても、答えが見えてくるとは限らない。逆に、抽象的な既成の答えなら出てくるが、具体的に考えれば一層答えが難しくなることもある。純さんは、いま親が失業の中で、どうして学校に来なければならないのかわからないと先生に訴えた。その純さんに、「答えは簡単に見つからない」「そういうことはたくさんあるんだよ。今はよく分からないけれど、頑張っているうちに分かってくることもたくさんある。簡単に分かることばかりだったらつまらないじゃない」と大江は答えた（大江２０１６の第13回）。

「簡単に分かることばかりだったらつまらない」という大江には、人間と世界への信頼と、未解決・未決着の不安定を引き受け、解決への挑戦を楽しむ勇気、現実をありのままに観察する希望の哲学がある。対象、事例、自分の現実をありのままに見る勇気は、ケアリングを構成する基本的姿勢である。

（3）道徳授業を生活の具体的課題に即して構成する

具体的状況に即して問題を考えるという大江の姿勢は、道徳授業においても徹底している。１年生の「人権の授業」で、キツネとタヌキの喧嘩物語を読む。その後で、子どもが悪口合戦をして、悪口を言い合う楽しさと同時に怖さを体験した（第28回）。

日常の生活場面で起こったトラブルなどの体験を道徳授業の土台あるいは材料にしているのは大江だけではない。[13]しかし大江の「具体的生活体験事例の課題に即して」という点における徹底性は際立っている。「ふわふわことばとちくちくことば」という道徳読み物教材をつかった道徳授業を、大江は３年生で、田中は１年生でしている（全く同じ教材であるかどうかは不明）。田中浩太郎「トラブルこそ道徳授業のチャンス」（小１）（大和久・今関

13――大和久勝・今関和子編著（２０１４）『対話と共同を育てる道徳教育―現代の教育課題と集団づくり』（クリエイツかもがわ）に報告されている実践の多くは、子どもの現実生活と結びつけて道徳教育を進めている。堤公利（大分）「道徳と生活をつなぐ」など。

編2014所収）はその表題の通り、徳目伝達だけの道徳教育ではなくて、トラブルつまり子どもたちの現実生活で発生している道徳的判断と選択を教材として、道徳授業を行なおうとしている。重要なのは、授業の中で具体的生活体験事例がどういう位置と機能を与えられているか、である。

田中実践では自分たちの生活に起こっている具体的問題を道徳授業の始めの話題として位置づけている。その後で読み物教材を使ってちくちく言葉を使わない方がいいと感じさせ、「ちくちくことば」への抑制を促している。生活の具体的事例は大事な導入として利用されているが、自分たちの具体的生活課題に即して読み物教材が示す道徳的価値（徳目）を吟味し、批判的に深めるまでには到っていない。

大江が3年生の「道徳」で勉強した読み物「チクチク言葉とフワフワ言葉」には「アホ」「死ね」などの言葉は使ってはいけませんと書いてある。でも「優しく言っても聞かへん時はどうするん?」と言い出す子どもがいる。大江学級には実際、他の子の消しゴム（学級では消しゴム遊びが流行していた）を取ってしまう竜也がいて、竜也に何度返してと言っても返してくれない。「力ずくで取り上げるか、きつい言葉を使うしかない」。ちくちく言葉でも暴力でもなくて、解決できる方法はないかみんなで探してみると、夢さんのあやとりを竜也さんが返してくれないので、夢さんが「一緒にあやとりしてあげるから返して」と優しく言うと返してくれたという体験が出てくる。「そうするとさぁ、言葉より一緒にあそぶことやんな。そんなん、普通や」という答えと理解が出てきたのである（大江2016の第63回）。

読み物教材を徳目の説得のための終点（結論）として利用するか、それとも読み物教材に表現されている道徳的価値・徳目を、子どもの具体的生活課題とその体験に即して吟味する過程に位置づけるか、それが重要な分岐点である。道徳授業の生活課題化的構成においては、道徳的価値について、子ども自身が自分の生活問題の具体状況に即してどこまで迫れるか、そのような授業展開の工夫が実践を切り拓くカギである。

道徳の授業に限らず、教育実践・研究においては、どの教師にも、どの子どもにも通用する普遍的な過程・方法をもって教育を構成したいという誘惑がある。近代教授学のはじまりとされているコメニウスの主著『大教授学』が「あらゆる人に　あらゆる事柄を教授する・普遍的な技法を　提示する」という表題をもって示されているように、そもそも近代教育学は教育の普遍的過程と方法を求めて理論を展開してきた。それは一面では学校教育の民衆への普及という目的達成のために大事な貢献をしてきたのだが、教育史の現代の時点においては、その普遍性要求を越えて、その先の教育要求に応えるように再構成される必要が生まれている。子どもの生活を教育の中心に置き、その具体的な課題に応答する教育の制度・過程・方法の理論が必要になっている。[14]

　子どもはそれぞれの状況の中で生きているのに、どの子にでも通用する普遍的方法をもって対処する実践と研究の姿勢を、ノディングズは「あらゆる教育活動と学びを一つのよく定義された方法に還元しようとする欲望」（ノディングズ２００７の29頁）だと批判した。また日本の戦後においても特に１９６０年代に、子どもが生きている具体的な状況を脇において、理想の教材と活動に対応する方法的定式化をもって教育実践と研究を推進しようとする傾向が勢いをもっていた。その傾向に反対して、宮坂哲文（１９１８~１９６５）は「局部合理主義」という言葉をもって警告し、批判した。子どもの全生活過程から教育を切り取り、その教育全体から道徳授業や各教科や生活指導過程の部分を取り出してそこに視野を集中させて、その部分的範囲の中での内容的・方法的工夫に実践・研究の努力を傾注する、そういう傾向に対する警鐘である。それに対置して、宮坂は子どもの現実生活をありのままに見てそれを教育の中核にする、生活綴方の方法あるいは精神に大きな期待を寄せていた。

　また勝田守一は国家による道徳的価値規範の強制に反

14――教育実践の生活課題化的構成は、日本の戦後教育史において注目すべき系譜をつくってきた。奥平康照（２０１８）「戦後教育実践史における《教育の生活課題化的構成》の系譜」参照。

対して、「道徳的価値選択の自主性」を主張したが、子どもの「自主性」の確かな根拠は、その子どもの具体的個別的な生活の具体的課題への主体的取り組みを価値選択の根底にすえること以外には、見出すことができないのではないだろうか。

(4) 社会転換期の道徳教育実践

既に見たように、社会転換期は、関係・つながりが急速に変化する時である。そして今私たちが当面しているのは、従来の社会・人間関係の前提が崩れたのだが、新しい関係が見えていないという事態である。道徳とは社会・人間関係を表現する言葉(命題)であり、関係・つながりの現実から生まれ、それを支えている規則である。現実の社会・人間関係が崩壊すれば、道徳もその現実基盤を失う。現実の生活基盤を失っても道徳は大人たちの中では存続するだけの耐久性がある。しかし、これからの子どもたちに、生活的土台のなくなった道徳を強制すれば、適応できない子どもが出てくるのは当然のこと。しかも子どもが土台=根拠の見えない道徳に納得しないのは、道徳的に健全なことでもある。

根拠曖昧な既成の道徳・規則・慣習・価値規範の強制は、道徳教育ではないし、実践として成立不能だと考えた教師たちは、実践の中核に、安心のつながりの確保と子どもの具体的生活課題への学習・取り組みを置く。それは「正しい」道徳的規範の強制・伝達・説得の道徳教育から、子どもたちの個別具体的な現実生活課題に子どもと共に応答する道徳教育実践への転換である。

しかし、子どもの生活体験は狭い。道徳的価値選択の主体性・自主性が、子ども自身の具体的生活的道徳的課題に応答することによってしか生まれないとしても、子ども自身によって意識された道徳的課題は狭く限定的である。その狭い経験を広げるための支援が必要になる。地域の自然と交流する、過去と現在の戦争体験に出会う、異文化やマイノリティとの交流・出会いなど、子どもの制限されたつながりと生活体験を広げることも、学校の仕事である。直接体験にしろ、間接体験にしろ、どこまで具体的現実に迫ることができるか、それが重要である。

変化の激しい時代に入っている。技術革新(情報、医療など）、グローバル化などによって倫理的空白域が出現し、新しい倫理的課題が生まれ、新しい倫理・道徳的合意形成の必要が、次々に現れる。そういう時代に入ってそういう時代と社会を生きることになる子どもたちには、自主的な道徳的価値選択の能力が求められている。規範に不都合があれば、その出所である生活に戻って、その具体的生活の課題に即して検討し、新しい倫理的・道徳的合意に到るという、価値選択の主体的自主的過程は、これからの子どもたちが身につけなければならない道徳的実践力である。

（おくだいら・やすてる　和光大学名誉教授）

主要引用文献

秋山千佳（２０１６）『ルポ保健室―子どもの貧困・虐待・性のリアル』朝日新書

Ｚ・バウマン（森田典正訳）（２００１）『リキッド・モダニティ―液状化する社会』大月書店

Ｍ・メイヤロフ（田村真・向野宣之訳）（１９８７）『ケアの本質―生きることの意味』ゆみる出版

なにわ作文の会編（２０１０）『ぼくも書きたいことあるねん―どっこい生きてるなにわの子』本の泉社

なにわ作文の会編（２０１６）『教室でいっしょに読みたい綴方―子どもたちの作文・詩』フォーラム・Ａ

Ｎ・ノディングズ（立山善康ほか訳）（１９９７）『ケアリング　倫理と道徳の教育―女性の観点から』晃洋書房

Ｎ・ノディングズ（佐藤学監訳）（２００７）『学校におけるケアの挑戦―もう一つの教育を求めて』ゆみる出版

沖縄八重山学びのゆいまーる研究会・村上呂里ほか編著（２０１８）『海と空の小学校から学びとケアをつなぐ教育実践』明石書店

奥平康照（２０１８）「戦後教育実践史における《教育の生活課題化的構成》の系譜」日本教育方法学会編『教育実践の継承と教育方法学の課題』（教育方法47）図書文化社

大江未知（２０１６）『魔女先生の玉手箱』（『しんぶん赤旗・日曜版』に２０１４年４月から２０１６年３月まで99回連載の実践報告のコピー私家版冊子による）

大和久勝・今関和子編著（２０１４）『対話と共同を育てる道徳教育―現代の教育課題と集団づくり』クリエイツかもがわ

第2章

道徳理解に欠かせないもの

——「道徳」の指導が道徳を否定しないために

小渕　朝男

第1節　道徳について考える授業 ——「はじめに」に代えて

道徳とは何か。この問いに答えることは意外と難しい。ちなみに、『広辞苑』（第七版）には次のような説明が載っている。

人のふみ行うべき道。ある社会で、その成員の社会に対する、あるいは成員相互間の行為の善悪を判断する基準として、一般に承認されている規範の総体。法律のような外面的強制力や適法性を伴うものでなく、個人の内面的な原理。

こうした辞書の説明も、じっくり噛み締めて吟味しないと、分かったような、分からないような、漠とした理解で終わってしまうものである。なぜ一文で説明せずに、複数の文の併記なのか。道徳を定義することの困難さを示しているのかもしれない。こうした辞書の説明（定義）を理解したからといって、個人個人の道徳に関する理解は微妙に異なったままということもよくある。例えば、教職課程を履修する学生たちに私が授業で出している次のような問いかけについて考えてみてほしい。

課題　次の行為や態度（考え方・心構え等）について、それが道徳的であると思えば○を、道徳的でないと思えば×を、それぞれ、各文末の括弧内に書き入れよ。

1　通行する車がなくても、青信号になるまで道路を横断しない。（　）

2　人の命をあやめたり、他人の身体に危害を加えたりしない。（　）

3　商店で商品を入手するときは代価（代金）を支払う。（　）

4　特定の人との特別に親しい関係を法的に認めてもらうために婚姻届を提出する。（　）

5　原発は必要だと思うが、自宅の周囲100km圏内での建設には反対する。（　）

6　他人の夫あるいは妻に対してエロス的欲求は抱かない。（　）

7　日米安保には賛成であるが、米軍基地をどこに置くかは政府に一任しておく。（　）

8　衆議院選挙に際して事前投票もせず投票日も棄権する。（　）

9　教室で飲んだペットボトルをごみ箱に捨てずに机の中に放置する。（　）

10　労働組合の大切さは理解できるが、自分の将来に影響するので組合には加わらない。（　）

11　上司の指示に逆らって、自社が行った法令違反の事実をマスコミに暴露する。（　）

12　我が子が飢え死にしたり凍え死んだりしないように我が子の世話をする。（　）

13　身寄りのない子の里親になり、我が子のように育てる。（　）

14　クラスメイトが学校をずっと休んでいるが、親しくないのでそれほど気にならない。（　）

15　選択的夫婦別姓制度の実現を求める署名運動に賛同して署名する。（　）

この問いに対する学生たちの○×の付け方は四分五裂された状態となる。○の数が3・4個と少ない学生もいれば、○が15個近くなる者もいる。○の付け方の原則を尋ねると、「法律等で決まっていることは道徳ではないと思う」と割り切って答える者もいたり、「良いと思われることが道徳であり、良くないことは道徳でないから

……」と同語反復的な説明をする者もいる。

既に気づいている人も多いと思うが、そもそも、冒頭の問いかけ文が多義的（曖昧）であり、学生たちの○の数が多様に分散するのも当然という一面がある。実は、「道徳的」という語の意味は多くの辞書で次の二通りが示されているのである。

1　道徳（の規準）に適っている様子

2　道徳に関係している様子

「道徳的」の意味をこの二通りの意味のどちらで考えるかで、○×の付け方は変わってくる。「道徳的」という語を2の「道徳に関係している様子」という意味で理解するならば、15個すべてに○が付くはずである。少なくとも私はそう考える。他方、「道徳的」を1の「道徳（の規準）に適っている様子」という意味で考えると、○の数は一人ひとりの道徳判断に応じて異なってくる。そこで授業では、先の課題文を次のように変更して、上記の15個の文について再度考えてもらっている。

課題　（上記の）1から15の各文の内容に積極的に賛成できるならば○を、賛成できないならば×を、それぞれ各文末の括弧内に書き入れよ。○か×かで迷う場合は△をつけてもよい。

問いかけをこのように変更することで、「道徳的」という語を使わずに、しかし、内容的には、「道徳の規準に適っているか否か」に関する各自の考えを問うことになる。この場合も、○の数はかなり分散するが、それ以上に興味深いことは、ほぼ全員が○にしたり、ほぼ全員が×をつけたりする文がある一方で、○と×が拮抗する文がかなり存在することである。そして、そういう文（社会的課題）に限って、賛成でも反対でもなく、むしろその問題に関心があまりないという学生も少なくないことが浮かび上がってくる。その意味では、賛成か反対かに自覚的になっている学生と、問題それ自体に関心をあまり持っていない学生との間にある分断ということも、道徳の問題として気になってくる。

ところで、これら15個の話題文のなかには、学校における道徳教育の素材としてあまり取り上げられてこなかったものが含まれているが、学習指導要領の「第３章」の「第２ 内容」を読んでみれば、どの素材も道徳の授業等で扱うべきものと言えるものである。[1]

いずれにせよ、道徳について話し合ったり議論したりする際には、道徳なるものの理解のずれ等を相互に確認しておくことが不可欠であるということになる。

第２節　道徳とは何か
——自主性原理を忘れてはいけない

冒頭に『広辞苑』（第七版）の道徳の説明を掲げたが、その説明を分析的に捉えると、次の二つの特徴に分けることができる。

Ａ　人のふみ行うべき道。ある社会で、その成員の社会に対する、あるいは成員相互間の行為の善悪を判断する基準として、一般に承認されている規範の総体。

Ｂ　法律のような外面的強制力や適法性を伴うものでなく、個人の内面的な原理。

以下では、上記のＡの側面を規範性の原理と呼び、Ｂの側面を自主性の原理と呼ぶこととするが、ここで確認しておきたいことは、規範性原理と自主性原理が統合されたものでなければ、道徳とみなすことはできないという点である。そして、道徳がそういうものであるならば、

1——新しい中学校学習指導要領では、第３章の第３の２の（６）に、「現代的な課題の取扱いにも留意し、身近な社会的課題を自分との関係において考え、その解決に向けて取り組もうとする（小学校版—それらの解決に寄与しようとする）意欲や態度を育てるよう努めること」という配慮事項が加えられている。小・中それぞれの学習指導要領解説の関連個所の解説も一読しておく価値はある。なお、日米安保や米軍基地問題を授業で取り上げた例としては、兼口大「教室に学びをつくる」（竹内常一・子安潤・坂田和子編著（２０１６）『学びに取り組む教師（教師のしごとシリーズ第４巻）』高文研、所収）がある。兼口は社会科の授業で「辺野古新基地建設」問題を扱うのだが、その内容は学習指導要領から見ても道徳科の授業で積極的に取り扱うべき問題である。

子ども・若者の心の中に道徳なるものを育もうとする際に、最も大切にすべきことは自主性の原理を否定せずに指導を行う必要があるということになる。

さて、『広辞苑』では複数の文の併記であった道徳の説明を、規範性原理と自主性原理の統合として一文で示すならば、道徳とは「より善い行為（生き方）を自主的に選択すること」となる。そして、そうした生き方を選択する際の指針として伝えられてきた行為モデルが、節制や友情、正義等の徳目である。ただし、日常会話では、規範として推奨される行為モデル（徳目）を道徳と呼ぶことも多く、その結果、『広辞苑』にあるような自主性原理に全く言及せず、規範的な側面のみを載せている辞書も残念ながら多く刊行されている。

繰り返しになるが、道徳は規範性原理と自主性原理の二つを合わせ持つものであり、どちらか一方のみで立ち現れるときは道徳とは言えないものとなる。仮に、規範性原理のみを重視して、子どもの自主性・自律性を考慮せずに善悪の基準や徳目のみを教えるのであれば、「道徳教育」という名のもとに道徳を否定していることになる。あるいは、子ども本人の自主性・自律性を考慮せずに「しつけ」が遂行されるならば、道徳的な共生世界を他者と力を合わせて作り出せない若者を育ててしまう惧れがある。反対に、既存の社会制度のもとにおいて、その社会制度自体の価値的検討（規範的検討）がなされずに、「自由で」競争的な選択として自主性ばかりが「尊重」される場合、システムによって生み出される格差や排除の問題が未解決のまま残り続けることになる。

ところで、こうした道徳の理解は、戦後の道徳教育論において以前から語られてきたことである。戦前の修身科が廃止され、戦後の民主主義社会に必要な道徳教育が社会科中心に探究されるが、道徳を教える教科の復活を求める声を背景に１９５８年に特設「道徳」が導入されることになる。その時期に、道徳が成り立つ原理的な前提として自主性の重要性を提起したのが勝田守一であった。勝田だけでなく、道徳教育について多く発言してきた上田薫や村井実も、自主性や自律性がないところに道徳が成り立たないことを道徳教育論の前提としている。そうした歴史をふまえるならば、ここまでの考察は先人たちの二番煎じでしかないとも言える。[2]

実は、道徳における自主性原理の側面は学習指導要領からも読み取ることができる。例えば、２０１７年版の小・中学校学習指導要領は「第一章　総則」部分で道徳教育について次のように述べている。

道徳教育は、教育基本法及び学校教育法に定められた教育の根本精神に基づき、自己の（中学校版では「人間としての」）生き方を考え、主体的な判断の下に行動し、自立した人間として他者と共によりよく生きるための基盤となる道徳性を養うことを目標とすること。

ここにも、「人間として他者と共によりよく生きる」という規範性原理と、「自立した人間として」「主体的な判断の下に行動」するという自主性原理との、二つの原理が示されている。ただし、二つの原理に意識的にならずに学習指導要領をさらっと読むと、どうしても規範性原理を軸に道徳教育を考える発想が強くなってしまう。また、自主性原理についての説明は、『小（中）学校学習指導要領解説 総則編』にそれなりに記されてはいるが、[3] こうした自主性原理が道徳なるものを存立させる重要な原理であることへの言及はなく、解説全体のトーンは「よりよい社会」の実現のために規範性原理を主体的に志向する「自立した人間」像に焦点が当てられている。学習指導要領やその解説を読んで感じることは、道徳における自主性原理については、最低限の言及はするが、あまり注目してほしくない書きぶりになっていることである。

ただし、次のことは注目すべきことかもしれない。そ

2―勝田守一、上田薫、村井実については、それぞれ著作集等を参照のこと。なお、勝田守一の問題提起については本書の補章「教科研『道徳と教育』部会の研究経過」（藤田昌士執筆）も参照のこと。

3―文部科学省（２０１８）『小学校学習指導要領（平成29年告示）解説　総則編』東洋館出版社、27頁や文部科学省（２０１８）『中学校学習指導要領（平成29年告示）解説　総則編』東山書房、27頁を参照。

れは2008年版の学習指導要領と比べたとき、新しい学習指導要領では、第3章の第2の「内容」の一番目に道徳の二つの原理のうちの自主性原理に関する徳目が位置付けられたことである。小学校では、「正直・誠実」が二番目に分離並置されているが、小・中ともに自主性原理に関わる徳目が筆頭徳目に位置づけられたのである。『中学校学習指導要領解説　特別の教科　道徳編』には、「誠実は、自己を確立するための主徳であると言われ、Aの視点の内容項目だけでなく、他の視点の多くの内容項目にも関わる価値である」[4]と、的を射た解説も記されている。

第3節　道徳的行為の存立メカニズム

ここまでは、道徳における規範性と自主性の二面性について考察してきたが、以下では、私たちの日常生活において、さまざまな社会的行為（＝道徳的行為）がどのように選択されているかについて考えてみる。

私たちが日常行っている社会的な行為は、次のように図式化できる。

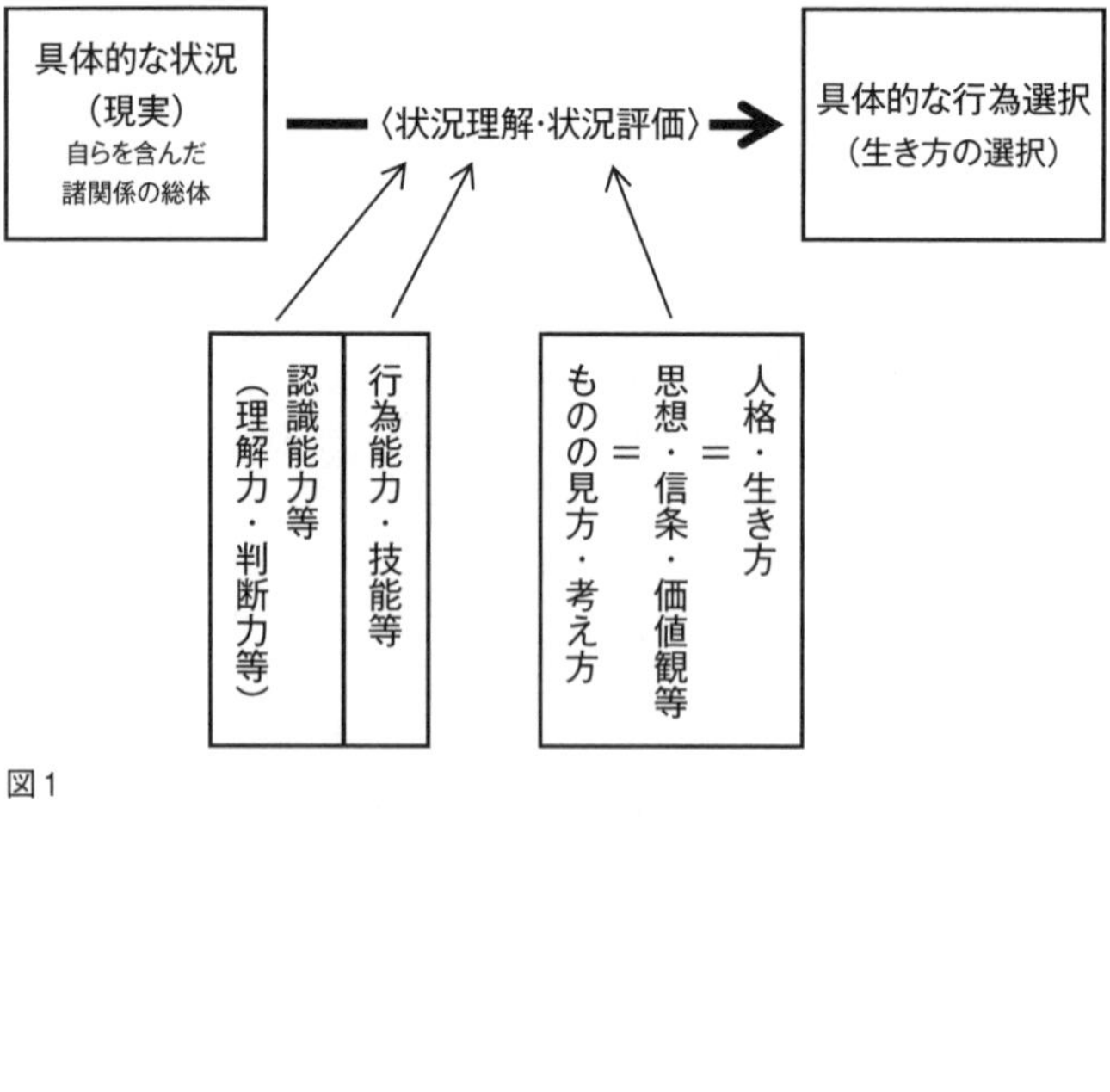

図1

私たちは具体的な状況の中で社会的な行為を遂行している。その具体的な状況の中には、自分自身の欲求や欲望も含まれており、そうした欲求や欲望を他者との相互関係等の中で叶えたり抑制したりしているのが日常である。また、成長（諸能力の発達）とともに新しい欲望が自分の中に生まれてくると、他者との関係を組み換えたり自分の中に新しい「ものの見方・考え方」を構築して、新たな欲望への対処法を習得したりする。

そうした営みを理解しやすくするために著したのが図1である。具体的状況の中で行為選択を行っていくとはいえ、個人を取り巻く状況総体がそのまま選択される行為を規定するわけでなく、行為者本人によって理解された内容が行為選択を規定することになる。認識能力等によって状況を理解する営みには、多くの場合、当人の「ものの見方・考え方（思想・信条・価値観等）」による評価も反映しており、そうした理解・評価に応じて当該状況にどうコミットするかが決められていく。その際、自分自身のコミット力（行為能力・技能等）がどの程度であるかも、重要な因子となってくる。例えば、海水浴に来ていた幼い子どもが浮き輪ごと沖合に流されようとしている状況に遭遇したとき、その事態の危険性を理解できるかどうかはもとより、自らの泳力に対する自信等も、その場面での行為選択を左右するものとなる。

そうした予期せぬ事態に遭遇した時ばかりでなく、慣習的な行為と化しているように見える通勤・通学等についても、そこには、会社や学校をどう見るかという社会認識があり、病後等であれば実際に会社や学校に通えるかという体力の回復度等が問題にもなり、さらには、会社や学校での役割や立場等（自らを含んだ諸関係の総体）についての自己理解も日々の行為選択を規定する要因となっている。

結局、ある行為が選択される背景には、状況についての総合的な理解・評価があり、その状況に関する理解・評価を強く規定しているものが、一つは理解力・判断力等の「認識能力」であり、もう一つが「ものの見方・考え方（思想・信条・価値観等）」である。後者の「ものの見方・考え方（思想・信条・価値観等）」は一人ひとりの人格や生き方と同じであると見なすこともできる。

4―文部科学省（2018）『中学校学習指導要領（平成29年告示）解説　特別の教科　道徳編』教育出版、26頁

ただ、ここまでの説明では、個人が抱いている道徳的な側面を「ものの見方・考え方（思想・信条・価値観等）」として捉え、それとは相対的に区別できると思われる個人的な欲求や欲望は具体的な状況（諸関係）の中に位置づけて考えてきたが、実際の生活の中では、自らの意識（＝心）の中にある道徳的なもの（＝「ものの見方・考え方（思想・信条・価値観等）」）と個人的な欲求や欲望は複雑に絡み合っており、すっきりと分離できない場合が多いことも予想される。

また、図中に矢印こそ書き込んでいないが、選択される具体的な行為（生き方）が生み出す新たな現実が想像力によって予期される場合、予期される未来に対する理解・評価が行為の選択を規定するものともなってくる。ここでは、状況理解・状況評価の中に、そうした時間的認知能力の発達に伴う予期未来への理解・評価も含めて考えている。

さて、私たち大人も含めて、こうした構造の中で日々の道徳的な行為が選択されているとなると、道徳教育についても、この枠組みを踏まえて考察していくことが必要になってくる。

まず第一に言えることは、道徳的に望ましい行為を実際に実行できるためには、道徳性と呼んでも差し支えない「ものの見方・考え方（思想・信条・価値観等）」が形成されるだけでは不十分であり、状況を的確に理解・評価できる認識能力や現実に行為を遂行できる行為能力や技能等も欠かせないという点である。学校教育に限らず、子ども・若者の成長を支援するに際して、能力や技能の成長・発達を大事にする理由は、その領域の成長・発達が道徳的な生き方を実行できるための条件としても非常に重要であるからである。しっかりした知育がなければ、道徳的な判断力も覚束ないという常識の確認とも言えるが、「ポスト・トゥルース（脱真実）」や「フェイク」問題が大きな話題になっている今日、改めてその重要さを確認する必要がある。

第二に、この図式を目にする誰もが考えることだが、なんだかんだ言っても、「ものの見方・考え方（思想・信条・価値観等）」の形成と変容の原理を明らかにすることこそ、道徳教育の基本問題の一つであるということである。

道徳性とも言うべき「ものの見方・考え方（思想・信条・価値観等）」が、新生児の誕生以降、いかなる経験等を経てどう形成されていくのかが、これまでにも増して明らかにされる必要がある。

さらに、図1で気になる三点目は、これまでの叙述と矛盾するかもしれないが、「ものの見方・考え方（思想・信条・価値観等）」がこの図では認識能力と区分されている点である。現実の個人の成長・発達においては、能力等の発達と道徳性の成長は深くかかわっており[5]、両者が現実の学ぶという営みの中でどう有機的に関わっているかを深く捉え直していくことが今日、求められている。こうした問題は、１９９０年代以降の「生きる力」を軸にした教育政策の推進や昨今の「資質・能力の三つの柱」論とも関わってくるものであるが、歴史的に見れば、能力の形成と人格の発達を関連付けて理解し、両者を統合的に育むという問題関心は、文科省等の政策推進側よりも民間教育研究運動の側が強く意識してきた課題であった。

第４節　自主性感覚と基底的価値観

ところで、図１のような図式は、私たちの日常の行為選択のあり様をかなりの程度説明できるものではあるが、気になる点が一つある。それは第2節で問題にした規範性原理と自主性原理のうち、後者の自主性原理を図の中に明示できていない点である。規範性原理は、図１で言えば、「ものの見方・考え方（思想・信条・価値観等）」がそれに相当するが、自主性原理のほうは図の中に明示されていない。「ものの見方・考え方（思想・信条・価値観等）」の隣に、並置する形で枠を設けることもできなくはないが、その図式ではしっくりしないのである。

考えてみると、「自主的である」とはそもそも、どういう事態であろうか。第2節では、道徳が道徳であるた

5 ― 能力の発達と道徳性の発達とのあいだに相互作用があることについては、ポール・ブルーム（春日井晶子訳）（２００６）『赤ちゃんはどこまで人間なのか』（ランダムハウス講談社）を参照。

めの条件であると論じた。常識的に考えてみても、自主性原理は良心ともつながるものであり、行為決定における行為者の自主性（自由）を想定するから、行為者の責任を問えることになる。

しかしながら、その一方で、行為における自主性（自由）の問題は、決定論や自由意志をめぐる議論の中心テーマとなってもいる。[6]デカルト以来の、物理学的世界と精神世界の関係をどう捉えるかという問題が、今日では脳科学の研究も交えて議論されているのである。そうした問題にここで深入りするつもりはないが、論点の一つは自主性なり自由意志を何らかの始源性（選択性）として理解するか否かという点であり、もう一つの論点は仮に始源性（選択性）を認める場合であっても、人間的感性界レベルで始源性（選択性）を考えるのか否かである。ここでいう始源性（選択性）とは、行為決定への実質的規定性を指す。図1の説明では、行為決定を規定するものは、欲求や欲望であったり、規範性である「ものの見方・考え方（思想・信条・価値観等）」であったり、あるいは、状況の理解等であるとしたが、もし仮に自主性（意志）にそうした行為決定への規定力があると考えるならば、自主性（意志）に始源性（選択性）を認めていることになる。

そういう観点で自主性（意志）を考えるとき、私自身は自主性（意志）それ自身には行為選択に対する規定力はなく、自主性（意志）とは一人称権威[7]という自己特権に通じた自己認知の作用であると考えている。自己を含めた世界を認知する場として意識が生成し、認知能力と人間特有の高度な共感能力に促されて、自他の欲求や欲望の共同的実現に共感的な快（喜び）を感受する感性が育まれるとき、その感性が志向する事態が進行している時の自己心理を指して自主性と自己認知しているに過ぎないのである。あるいは、他者の欲求や欲望（他者の願い）を共感的に認知し、自他の欲求や欲望の共同的な実現可能性を可能なかぎり実現できる方途を模索する心的活動（認知活動）を指して自主性と呼んでいるのである。自主的な自己とか自由意志と言ってはみても、実質は自他の欲求や欲望であったり、その実現を展望する認知能力なのである。そう考えると、欲求や欲望を含む状況や認知能力とは区別されたものとして、自主性なるものを図1

の中に示すことはやはり困難であるということになる。

　しかしながらその一方で、人は自己決定を希求する存在であり、また、責任問題とも関わる自主性原理が道徳的行為の生成構造図に全く示されないことには、妙な不自然さも感じる。困難ではあっても、何らかの形で自主性の契機を図の中に示すことには意義があるとも思われる。そこで、自主性なるものが行為の始源性（選択性）をもたないとしても、自他の欲求や欲望の共同的な実現への展望を洞察しようとする認知活動を自主性と見なせるのであれば、そこに含まれている非認知的な要素を取り出して、自主性の起点として図の中に書き込んでみることができるのではないか。そんな発想に基づいて、自主性原理をなんとか工夫して書き込んでみたものが次の図2である。

　この図でいくぶん戸惑う点は、基底的価値観という仮

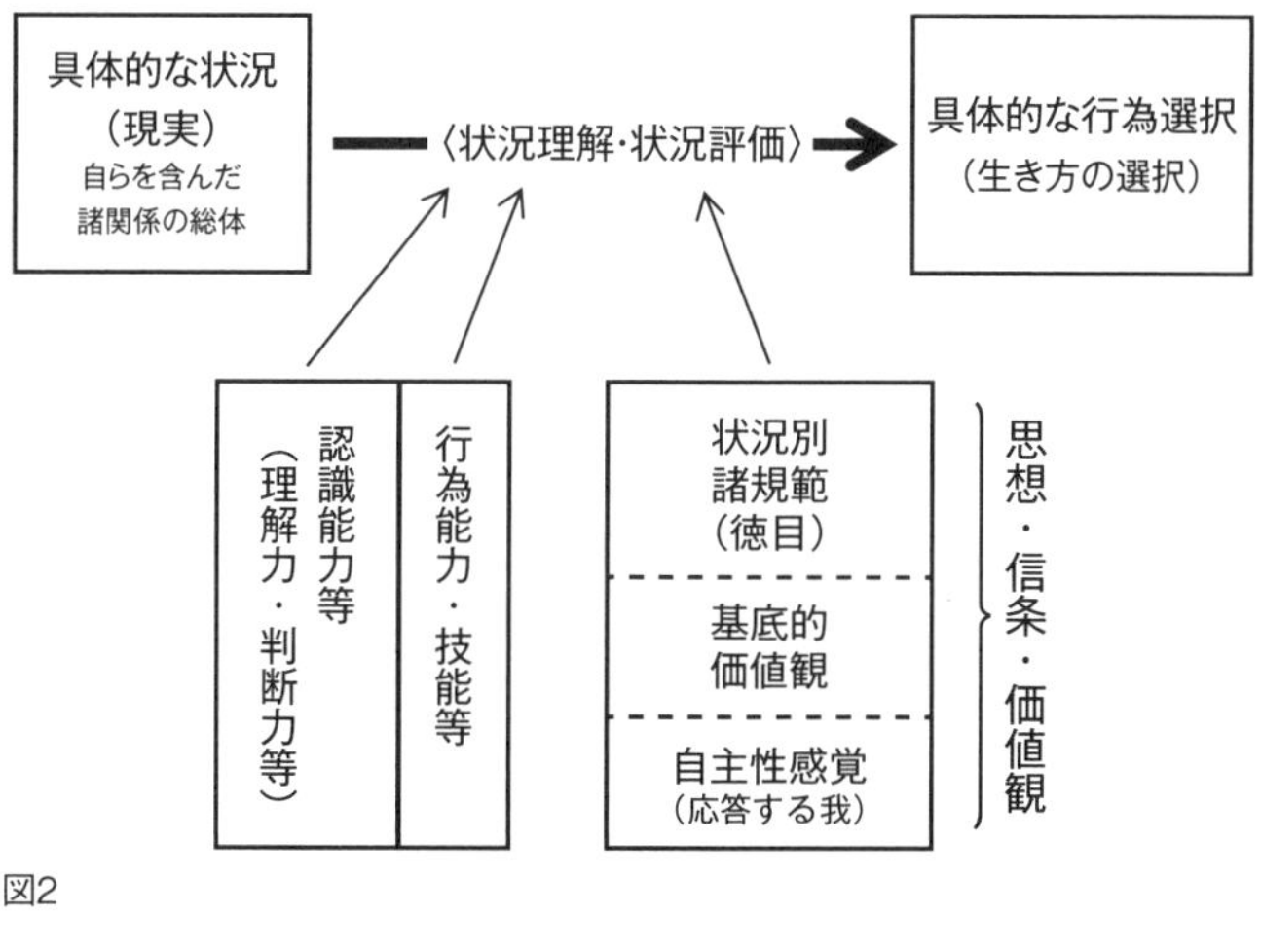

図2

6―さしあたっては、トーマス・ピンク（戸田剛文ほか訳）（2017）『哲学がわかる　自由意志』（岩波書店）や古田徹也（2013）『それは私がしたことなのか』（新曜社）が参考になる。國分功一郎（2017）『中動態の世界』（医学書院）も自由意志について論じており、興味深い。

7―一人称権威については古田徹也、前掲書を参照。

説的な範疇を入れた点であろう。これは規範であるが、学習指導要領の「内容」として掲げられている20個程度の徳目ではなく、そうした状況の類型ごとに推奨される規範（徳目）をより根底から価値づける数個の価値であり、しかも、自主性感覚の主体である「応答する自己（我）」から切り離せない価値を想定している。そのように考えられる価値は、「共感と思いやり」、「公平と正義」、「自・他への誠実」[8]等である。これらは、新生児が自己意識をもつようになると同時に、最も最初に身にまとう道徳観であると考えられるものである。それが2・3歳頃なのか、あるいは5・6歳頃になるかはかなりの個人差があると思われるが、これら三つ程度の道徳的な基礎的感性を抱くようになったとき、ヒトの子は社会的な主体になったと言える。そのとき、子どもは「思いやり」や「正義」・「誠実」といった言葉は知らなくても、それらが関わる道徳世界の複雑さを体験しつつ、そうした概念の実質を情動（感性）のレベルで感得し始めるのである。

やがて、小学校等に入学すると、こうした道徳的価値の名称を授業内外で学んでいくのであるが、名称の学習以前に基底的価値を様々な生活体験を通じて情動レベルで既に体験している（知っている）ことが重要なのである。

2・3歳頃の幼児がそうした基底的な価値を感じることに疑問を抱く読者のために、ある保育士が語っている逸話を少し長いが紹介しよう。[9] 語られているのは保育園でのブランコの譲り合いの場面である。

> 10月くらいのことです。3歳3か月のふうちゃんは、第三者の立場でブランコを待つ友達の様子をみていました。そして、しばらくみていて、乗りたくて並んでいる子に向かって、第三者の立場から「もうちょっと乗ったら、～ちゃん替わってくれるからね。ちょっと待っててね」と言ったんです。そして、もっと乗っていたい子には、「～ちゃんは、もうちょっと、いっぱい乗りたいんだよね。でも○○ちゃんが替わってほしいって言ってるんだけど……」と両者の想いを汲み取って、言葉にしてくれ始めたんです。私は、すごくびっくりしました。ふうちゃんのなかに、こんな想いが育っているとは思いもよらなかったからです。子ど

もって豊かだなあ……ふうちゃんはどっちの気持ちもわかったんだなあ……と思いました。そして、ふうちゃんのように、自分の想いを汲んでもらった子は、お友達にもそうし始めるんだなあ……と、その言葉を聞き、またまた感動しました。

両者とも、ふうちゃんに自分の気持ちを汲んでもらい、代弁してもらっているので、それぞれが、ふうちゃんの言葉に、こっくりとうなずき、やんわりムードです。でも、仲裁に入ったふうちゃんは、なかなか替わらない両者をみて、「う〜ん、ふうと、わからなくなっちゃったよ……。どっちとも、いやだっていうんだもん……」と弱った顔ながらも、無理にどちらかを追い込むことはなく、困っちゃった空気のなかで、子どもたちの時間が流れます。

2歳児クラスの春、ブランコにたくさん乗りたがる子どもたちにいっぱい出会います。そんなときは、数を数えて交替ではなく、その子の要求をまずは満たしてあげたいと思います。そんななかで、子どもたちには、乗れなくて待っている子どもたちの存在も伝えておくようにしています。そうすることで、子どもたちの意識のなかにいつしか、時期が来ると、葛藤が起こり始めます。相手が待っているから……という気持ちないと、自分はもっと乗りたい……だから意地でも替われない……という気持ちの間で揺れ始めるんです。

その揺れが大きくなる一方で、あるとき、そのかたくなな気持ちに、変化が起こるんです。そのときが、

8―共感や正義、誠実が、他の規範（徳目）とは違って、道徳世界にとってどのような意味で基底的であるかについては、アンドレ・コント＝スポンヴィル（中村昇ほか訳）（1999）『ささやかながら、徳について』（紀伊國屋書店）を参照。

9―以下で紹介した藍原睦子さんの報告は、汐見稔幸「こどもを『人間としてみる』ことの『人間学』」（佐伯胖ほか著（2013）『子どもを「人間としてみる」ということ』ミネルヴァ書房、所収）の中で紹介されているものである。なお、ポール・ブルームも『赤ちゃんはどこまで人間なのか』（前掲書）のなかで、「2歳になる頃には、子どもが他者のことを気にかけ、苦しみを取り除くために行動することを証明する資料は豊富にある」（154頁）と述べている。

きっとその子の乗りたい気持ちが、ほどほど満たされたときなのではないかなぁ……そんな気がします。自分の気持ちが満たされることで、心に余裕が出てきて、相手の存在がみえてくる、すると、心を寄せ始める……そんな気がします。自分ばっかり乗ったらいけない……そんなことぐらい子どもたちはわかっています。でも、どうしても替われないんです。自分のなかの何か大切な物を満たさなければ、次へ進めない……そんな感じがみていてします。それを待たずにおとなの権威で替わらせることはできますが、〝おとなはわかってくれない……〟そんな不満や納得のいかない気持ちを抱えて反発したり、外見の自分を偽って演じてしまう気がします。替わってはくれるけれど、おとなはそれをみて、内面には気づかず〝いい子ね〟って思っていないかなぁ、これまでの私はそうだったなぁ……と思います。(藍原睦子さんの報告)

ここで語られている「ふうちゃん」こと、ふうと君は3歳児であるが、ブランコに乗っている友だちと交替を待っている友だちの双方の思いに共感し、両者に公平に接すべきこともわきまえている。しかも、事態が思い通りに進展しなくても、自分の考えを両者に押し付けたりしない誠実さを身につけている。大人社会等に対する理解や認識は未だ未熟であるが、3歳にして基底的な価値をこのレベルまで習得しているのである。

保育者たちの細やかな指導があってのことではあるが、報告者の藍原睦子さんは、園児たちの成長を「自分の気持ちが満たされることで、心に余裕が出てきて、相手の存在がみえてくる、すると、心を寄せ始める……」と語っている。3歳前後の幼児の世界で、自分の思いがたっぷりと満たされるとき、自分と同じようにブランコ乗りを希望して待っている友だちへの共感が芽生えて、自他の平等性を発見していく。それは同時に、自分のなかに、友だちの思いに共感する(呼応する)新しい自己が誕生するときである。[10] 他者と共感関係をもてる新しい自己が生まれることと、「共感と思いやり」、「公平と正義」、「自・他への誠実」といった基底的な価値感覚の形成が一体のこととして生じていると見るべきであろう。

こうした基底的な価値感覚を豊かに深く自分のものにしている子どもは、家族の一員として、学校の構成員として、あるいは郷土や国家の成員として推奨される規範（徳目）を一つひとつ教えられなくても、それぞれの状況についての認識が総合的な教科学習等によって適切に育まれているならば、各状況にふさわしい行為を自ら見つけ出していけるものである。20個前後の徳目を小１から中３まで９年間もくり返して教えるような授業を受けなくても、道徳に適った行為を選択できる人間になっていけるのである。

藍原睦子さんが報告している３歳児ふうと君のような人格的成長が、成育環境に恵まれなかった等の理由により中学生時期にずれ込んでしまう場合もある。例えば、河瀬直の実践報告「直之はほんとうにいいやつなんです」[11]は、それまで手が付けられないほどに衝動的に暴力をふるっていた中学生（直之）が、河瀬先生等の粘り強いケア的関わりや、河瀬先生の指導に応じて直之への関わり方を変えていったクラスメイトとの交わりの中で、自分の中に、自分を見つめる「もう一人の自分」を育てていった記録として読むことができる。直之が成長していくことができたのは、直之を自分と対等な「ｙｏｕ」（親密な他者）として認め、彼にとっての「ｙｏｕ」（親密な他者）として直之に関わっていく河瀬やクラスメイトがいたからである。直之からみれば、自分を人間として共感的に受け入れてくれる親密な他者（ｙｏｕ）との初めての出会いであり、そういう教師やクラスメイトを直之自身も「ｙｏｕ」（親密な他者）として受け入れていったのである。それは同時に、直之の中に、共感的他

10――関係の質的変化や新しい出会い等が同時に主体の変化でもあるという人間観は、道徳を二人称的関係から基礎づける議論とも通じるものである。そうした道徳を二人称的な関係原理から基礎づける議論としては、佐伯胖編（２００７）『共感』（ミネルヴァ書房）やスティーヴン・ダーウォル（寺田俊郎ほか訳）（２０１８）『二人称的観点の倫理学』（法政大学出版局）等がある。

11――竹内常一・照本祥敬・加納昌美編著（２０１５）『生活指導と学級集団づくり　中学校（教師のしごとシリーズ第３巻）』高文研、所収。

者（ｙｏｕ）に応答する「もう一人の自己」が育っていった過程でもあったといえよう。そうやって生まれた二人称的な関係世界は、直之自身が周囲の他者に支えられながら創り出した道徳世界である。

人が道徳的に成長するというときに生起している出来事（道徳教育の要的事件）は、単に、知っている徳目が一つ二つ増えるというものではなく、「応答する自己（我）」が生成してくるという根源的な変容であり、その「応答する自己（我）」の生成とは、いわば新しい自我という「世界を映す場」が生成してくることでもある。そうした基底的な価値観レベルの根源的な変容は、人格そのものの変容であるとしかいえないものであろう。

第５節　教え込み型授業と補充・深化・統合論

自主性原理について考えているうちに、道徳的な成長とはそもそも、どういうことかという問題に話が進んできた。人の子が道徳的に成長するということはどういうことなのか、その過程で、道徳が道徳であるための条件とも言える自主性原理が重要な意味をもっているにもかかわらず、道徳教育を考える際にあまり重視されずにいるとしたら、そこから生まれる道徳教育は何か歪んだ道徳教育となっている可能性が大きい。

１９５８年に「道徳」時間が特設されて以降、道徳授業の多くは、読み物教材からよみ取れる特定の徳目を子どもに価値として理解させることをねらいとしてきた。今回、特別の教科となった「道徳科」についても、「考え議論する道徳」への転換が謳われてはいるが、学習指導要領やその解説だけでなく、検定合格した教科書も見ると、これまでとあまり代わり映えしない徳目確認型の授業が主流となりそうである。

なぜ、「考え議論する道徳」への転換が進まないのか。教科書会社が検定で不合格になることを避けるために、「考え議論する道徳」に適した教材を教科書に盛り込むことを自主規制したという理由も考えられるが、もう一つ考えられる理由は、特設「道徳」導入時の補充・深化・統合論が未だに道徳授業の現実を縛っているからである。補充・深化・統合論は「道徳」時間の特設の根拠とされた考え方であり、現行の学習指導要領の解説（中学校版）は補充・深化・統合の必要性を次のように説明している。[12]

> 生徒は、学校の諸活動の中で多様な道徳的価値について感じたり考えたりするが、各教科等においてもその特質があるために、その全てについて考える機会があるとは限らない。また、生徒は、各教科等においてそれぞれの特質に応じて道徳性を養うための学習を行うが、各教科等の指導には各教科等に特有のねらいがあることから、その中では道徳的価値の意味などについて必ずしもじっくりと考え、深めることができているとは限らない。それらの指導の中に合わせ含まれる道徳教育が、道徳性を養うためにはとかく断片的であったり徹底を欠いたりするのは避けられないことでもある。さらに、各教科等における道徳教育の中で多様な体験をしていたとしても、それぞれがもつ道徳的価値の相互の関連や、自己との関わりにおいての全体的なつながりなどについて考えないまま過ごしてしまうことがある。単に個々の教科等に着目した場合に断片的で徹底を欠くばかりでなく、それだけでは、十分な成果をあげることができないのもやむをえない。道徳科は、道徳的価値に関わる諸事象を、捉え直したり発展させたりして、生徒に新たな感じ方や考え方を生み出すという役割もある。したがって、その断片的あるいは、掘り下げを欠いた不十分さを補うために、道徳科では、生徒が道徳的諸価値について自覚を深めることが必要である。

こうした補充・深化・統合論を制度的に貫徹させようとして、学習指導要領の「第3章　特別の教科　道徳」の「第3　指導計画の作成と内容の取扱い」の「1」には、道徳科の年間指導計画の作成について「作成に当たっては、第2に示す内容項目について、各学年において全

12―文部科学省（2018）『中学校学習指導要領（平成29年告示）解説　特別の教科　道徳編』教育出版、89頁

て取り上げることとする」と記されている。
その結果、どういうことが起きるかというと、若干の増加はあるにしても、節度・節制や友情・信頼等の20項目程度の内容（徳目）を小1から中3まで9年間に9回くり返して価値確認するための授業をすることになる。教科書作成会社が「考え議論する道徳」を実現しようと考えても、20項目前後の価値（内容項目）を各学年で異なる教材を使用して反復的に学ぶ教科書を編集するしかないのである。米軍基地の辺野古移設問題のような社会的課題を「考え議論する道徳」の授業テーマとして教科書に盛り込むことができにくい制約が課せられているのである。辺野古移設問題であれば、指導要領の内容項目のうち、「相互理解、寛容」、「公正、公平、社会正義」、「社会参画、公共の精神」、「国を愛する態度」、「国際理解、国際貢献」、「生命の尊さ」、「自然愛護」等について総合的に学ぶことができる素材である。教科書に盛り込んだり、教師が自主的に投げ込んで授業しても、10時間程度の時間を配当して学ぶことが相応しい課題である。徳目と徳目の関連等を統合的に学ぶこともできる道徳課題であり、一定以上の学年であれば、「考え議論する道徳」授業に相応しい素材である。しかしながら、補充・深化・統合という道徳授業観があるかぎり、そうした総合的な課題研究を介した道徳的な価値探究（生き方の学習）は実施することが困難ということになる。

そもそも、文科省が「道徳」時間の特設以降進めてきた道徳授業は、価値を教え込んだ後に深化・統合を実行するという、教え込み先行型の道徳教育論に立ってきた。それは、受け継いできた徳目を、まずは「善いもの」として「押し付ける」ことこそ、道徳教育の基本であると見なす教育観[13]に基づく授業である。子どもにとっては、教え込まれたものであるから、その後の深化や統合が必要とならざるを得ないことになる。しかしながら、教え込んだ価値を深化・統合させようとしても、教え込んだ時と同じやり方で授業するだけであれば、結局は何年経っても、授業では深化も統合も実現されないことになる。子ども自身の生活体験を通して偶然に深化・統合される場合もあるが、多くの徳目は深化も統合もされずに、「望ましい」とされる知識のままで終わるか、いつの間にか剥落して、その後の生き方に痕跡を残さないことになる。

もっとも、道徳授業における教え込みと、その深化・統合の失敗が、そうした単なる痕跡の消滅で終わるのであれば実害は少ないが、60年にわたって続いてきた道徳授業の弊害は、実はもっと甚大と見るべきである。自分自身の生活問題や多くの課題を抱えた現実社会とのつながりを実感できないままに、価値があるとされる徳目を繰り返し教え込まれるとき、子ども・若者は価値をどう受け止めるであろうか。道徳についてどういう思いを抱くことになるだろうか。道徳の授業で自律の精神や自主性の大切さを知識として学んでも、あるいは社会正義や公共の精神を大事なものと教えられても、現実の学校生活や公共社会のなかに、そうした価値を実際に機能させる仕組みや価値実現に努力する大人の姿があまり見えないだけでなく、逆に、自主的であろうとする者や社会正義を誠実に模索する者が排除や抑圧を受けている現実を目にするとき、子ども・若者が学ぶものは、「道徳は授業の中だけのもの」という道徳に対する冷笑であったり、他人には道徳を強要しつつ自らは陰で私的な栄達を追い求めることこそ「賢い」というものの見方であったりすることになる。

もし、そうであるならば、この60年間の道徳の授業は、学習指導要領のいう道徳は単なるタテマエでしかなく、道徳授業のシステム全体としてみれば「道徳＝無意味・無力」という社会通念を拡大強化する役割を一貫して担ってきたのではないか。

しかも、そうした役割は実は戦後の日本社会が求めていたものだったとも言える。日本の企業社会・競争社会は、憲法的価値や学習指導要領の道徳内容を誠実に希求するような個人を実際は嫌ってきたのではないか。職場や学校等の種々の組織・団体の多くが、憲法的価値や道徳原則でもって既存の集団や組織のあり方が吟味されることを嫌ってきたというのが実態であり、そのためには、

13―貝塚茂樹（2012）『道徳教育の取扱説明書』学術出版会、56頁

学校の道徳教育で憲法的価値や道徳を誠実に希求するような個人を育ててもらっては困るというのが本音であったと思われる。そうした既存社会の本音的な期待を巧みに引き受けてきたのが、特設「道徳」の道徳教育システムであった。憲法的価値も含めて道徳について9年間も類似した学習を繰り返すことによって、私たちの多くは道徳＝「きれいごと」という道徳観を身につけることになる。その一方で、企業社会・競争社会に順応するための「学習」活動（進学競争・受験競争で生き残るための学び等）を介して、自己責任型「自律モラル」をヒドゥンカリキュラム的に学ぶことになる。そうした、戦後日本のモラル学習の実態をふまえると、国民に対する「全体の奉仕者」であるべき国家公務員のなかに政治家への忖度に沿って「一部の奉仕者」として職務に励む輩が生まれてくるのも当然の結果と思われてくる。

おわりに

教え込み先行型授業とそれを補うべく提唱されている補充・深化・統合論を廃棄して、道徳教育を、道徳が成り立つ本来の土台（規範性原理と自主性原理の統合）の上に組み立てていく必要があるという、当たり前のことを述べてきた。自主性の原理は道徳を成り立たせる重要な原理であるから、ある意味では、道徳教育における指導内容の一つであるという性格を持っている。しかしながら、指導内容という側面以上に、指導方法を原理的に規定するものと見なすべきであろう。そのことは、言うまでもないことであるが、自主性の原理を裏切らない指導方法が、授業等の教科指導の領域だけでなく、教科外指導の領域にあっても多様に模索される必要があるということになる。本稿は、自主性原理の問題を主に授業に即して問題にしてきたが、自主性原理は教科外活動領域でも徹底して大事にされなければならない原理であり、そうでなければ、教科外の諸活動の中で児童・生徒らの道徳的な成長を期待することはできないこととなろう。[14]

本稿のテーマからは幾分ずれるが、自主性を軸にして統合された個人を育むという課題は近代学校の在り方を総体から問い直すものであり、そうした問い直し運動は現実に各地で生まれ始めている。不登校の子どもらが起こしたとも言うべき、東京シューレをはじめとする各地のフリースクール、あるいは60年代末にアメリカで生まれ、日本においても近年各地に創設されつつあるサドベリースクールは、子どもの自由（自己決定）を最も大事な原理としている。そうした自由な学校が人間形成にとって如何なる意味をもっているかが解明されていく必要があることを最後に述べて本稿を閉じることとする。

（おぶち・あさお　二松学舎大学教授）

14―教科外活動における自主性原理（自己決定原理）の尊重については、拙稿「子どもの人権と学級集団づくりの展開」（竹内常一・折出健二編著（2015）『生活指導とは何か（教師のしごとシリーズ第1巻）』高文研、所収）を参照のこと。また、学級づくり等の生活指導における自主性原理の尊重（自己決定の徹底した尊重）の事例としては、北山昇「教室から飛び出す自由と戻る権利」（竹内常一・小渕朝男・関口武編著（2016）『生活指導と学級集団づくり　小学校（シリーズ教師のしごと第2巻）』高文研、所収）がある。
なお、本稿でいう自主性の尊重（自己決定の尊重）とは、個人の孤立決定領域と共通課題の専断的決定領域が分断されつつある現代社会において、個人の孤立決定（状況への適応）領域を拡大すべきという主張とは異なることを申し添えておく。自主性の尊重という人権尊重状況を拡大しつつ自主性と自主性の協同を如何に実現するかという点にこそ道徳生成の鍵があるということは、これまでの論述で理解してもらえたのではないかと考えている。

第3章

中学校用道徳科教科書の特質

――これまでの副読本との比較を通して

伊東　毅

はじめに

道徳はこれまで教科ではなかったため、道徳の時間に使われるテキストは「教科書（教科用図書）」ではなく「副読本」と呼ばれてきた。副読本であっても、学習指導要領に準拠して各出版社は作成してきたわけであるが、検定を受ける必要はなかった。道徳が教科に切り替わるということは、そのテキストが教科書になるということであり、文部科学大臣による検定を経て、出版されることになる。これが道徳のテキストにどのような影響をもたらしたのか、２０１８（平成30）年に検定を合格した中学校用としては初めての道徳科教科書を用いて検討してみたい。

第1節　共通資料が著しく増加

これまでの副読本についても、複数社が同一資料を掲載することはある程度見られた。筆者が把握している限りではあるが、販売を全国展開している民間出版社のものに限っていえば、２００８（平成20）年３月告示中学校学習指導要領対応副読本は８社から出版されている。教育出版・廣済堂あかつき・秀学社・正進社・東京書籍・日本標準・日本文教出版・光村図書出版（あいうえお順）の８社から出版されているが、日本文教出版は「中学校道徳　あすを生きる」と「中学道徳　生きる力」の２種類の副読本を出版しているので、全部で９種類ということになる。ところが、秀学社から出ている「中学校　道徳の学習」と先の日本文教出版から出ている「中学校道徳　あすを生きる」は、監修・編集委員も同じで掲載資料もほとんど同じ（掲載の順番は異なる）である。したがって、この二つは基本的に同じものと考えると、このとき、副読本は8社から実質8種類つくられたことになる。この8種の副読本3学年分を対象に調べてみると、全社に共通する資料は一つもない。「足袋の季節」が7社に採用されており、これが最も採用数の多い資料となる。4社以上採用の資料を挙げると、「夜のくだもの屋」が5社、「二度と通らない旅人」「一枚のはがき」「二通の手紙」「明かりの下の燭台」「加山さんの願い」が4社となっている。なお、資料のタイトルや内容が微妙に異なる場合もあるが、それらも共通資料としてカウントしている。

これら副読本と今回の2018（平成30）年検定済教科書を比較してみよう。都合のいいことに、検定を合格した教科書は8社（学研教育みらい・学校図書・教育出版・廣済堂あかつき・東京書籍・日本教科書・日本文教出版・光村図書出版／あいうえお順）8種類3学年分24冊であり、副読本と数が重なり比較がしやすい。後掲の表1～3で確認していただけるとわかるが、この新しい教科書では全社共通の資料が二つもある。「二通の手紙」（1社はタイトルが「元さんと二通の手紙」）と「足袋の季節」である。6社採用が「一冊のノート」「裏庭でのできごと」「言葉の向こうに」「六千人の命のビザ」（4社はタイトルが異なる。また、著者・文章も異なるが、杉原千畝を扱ったものという意味において同じ。）の四つ。5社採用が「海と空―樫野の人々―」（1社はタイトルが「エルトゥールル号の遭難」）「銀色のシャープペンシル」「卒業文集最後の二行」「ネット将棋」「旗」「二人の弟子」の六つ。4社採用が「明りの下の燭台」「加山さんの願い」「夜のくだもの屋」の三つである。

これまでの副読本と新しい教科書を比較してみると、今見たように、教科書では共通資料が著しく増加したことがわかる。検定による画一化が見事に見て取れる。また、文部（科学）省著作の「私たちの道徳」や読み物資料集に掲載された資料の転用（一部変更を含む。）が共通資料では目立つ。4社以上の教科書に掲載された上記

15共通資料の内、10資料が文部（科学）省資料からの転用である。

第2節　教科書掲載資料の性質
——フィクション・エッセイ・ノンフィクション

内容項目（徳目）に収斂されるように構成された創作資料（フィクション資料）は、事実の描写ではないため、内容が現実から乖離する可能性が高くなる。その結果として、俗な言い方をすれば、道徳くさい、ないしは、嘘くさい物語となる。資料について疑問に思うところ、具体的に知りたいと思うところを子どもたちが自ら調べていくことができれば、それでも現実に近づいていくことができると思われるが、話がフィクションであるためそれも叶わない。創作資料を用いた授業では、子どもたちはきれいごとの世界にからめとられていく危険性が高くなる。逆に、資料がノンフィクションであれば、必要に応じ事実や背景を調べたり確認したりすることができるので、現実的に考えたり、判断したりすることが容易になる。

以上のような視点から、ここでは２０１８（平成30）年検定済教科書に掲載された資料の評価をしてみたい。基準は次の囲みの通りである。点数が高いほど現実を反映した資料であり、点数が低いほどつくりもの的なニュアンスの付きまとう資料であり、きれいごとの世界に陥りやすい資料といえる。もちろん、フィクションがリアリティに乏しいと単純に判断することはできない。フィクションではあっても一定の評価を受けている文学作品には3点を配しているのはこうした点を考慮してのことである。しかし、フィクションの中に序列をつくることは基準を曖昧にしてしまうため、これ以上の段階分けは避けた。

なお、この評価は、資料の形式（フィクションかノンフィクションかなど）を問うものであって、資料の内容の質を問うものではない。こうした評価の仕方に疑問を感じる者は少なくないと思う。しかし、主観的な判断をなるべく避けたいという思いから、本稿では敢えてこのように形式的な処理をした。

【5点】ノンフィクション・ノンフィクションが中心となるエッセイ（史実を扱ったエッセイやスポーツ選手の実体験を扱ったエッセイ）／杉原幸子「六千人の命のビザ」など。

【4点】エッセイ（日常生活がベースになったようなエッセイ）・情報を提示して考えさせるような資料／向田邦子「独りを慎む」など。生徒作文もここに含まれる。

【3点】文学作品（フィクションではあるが、社会の本質を描いているなどとして一定の評価を受けたもの）／菊池寛「恩讐の彼方に」など。

【2点】昔話や時代物（創作であることが明確で、実話かどうかという疑問を抱かせないもの）／文部科学省「仏の銀蔵」など。

【1点】道徳用に作られたと思われるフィクション資料・実話かもしれないが作者の個人的エピソードがベースになっていて、調べたり確認したりすることができないもの・実話がベースになって構成されていても、架空の登場人物があたかもそれを経験したかのようにまとめられたもの（たとえば、著者が明記されておらず、「私」のように登場する主人公が誰であるか特定できないものも含む）／中江良夫「足袋の季節」、文部科学省「海と空―樫野の人々―」など。


結果は表1～3の中に示してある。

1点資料は、8社3学年24冊に掲載された全854資料中405資料であった。なんと47・4％が1点資料である。すなわち、現実からの乖離を促進してしまうような資料で満ち溢れているといえる。反対に、5点資料は171資料、20・0％であった。事実や背景を調べたり確認したりすることができるノンフィクション資料は決して多いとはいえない。きれいごとの世界からの脱出に適した資料はどのくらいあるのかという点からすると、かなり深刻な状況であるといえよう。現実的に物事を考えさせるような授業がはたして十分展開されるだろうか。

全体の状況は以上の通りであるが、内容項目別の傾向をみてみよう。三つの学年を合わせた平均点が4・0点を超える高い数値を示した内容項目は［希望と勇気、克己と強い意志］（4・4点）と［真理の探究、創造］（4・1点）であった。反対に、2・0点以下の低い数値の内容項目は［友情、信頼］（1・5点）・［自主、自律、自由と責任］（1・8点）・［遵法精神、公徳心］（2・0点）・［礼儀］（2・0点）であった。したがって、［希望と勇気、克己と強い意志］［真理の探究、創造］については現実的に考えさせるような資料がある程度用意されているが、［友情、信頼］［自主、自律、自由と責任］［遵法精神、公徳心］［礼儀］についてはつくりもの的なニュアンスの付きまとう資料で満ち溢れており、そうした資料に引きずられて現実から乖離したきれいごと的な発言に終始する授業になってしまう危険性が高い。

最後に、出版社別の傾向をみてみよう。三つの学年を総合して数値が高いのは東京書籍（2・93点）・教育出版（2・90点）・学研教育みらい（2・90点）の教科書であり、数値が低いのは学校図書（2・43点）・日本教科書（2・59点）・光村図書出版（2・60点）の教科書という結果になった。現実的に考えさせるようなノンフィクション資料をそれなりに揃えているのか、それとも道徳用につくったような資料が多いのか、といったところも教科書を評価する一つの目安になるかもしれない。なお、この数値が単純に教科書の総合的な優劣を示すわけではないので誤解のないように願いたい。

ここまでは、共通資料がいくつあるかとか、フィクションかノンフィクションかなどといった形式的な分析をおこなってきたが、以降はテーマを絞って内容的な分析をおこなっていきたい。これまで筆者が関心を抱いてきた畏敬の念や愛国心をめぐる資料を中心にみていきたい。[1] なお、とくに愛国心については、内容項目［我が国の伝統と文化の尊重、国を愛する態度］に割り当てられた資料にとらわれずに、内容的に愛国心に関連するような資料を取り上げながら論じていきたい。

第3節　［感動、畏敬の念］用資料の特質

道徳が教科になる際、学習指導要領を改め、内容項目の変更も行われたが、中学校ではそれまで「自然を愛護し、美しいものに感動する豊かな心をもち、人間の力を超えたものに対する畏敬の念を深める。」というように一つの項目であったものが、「自然の崇高さを知り、自然環境を大切にすることの意義を理解し、進んで自然の愛護に努めること。」［自然愛護］と「美しいものや気高いものに感動する心をもち、人間の力を超えたものに対する畏敬の念を深めること。」［感動、畏敬の念］との二つに分割された。

［自然愛護］と［感動、畏敬の念］が一つの項目であったときには自然の雄大さなどを扱う資料がほとんどであった。２００８（平成20）年3月告示中学校学習指導要領対応副読本では、そのすべてが自然を題材にした資料であったといっていいくらいである。しかし、［自然愛護］と［感動、畏敬の念］が分離独立したならば、これまでのような自然を扱う資料は当然［自然愛護］の方に割り当てられるであろう。であるならば、［感動、畏敬の念］に対応する資料はどうなるのであろうか、自然以外の題材が大きく登場するようになるのであろうか。

結論からいえば、自然を題材にした資料が大半を占めるものの、人の行為を題材にしたものなどもかなり出てきたという印象である。１年生用では、８社中１社だけが人の行為を題材とした資料（「最後の一葉」[2]）を掲載した。２年生用では、「人間であることの美しさ」[3]のように人の行為を題材にしたもの、「いのり」[4]や「夜は人間以外のものの時間」[5]のように自然と人の行為が混じったようなもの、「自分自身の絵を追い求めて―画家・田中一村の生涯―」[6]のように人の行為と芸術を扱ったものが資料として登場してくる。３年生用では、「不思議な光

1―筆者が畏敬の念や愛国心についての副読本資料をこれまで研究対象にしてきたことについては、拙著「『畏敬の念』と道徳副読本および教師用指導書」（『武蔵野美術大学研究紀要』No.48（２０１８年）、所収）などを参照願いたい。

2―松尾直博ほか『輝け未来　中学道徳1年』（平成30年3月5日検定済）学校図書、見本本のため出版年未記載、１４０～１４６頁

3―横山利弘・七條正典・柴原弘志ほか『中学生の道徳　自分を考える2』（平成30年3月5日検定済）廣済堂あかつき、見本本のため出版年未記載、86～87頁

4―白木みどりほか『道徳中学校2　生き方を見つめる』（平成30年3月5日検定済）日本教科書、見本本のため出版年未記載、１７２～１７５頁

5―渡邉満・押谷由夫ほか『新しい道徳2』（平成30年3月5日検定済）東京書籍、見本本のため出版年未記載、１１０～１１５頁

6―松尾直博ほか『輝け未来　中学道徳2年』（平成30年3月5日検定済）学校図書、見本本のため出版年未記載、２１８～２２２頁

景」[7]や「カムイモシㇼとアイヌモシㇼ」[8]のように宗教的色彩の強い資料も見られた。[9]「風景開眼」[10]は人の行為と芸術が題材に、「サグラダ・ファミリア―受け継がれていく思い」[11]は人の行為が題材になっている。

政治や宗教上の偉人とされる人たちが畏敬の念の対象として登場してくるようだと、思想・信条の自由という面から問題となってしまうのではないかと思いながら「感動、畏敬の念」に割り当てられた資料を読んだが、現段階では、政治や宗教上の偉人の行為などを讃美するような資料はみあたらない。特定の人物ないしはその行為を畏敬の念の対象とする資料としては、唯一上記の「サグラダ・ファミリア―受け継がれていく思い」がそれに相当するかもしれない。ガウディを讃美するようなところが散見される。

ただ、「感動、畏敬の念」に割り当てられた資料では政治や宗教上の特定の人物がその対象として取り上げられることはなかったが、他の内容項目に割り当てられた資料で気になるものがあった。「子どもも親も笑顔の町に」[12]という「郷土の伝統と文化の尊重、郷土を愛する態度」に割り当てられた資料である。江戸川区長であった中里喜一の業績を讃える内容となっている。これまでの副読本でも幕末から明治・大正あたりまでであれば、政治や行政にかかわった人物が取り上げられることはあった。しかし、戦後、それも平成に入ってからも首長を務めた人物を讃美するような資料は筆者の知る限りこれまでなかった。こうした資料が出てきたことも新しい特徴である。

第4節　平和に関する資料の変化
――内容項目見出しの弊害

道徳を教科にする際、学習指導要領の内容項目の表記の形式に変更が加えられた。教科化以前の学習指導要領では内容項目に（1）、（2）などの番号が振られていた。教科化に際して学習指導要領が改められたとき、この番号が姿を消し、代わりに内容項目を示す文章の頭に「内容を端的に表す言葉」[13]（以降は、単純に「見出し」としておく。）を添えるようになった。副読本時代も見出しはあったが、それらは各出版社がそれぞれ付けたものであり、同一内容項目に付けられた見出しでも微妙に各社の見出しは異なっていた。

「世界の中の日本人としての自覚をもち、国際的視野に立って、世界の平和と人類の幸福に貢献する。」という内容項目に対して「人類愛」とか「平和」という見出しを使う出版社も少なくなかった。こうした中で、先の戦争を扱う資料もそれなりにあり、広島や長崎に投下された原子爆弾とその被害を扱う資料も当然のことながら存在した。「ヒロシマのうた」[14]「ヒロシマの空」[15]「ヒロシマ、

７―白木みどりほか『道徳中学校３　生き方を創造する』（平成30年3月5日検定済）日本教科書、見本本のため出版年未記載、１６８〜１７３頁

８―林泰成・貝塚茂樹・柳沼良太ほか『中学道徳３　とびだそう未来へ』（平成30年3月5日検定済）教育出版、見本本のため出版年未記載、１７０〜１７３頁

９―「感動、畏敬の念」に割り当てられた資料ということに限定しないでいえば、実際にこれまでかなり抑制されていたと思われる宗教に関する記述が、一部の教科書で大胆に登場してきたという印象を持つ。「伊勢神宮〜こころのふるさと〜」という白木ほか前掲『道徳中学校３　生き方を創造する』に掲載されたコラム（１４８頁）などは宗派的な内容が盛り込まれている。

10―吉澤良保・越智貢・島恒生ほか『中学道徳　あすを生きる３』（平成30年3月5日検定済）日本文教出版、見本本のため出版年未記載、１３４〜１３９頁

11―杉中康平・田沼茂紀ほか『中学道徳３　きみがいちばんひかるとき』（平成30年3月5日検定済）光村図書出版、見本本のため出版年未記載、１２０〜１２５頁

12―林泰成・貝塚茂樹・柳沼良太ほか『中学道徳１　とびだそう未来へ』（平成30年3月5日検定済）教育出版、見本本のため出版年未記載、１８０〜１８３頁

13―『小学校学習指導要領解説　特別の教科　道徳編』『中学校学習指導要領解説　特別の教科　道徳編』で「内容を端的に表す言葉」という言い方がなされている。

14―渡邉満代表者『中学道徳　明日をひらく１』東京書籍、出版年不明、56〜63頁

15―日本標準教育研究所編『中学生　みんなで生き方を考える道徳１』日本標準、出版年不明、52〜54頁

一人からの出発」[16]などの資料がそれである。

　ところが、教科化に際して文部科学省がこの内容項目（文章自体の変更も若干ある）に付けた見出しは「国際理解、国際貢献」であった。検定に支障なく合格したいと考えるならば、この見出しに矛盾しない資料を出版社は用意しようとするだろう。結果として、平和というテーマが後景に退き、なおかつ、「国際」という表記に引っ張られ、自国のことのみを中心に据えた資料が選ばれにくくなったのではないか。実際に、道徳の教科書からは広島や長崎のことを扱う資料が急速に消えつつある。かろうじて「平和への願い」[17]や「命見つめて」[18]と題する資料くらいが広島についてある程度触れるのであるが、原子爆弾投下直後の惨状を中心に紙数を割いて伝える資料は姿を消した。

　「平和」がタイトルに入る資料は今回の教科書24冊の中では三つだけであるが、その中の一つである「平和への架け橋」[19]などは、ＰＫＯ協力法の下、自衛隊の海外派遣を積極的に支持する内容になっている。これまでの平和に関する資料とは傾向の異なるものである。「国際貢献」という見出しの中の言葉を意識して選択されたのであろうか。こういうところにも文部科学省が作成した見出しの影響を感じることができる。

　この「国際理解、国際貢献」に割り当てられた資料で、戦前の日本統治下の台湾における日本人の行為を偉業として取り上げるものがあった。「大地―八田與一の夢」[20]である。治水工事を行った八田を台湾の人たちが讃美するという内容になっている。副読本のころから日本人に他国の人が感謝するというベクトルの資料はいくつかあった。樫野の人々が救難活動でトルコ人を助けた話である「海と空―樫野の人々―」や杉原千畝がユダヤ人を助けた「六千人の命のビザ」などはその代表である。しかし、日本に統治された国の人たちがその統治中の日本人の行為を讃美するという資料はこれまでなかった。「大地―八田與一の夢」のほかにも「台湾に遺したもの」[21]という統治中に派遣された日本人教師たちを讃える話などもコラムとして出てくる。

　これらの資料の特殊性は置いておくとしても、他国の人が日本人を肯定的に評価したり、感謝するという類の資料は教科書になって明らかに増えた。東日本大震災のときの日本人の行動や電車に人が挟まるという緊急事態での乗客らによる救出活動の様子などに対して、他国ではありえないとする海外メディアのコメントが紹介されたりしている。[22]副読本のころに比べて自国讃美的な記述が目立ってきたように思われる。

第５節　挿絵・掲載写真と日の丸

新しい教科書の頁をめくっていると、掲載写真の中の日の丸が目につく。オリンピック選手を取り上げれば、ユニフォームなどに付けられた日の丸が当然映し出される。しかし、こうしたことも含めて、これまでの副読本においては、日の丸が描かれたり、映し出された写真を掲載することはあまりなかったと思う。先に比較に用いた８社３学年分24冊の副読本を調べてみた。どんなに小さく描かれたり写されたりしたものであっても数えてみたところ、日の丸が確認できた写真等は全部で12点であった。ところが、今回出された教科書（副読本と同数の24冊）を調べてみると、確認できたものは、学研教育

16―小寺正一・藤永芳純・島恒生編著『中学道徳　生きる力３年』日本文教出版、出版年不明、74～79頁
17―林・貝塚・柳沼ほか前掲『中学道徳３　とびだそう未来へ』、20～23頁
18―渡邉満・押谷由夫ほか『新しい道徳３』（平成30年３月５日検定済）東京書籍、見本本のため出版年未記載、172～175頁
19―松尾直博ほか『輝け未来　中学道徳３年』（平成30年３月５日検定済）学校図書、見本本のため出版年未記載、196～203頁
20―白木みどりほか『道徳中学校１　生き方から学ぶ』（平成30年３月５日検定済）日本教科書、見本本のため出版年未記載、153～160頁
21―白木ほか前掲『道徳中学校２　生き方を見つめる』、146～147頁
22―林・貝塚・柳沼ほか前掲『中学道徳３　とびだそう未来へ』、70～71頁や白木ほか前掲『道徳中学校３　生き方を創造する』、96～98頁などを参照。

みらい13点、光村図書出版9点、学校図書8点、教育出版7点、日本文教出版5点、東京書籍4点、日本教科書3点、廣済堂あかつき0点の合計49点である。副読本のときと比べれば4倍に増加している。

ちなみに、「オレは最強だ!」という教科書資料の中に掲載されている写真に映し出された日の丸[23]が確認したものの中では群を抜いて大きく、かなりインパクトのあるものになっている。こうしたものは副読本では決して見ることができなかった。一方、副読本の中に出てくるもっとも大きな日の丸は写真ではなくイラストで、マラソン選手が競い合う背景としてその日の丸が描かれている。そして、その本文では「海外には日本人に対していろいろな感情をもっている人がいる。ふつうに接してくれる人だけでなく、とくに日本びいきの人もいれば、逆に日本人を軽蔑したり憎んだりする人もいる。……日本人がきらいだという人は、先の戦争はじめ過去の日本人がやってきたことに大きな痛手を受けたり、嫌悪感をもっているという人もあるようだ。」[24]と記されている。描かれた日の丸と本文とを合わせて見れば、この日の丸が賛否両面の象徴として描かれていることがわかる。副読本のときにはあった、こうした日本に対するアジア諸国の複雑な思いについての記述が、教科書になるとまったく消えてしまっている。

掲載写真ということでいえば、今上天皇と皇后が映し出されたものが今回の教科書にはある。[25]写真ではないが、他の教科書では本文で皇室にかかわるくだりが見られたりもする。「そして一八八一年、明治天皇の北海道巡幸が行われ、途中久蔵を訪ねることとなった。久蔵は、自作の稲と水田を紹介するという大変な名誉にあずかった。」[26]という記述である。これまでの副読本は、皇室に関するものは基本的に取り上げてこなかったと思う。「薄墨の桜」[27]という古木の桜を扱う資料などの中で、近・現代とは直接かかわらないところの継体天皇の詠んだ歌が紹介された程度である。ところが、今回の教科書では、今触れたように写真や文章で近・現代の天皇が登場してくる。これまでに見られなかった新しい傾向である。

第６節　道徳と科学

副読本掲載時から「樹齢七千年の杉」は科学的見解と齟齬があり、もし、これを掲載しようとする出版社があるとしたら、検定はどのような判断を下すのだろうかと注目して見ていた。道徳と科学との関係をどのように教科書検定が取り扱うのかを見たかったのである。２社がこの資料を教科書に掲載した。[28] これに出てくる縄文杉であるが、推定樹齢は３０００年以上とされており４０００年以上はありえない、というのが定説である。

１社の資料には「縄文杉の樹齢については、諸説ある。」と脚注が付けられているが、もう一方の出版社の資料にはそうしたものが一切ない。資料を読んだ子どもたちは、教師が何の説明も加えなければ、縄文杉の樹齢は７０００年と当然考える。子どもたちには自然科学的真理に反したことを教えることになる。

杉原千畝を題材とした資料は６社の教科書に収められている。その内５社の資料では杉原が「領事代理」となっているのに、１社の資料では杉原を「領事」ということで話を展開している。[29] 歴史的な事実は一つであるはずな

23―白木ほか前掲『道徳中学校1　生き方から学ぶ』、19頁

24―廣済堂あかつき道徳教育研究会編『中学生の道徳3　自分をのばす』廣済堂あかつき、出版年不明、105頁

25―白木ほか前掲『道徳中学校2　生き方を見つめる』、95頁

26―松尾ほか前掲『輝け未来　中学道徳3年』、97頁

27―荒木紀幸監修『中学生の道徳　道しるべ3』正進社、出版年不明、10頁

28―吉澤良保・越智貢・島恒生ほか『中学道徳　あすを生きる2』(平成30年3月5日検定済)日本文教出版、見本本のため出版年未記載、72～77頁、および、横山ほか前掲『中学生の道徳　自分を考える2』、13～16頁、に掲載されている。

29―学校図書の資料だけが杉原を「領事」ということで通している。松尾ほか前掲『輝け未来　中学道徳2年』、190・191・194頁を確認願いたい。

のにブレが生じている。

こうしたものを見ると、道徳と自然科学的真理や社会科学的真理との関係に検定が無頓着なのではないかと思ってしまう。戦前・戦中の修身が筆頭教科として学校教育を支配し、他の教科を歪めていったという経験を日本はもつ。道徳だから自然科学的真理や社会科学的真理とずれてもよいと考えるのではなく、歴史を教訓とするならば、むしろ、戦後の道徳はこうしたことに敏感でなくてはならないと思う。

おわりに

「考え、議論する道徳」というフレーズは、教科化に際して文部科学省が繰り返し使用したものである。はたして「考え、議論する道徳」に適した資料が教科書にどれだけ掲載されたのであろうか。心情主義に偏った授業を克服できるのであろうか。

筆者は今回出された教科書に目を通して、それは簡単ではないと感じた。心を揺さぶることが道徳教育だといわんばかりに涙を誘う資料がかなり増えたという印象を持った。そして、そのために障害や死が安易に使われている感じがした。筆者は重度の知的障害者の親であるが、実在する（実在した）障害のある人の嘘偽りない話（5点資料）を読んだときには共感・感動し、当人とその家族によくぞ教科書掲載を許可してくれたと感謝の気持ちでいっぱいになった。でも、そうした資料は極めて限られており、多くは真偽のわからない物語（1点資料）であった。そういったものに対しては、障害や死を打算的に利用しているようで大いに抵抗を感じた。

また、いじめを扱う資料の多くがフィクション資料（1点資料）であった。多くの子どもたちはより陰湿で複雑ないじめを経験上知っている。これらの資料が子どもの生活世界の改善にどこまで役立つのか疑問に思う。ただ、一点、実話に基づく資料（5点資料）があった。「明日、みんなで着よう」[30]である。こうしたノンフィクション資料を出版社はもっとたくさん用意してほしい。

教師たちは子どもたちと現実をしっかりと結びつける授業をしてほしいし、道徳科の教科書がそうした授業を助けるものであってほしい。現実的に「考え、議論する道徳」が展開されることを願っている。

（いとう・たけし　武蔵野美術大学造形学部教授）

30―杉中康平・田沼茂紀ほか『中学道徳2　きみがいちばんひかるとき』（平成30年3月5日検定済）光村図書出版、見本本のため出版年未記載、135～137頁

東京書籍	日本教科書	日本文教出版(別冊付)	光村図書出版	内容項目別平均点
■傍観者でいいのか【1点】 ■父のひとこと【1点】	■銀色のシャープペンシル【1点】	■二人の約束【1点】 ■裏庭でのできごと【1点】	■自分で決めるって？【4点】 ■裏庭での出来事【1点】	資 料 数:16 5点資料:0 4点資料:2 3点資料:0 2点資料:0 1点資料:14 平 均 点:1.4
■山に来る資格がない【1点】 ■忘れ物【1点】	■命をつくるもの【4点】	■疾走、自転車ライダー【1点】	■自然教室での出来事【1点】 ■「養生訓」より【1点】	資 料 数:13 5点資料:0 4点資料:3 3点資料:0 2点資料:0 1点資料:10 平 均 点:1.7
■自分の性格が大嫌い！【4点】	■オレは最強だ！【5点】 ■パーソナリティー【1点】	■トマトとメロン【4点】	■カメは自分を知っていた【1点】 ■「確かめよう」【4点】	資 料 数:10 5点資料:3 4点資料:4 3点資料:0 2点資料:0 1点資料:3 平 均 点:3.4
■全てがリオでかみ合った【4点】	■志～幼少の記憶より～【1点】	■サッカー漫画を描きたい【5点】 ■小惑星探査機「はやぶさ」の挑戦【5点】	■ヘレンと共に - アニー・サリバン【5点】 ■栄光の架橋【4点】	資 料 数:13 5点資料:7 4点資料:4 3点資料:0 2点資料:0 1点資料:2 平 均 点:4.1
■「どうせ無理」という言葉に負けない【4点】	■金星探査機「あかつき」の挑戦【4点】	■緑のじゅうたん【5点】	■六十二枚の天気図【1点】	資 料 数:8 5点資料:4 4点資料:3 3点資料:0 2点資料:0 1点資料:1 平 均 点:4.1
■思いやりの日々【4点】 ■心をつなぐバス【4点】	■二枚のチケット【1点】 ■朝の地下鉄【1点】	■人のフリみて【4点】	■席を譲ったけれど【4点】 ■父の言葉【1点】	資 料 数:17 5点資料:1 4点資料:6 3点資料:0 2点資料:0 1点資料:10 平 均 点:2.3
■朝市の「おはようございます。」【4点】	■おはよう【1点】	■「愛情貯金」をはじめませんか【4点】	■学習机【1点】	資 料 数:8 5点資料:0 4点資料:3 3点資料:0 2点資料:0 1点資料:5 平 均 点:2.1
■短文投稿サイトに友達の悪口を書くと【1点】 ■班での出来事【1点】	■いつもいっしょに【1点】 ■ちゅうたがくれたもの【1点】 ■リョウとマキ～First Love～【1点】	■近くにいた友【1点】 ■部活の帰り【1点】 ■旗【1点】	■いちばん高い値段の絵【5点】 ■親友【1点】	資 料 数:19 5点資料:2 4点資料:0 3点資料:2 2点資料:1 1点資料:14 平 均 点:1.7
■いじめに当たるのはどれだろう【4点】 ■落語が教えてくれること【4点】	■嘉納治五郎先生との出会い【1点】 ■二つの足跡【4点】	■自分だけ「余り」になってしまう・・・【4点】	■私の話を聞いてね【4点】 ■言葉の向こうに【1点】	資 料 数:12 5点資料:1 4点資料:6 3点資料:0 2点資料:0 1点資料:5 平均点:2.8
■選手に選ばれて【1点】 ■ごみ箱をもっと増やして【1点】	■傘の下【1点】 ■僕じゃないのに【1点】 ■自分の心の中の自分【1点】	■ふれあい直売所【1点】 ■使っても大丈夫？【1点】	■仏の銀蔵【2点】 ■雨の日の昇降口【1点】	資 料 数:16 5点資料:0 4点資料:1 3点資料:0 2点資料:1 1点資料:14 平 均 点:1.3
■席替え【1点】 ■いじめっ子の気持ち【4点】	■仏の銀蔵【2点】 ■永久欠番42【5点】 ■グループ【1点】	■さかなのなみだ【4点】 ■公平と不公平【4点】	■魚の涙【4点】 ■やっぱり樹里は【1点】	資 料 数:16 5点資料:1 4点資料:5 3点資料:1 2点資料:1 1点資料:8 平 均 点:2.4
■楽寿号に乗って【4点】 ■本が泣いています【1点】	■プロレスごっこ【1点】 ■町内会デビュー【1点】 ■もも子【5点】	■あったほうがいい？【1点】 ■富士山から変えていく【4点】	■僕たちの未来【1点】	資 料 数:13 5点資料:1 4点資料:2 3点資料:0 2点資料:0 1点資料:10 平 均 点:1.8
■新しいプライド【1点】 ■「看護する」仕事【4点】	■仕事と心【5点】	■私は清掃のプロになる【5点】 ■役に立つことができるかな【1点】	■私が働く理由【4点】	資 料 数:11 5点資料:3 4点資料:2 3点資料:0 2点資料:0 1点資料:6 平 均 点:2.6
■母はおしいれ【4点】	■形見【1点】 ■ペーパーバード【4点】	■家族と支え合うなかで【4点】	■さよならの学校【1点】	資 料 数:10 5点資料:0 4点資料:4 3点資料:0 2点資料:0 1点資料:6 平 均 点:2.2
■全校一を目指して【1点】	■希望の風に【5点】	■むかで競争【1点】	■一粒の種【1点】 ■初めての伴奏【1点】	資 料 数:10 5点資料:2 4点資料:0 3点資料:0 2点資料:0 1点資料:8 平 均 点:1.8
■ぼくのふるさと【4点】 ■郷土を彫る【1点】	■銅像が教えてくれたこと【1点】 ■雄司の自慢【1点】	■震災を乗り越えて－復活した郷土芸能－【5点】 ■篠崎街道【1点】	■なおしもん【4点】	資 料 数:15 5点資料:3 4点資料:5 3点資料:0 2点資料:0 1点資料:7 平 均 点:2.8
■古都の雅、菓子の心【4点】	■環境先進国江戸【1点】	■奈良筆に生きる【1点】	■日本のお米【4点】	資 料 数:9 5点資料:1 4点資料:5 3点資料:0 2点資料:0 1点資料:3 平 均 点:3.1
■日本から来たおばさん【5点】	■大地－八田與一の夢【5点】	■花火に込めた平和への願い【1点】 ■違いを乗り越えて【1点】	■異文化の人々と共に生きる【1点】	資 料 数:11 5点資料:4 4点資料:3 3点資料:0 2点資料:0 1点資料:4 平 均 点:3.2
■いのちって何だろう【4点】 ■決断！骨髄バンク移植第一号【5点】 ■あなたはひかり【4点】 ■見沼に降る星【1点】	■過去からのメッセージ【1点】 ■誰かのために【5点】	■あなたはすごい力で生まれてきた【4点】 ■あふれる愛【5点】 ■ゆうへ－生きていてくれてありがとう－【5点】	■ひまわり【5点】 ■捨てられた悲しみ【4点】 ■エルマおばあさんからの「最後の贈りもの」【5点】	資 料 数:23 5点資料:7 4点資料:10 3点資料:0 2点資料:0 1点資料:6 平 均 点:3.5
■桜に集う人の思い【4点】	■ニッポニア・ニッポン【5点】	■木の声を聞く【5点】	■鳥が見せてくれたもの【1点】	資 料 数:8 5点資料:3 4点資料:2 3点資料:0 2点資料:0 1点資料:3 平 均 点:3.2
■火の島【4点】	■ほっちゃれ【4点】	■オーロラ－光のカーテン－【4点】	■命の木【4点】	資 料 数:8 5点資料:0 4点資料:6 3点資料:1 2点資料:0 1点資料:1 平 均 点:3.5
■銀色のシャープペンシル【1点】 ■花に寄せて【4点】	■ネパールのビール【1点】 ■レーナ・マリアの挑戦【5点】	■挫折から希望へ【5点】 ■いつわりのバイオリン【1点】	■銀色のシャープペンシル【1点】 ■撮れなかった一枚の写真【4点】	資 料 数:17 5点資料:3 4点資料:3 3点資料:2 2点資料:0 1点資料:9 平 均 点:2.5
			補助資料 ■旗【1点】 ■橋の上のおおかみ【2点】	資 料 数:2 5点資料:0 4点資料:0 3点資料:0 2点資料:1 1点資料:1 平 均 点:1.5
資 料 数:36 5点資料:2 4点資料:19 3点資料:0 2点資料:0 1点資料:15 平 均 点:2.8	資 料 数:37 5点資料:9 4点資料:5 3点資料:0 2点資料:1 1点資料:22 平 均 点:2.4	資 料 数:35 5点資料:9 4点資料:10 3点資料:0 2点資料:0 1点資料:16 平 均 点:2.9	資 料 数:37 5点資料:4 4点資料:12 3点資料:0 2点資料:2 1点資料:19 平 均 点:2.5	総資料数:285 5点資料:46 4点資料:79 3点資料:6 2点資料:4 1点資料:150 平 均 点:2.5

表1　2018（平成30）年検定済教科書（1年生）

1年生		学研教育みらい	学校図書	教育出版	廣済堂あかつき（別冊付）
主として自分自身に関すること	自主，自律，自由と責任	■裏庭での出来事【1点】 ■ネット将棋【1点】	■博史のブログ【1点】 ■父の一言【1点】	■自分で決める【1点】 ■裏庭でのできごと【1点】	■この人生の主人公【4点】 ■裏庭でのできごと【1点】 ■ネット将棋【1点】
	節度，節制	■釣りざおの思い出【1点】 ■日曜日の朝に【1点】	■災害に備える【4点】 ■自然教室でのできごと【1点】	■古びた目覚まし時計【1点】 ■一日前に戻れるとしたら【4点】	■釣りざおの思い出【1点】
	向上心，個性の伸長	■イチローの軌跡【5点】	■自分らしさとは【1点】	■まだ進化できる【5点】	■木箱の中の鉛筆たち【4点】
	希望と勇気，克己と強い意志	■西山先生へ【1点】 ■認められたグラブ【4点】	■願いのバトン【5点】	■「どうせ無理」をなくしたい【5点】 ■夢への挑戦「パラカヌー」【5点】	■目標は小刻みに【4点】 ■終わりなき挑戦－成田　真由美－【5点】
	真理の探究，創造	■ロボット研究【4点】	■天から送られた手紙【5点】	■全ての人に安心、安全な水を【5点】	■ミスターヌードル-安藤百福-【5点】
主として人との関わりに関すること	思いやり，感謝	■バスと赤ちゃん【1点】 ■金色の稲穂【1点】	■うちわと涙【1点】 ■ある元旦のこと【1点】	■不自然な独り言【1点】 ■もったいない【4点】 ■マンションの椅子【5点】	■夜のくだもの屋【1点】 ■地下鉄で【4点】 ■旗【1点】
	礼儀	■挨拶しますか、しませんか【1点】	■ご挨拶の勧め【4点】	■おはよう【1点】	■半分おとな　半分こども【1点】
	友情，信頼	■あるピエロの物語【2点】 ■クラスメイト【1点】 ■吾一と京造【3点】	■旗【1点】 ■いつも一緒に【1点】	■最強の敵　最大の友【5点】 ■チョコの行方【1点】	■アイツ【1点】 ■吾一と京造【3点】
	相互理解，寛容	■ふと目の前に　森繁久彌【5点】	■約束【1点】	■「いじり」？「いじめ」？【1点】 ■ショートパンツ初体験　inアメリカ【4点】	■言葉の向こうに【1点】
主として集団や社会との関わりに関すること	遵法精神，公徳心	■キャッチ　アンド　リリース【4点】 ■傘の下【1点】	■キャッチボール【1点】 ■淳の住む町【1点】	■ルールとマナー【1点】	■島　耕作　ある朝の出来事【1点】 ■人に迷惑をかけなければいいのか？【1点】
	公正，公平，社会正義	■うわさで決めるの？【1点】 ■公平とはなんだろう【4点】	■誰も知らない【3点】 ■卒業文集最後の二行【1点】	■あなたならどうしますか【1点】	■ヨシト【1点】 ■ある日のバッターボックス【1点】
	社会参画，公共の精神	■町内会デビュー【1点】	■アルミ缶回収【1点】 ■小さな一歩【1点】	■選ぶということ【1点】	■加山さんの願い【1点】
	勤労	■掃除の神様が教えてくれたこと【5点】	■クリームパン【1点】 ■一房のぶどう【1点】	■幸せな仕事って【1点】	■午前一時四十分【1点】
	家族愛，家庭生活の充実	■黒い弁当【1点】	■君が生まれた日【1点】	■ごめんね、おばあちゃん【1点】	■美しい母の顔【1点】 ■ふたりの子供たちへ【4点】
	よりよい学校生活，集団生活の充実	■伝統を伝説に【1点】 ■明かりの下の燭台【5点】	■合唱コンクール【1点】	■けやき中を誇りに【1点】	■二枚の写真【1点】
	郷土の伝統と文化の尊重，郷土を愛する態度	■壊れた掲示板【1点】	■飛騨の匠の造った家【4点】 ■生き続ける遺産　深良用水【5点】	■伝えたい味【4点】 ■受け継がれる博愛の精神【1点】 ■子どもも親も笑顔の町に【1点】 ■「夢」をつなぐ【4点】	■アップルロード作戦【5点】
	我が国の伝統と文化の尊重，国を愛する態度	■日本の心と技【4点】	■言葉の壁は「日本舞踊」で乗り越えた【4点】 ■思いを結び、人を結ぶ水引【1点】	■"庶民の笑い"を絶やさない【5点】	■音を宿す【4点】
	国際理解，国際貢献	■真の国際人　嘉納治五郎【5点】 ■エルトゥールル号の遭難【5点】	■「私は、『おもてなし親善大使』」【1点】 ■大人たちの都合で無数の子どもの命が【4点】	■歴史を変えた決断【4点】	■国際協力ってどういうこと？【4点】
主として生命や自然，崇高なものとの関わりに関すること	生命の尊さ	■あなたに【1点】 ■たとえ僕に明日はなくとも【4点】 ■捨て犬・未来【5点】	■あなたの「生きようとする力」【4点】 ■母の死が教えてくれたこと【1点】	■あなたが　うまれた　ひ【4点】 ■いのちを考える【4点】 ■よく生きること、よく死ぬこと【4点】	■あなたはすごい力で生まれてきた【4点】 ■曙号の死【1点】 ■語りかける目【1点】
	自然愛護	■夏の思い出【1点】	■飛べ！出水のツル【1点】	■富士山を守っていくために【4点】	■あのハチドリのように－ワンガリ・マータイ－【5点】
	感動，畏敬の念	■自然の懐に抱かれて【4点】	■最後の一葉【3点】	■オーロラの向こうに【4点】	■ガジュマルの木【1点】
	よりよく生きる喜び	■いっぱい生きる　全盲の中学校教師【5点】 ■ネパールのビール【1点】	■偽りのバイオリン【1点】 ■銀色のシャープペンシル【1点】	■私に宇宙のプレゼント【4点】 ■二度と通らない旅人【3点】	■いつわりのバイオリン【1点】 ■銀色のシャープペンシル【1点】 ■よみがえった良心【3点】
備　考					
出版社別平均得点		資料数:35　2点資料:1 5点資料:8　1点資料:18 4点資料:7　平均点:2.6 3点資料:1	資料数:35　2点資料:0 5点資料:3　1点資料:24 4点資料:6　平均点:2.0 3点資料:2	資料数:35　2点資料:0 5点資料:7　1点資料:15 4点資料:12　平均点:2.9 3点資料:1	資料数:35　2点資料:0 5点資料:4　1点資料:21 4点資料:8　平均点:2.3 3点資料:2

東京書籍	日本教科書	日本文教出版（別冊付）	光村図書出版	内容項目別平均点
■あの子のランドセル【1点】 ■金語楼さんのこと【4点】	■十四歳の責任【4点】 ■パートリーダー 【1点】	■五月の風ーカナー【1点】 ■ネット将棋【1点】	■カラカラカラ【1点】 ■「許せないよね」【1点】	資料数:16 5点資料:1 4点資料:4 3点資料:0 2点資料:1 1点資料:10 平均点:2.1
■ぱなしの女王【4点】 ■田老の生徒が伝えたもの【4点】	■ネット将棋【1点】	■避難所にて【1点】	■夢中になるのは悪いこと？【4点】 ■箱根駅伝に挑む【4点】	資料数:13 5点資料:2 4点資料:7 3点資料:0 2点資料:0 1点資料:4 平均点:3.2
■私は十四歳【4点】	■僕たちのキャリアプランニング【4点】 ■ワン・ステップ【1点】	■「自分」ってなんだろう【4点】	■優しさの光線【1点】 ■嫌われるのを恐れる気持ち【1点】	資料数:10 5点資料:1 4点資料:5 3点資料:0 2点資料:0 1点資料:4 平均点:2.9
■左手でつかんだ音楽【5点】	■人工ガンをつくり出せ【5点】	■「自分」を諦めない。立ち上がった瞬間が自信になる【4点】 ■初心【5点】	■雪に耐えて梅花麗し - 黒田博樹【5点】 ■夢を求めてパラリンピック【5点】	資料数:12 5点資料:8 4点資料:4 3点資料:0 2点資料:0 1点資料:0 平均点:4.7
■赤土の中の真実【5点】	■僕の後ろに道は出来る【5点】	■戦争を取材する【4点】	■スカイツリーにかけた夢【4点】	資料数:9 5点資料:5 4点資料:3 3点資料:0 2点資料:0 1点資料:1 平均点:4.2
■心に寄りそう【1点】 ■愛【4点】	■百歳の詩人【5点】	■夜のくだもの屋【1点】	■松葉づえ【1点】 ■気づかなかったこと【1点】	資料数:16 5点資料:3 4点資料:2 3点資料:0 2点資料:0 1点資料:11 平均点:2.1
■あいさつ【1点】	■「道」の文化【1点】	■挨拶は言葉のスキンシップ【1点】	■秀さんの心【1点】	資料数:8 5点資料:0 4点資料:0 3点資料:0 2点資料:0 1点資料:8 平均点:1.0
■ゴール【1点】 ■みんなでとんだ！【1点】	■リョウとマキ~ Triangle Zone ~【1点】 ■雨の日のレストラン【1点】 ■昭和の大スターと平成の大スター【5点】	■五月の風ーミカー【1点】 ■ライバル【1点】 ■恋する涙【4点】	■友達はライバル【1点】 ■違うんだよ、健司【1点】	資料数:18 5点資料:1 4点資料:2 3点資料:0 2点資料:0 1点資料:15 平均点:1.6
■遠足で学んだこと【1点】 ■なみだ【4点】	■だから歌い続ける【1点】 ■あなたが見えているもの【4点】 ■言葉の向こうに【1点】	■コトコの涙【1点】	■ジコチュウ【1点】 ■「桃太郎」の鬼退治【4点】	資料数:13 5点資料:0 4点資料:6 3点資料:0 2点資料:0 1点資料:7 平均点:2.4
■許さない心【4点】 ■宝塚方面行きー西宮北口駅【1点】	■マナーとルール【5点】 ■二通の手紙【1点】	■美しい鳥取砂丘【1点】 ■オーストリアのマス川【4点】	■民主主義と多数決の近くて遠い関係【4点】 ■「確かめよう」【4点】	資料数:16 5点資料:1 4点資料:7 3点資料:0 2点資料:1 1点資料:7 平均点:2.6
■私のせいじゃない【1点】 ■渡良瀬川の鉱毒【5点】	■キスからもらった勇気【5点】 ■こんなとき、どうしたらいいの？【4点】	■リスペクト　アザース【4点】 ■ヨシト【1点】	■明日、みんなで着よう【5点】 ■クロスプレー 【1点】	資料数:15 5点資料:3 4点資料:5 3点資料:0 2点資料:0 1点資料:7 平均点:2.8
■住みよい社会に【1点】 ■今度は私の番だ【4点】	■ロックンローラー 【1点】 ■秀明の初ボランティア【1点】	■行動する建築家　坂　茂【5点】 ■門掃き【1点】	■ちがいの意味を見直す【1点】 ■紙芝居【1点】	資料数:16 5点資料:4 4点資料:3 3点資料:0 2点資料:0 1点資料:9 平均点:2.6
■震災の中で【4点】 ■我、ここに生きる【5点】	■繁盛のためには【1点】 ■加山さんの願い【1点】	■そうじの神様が教えてくれたこと【5点】 ■小さな工場の大きな仕事【1点】	■段ボールベッドへの思い【1点】	資料数:12 5点資料:4 4点資料:2 3点資料:0 2点資料:0 1点資料:6 平均点:2.8
■ごめんね、おばあちゃん【1点】	■母のアナウンス【1点】	■きいちゃん【5点】	■三百六十五×十四回分の「ありがとう」【4点】	資料数:9 5点資料:1 4点資料:2 3点資料:0 2点資料:0 1点資料:6 平均点:2.1
■四十七年に感謝をこめて【4点】	■15分間のクリーン作戦【1点】	■ハイタッチがくれたもの【1点】	■テニス部の危機【1点】	資料数:9 5点資料:2 4点資料:2 3点資料:0 2点資料:0 1点資料:5 平均点:2.6
■祭りの夜【4点】	■よ~いや、さ~~ 【5点】 ■受け継がれた夜【1点】	■和樹の夏祭り【1点】	■私の町【1点】	資料数:11 5点資料:3 4点資料:4 3点資料:0 2点資料:0 1点資料:4 平均点:3.2
■心でいただく伝統の味【4点】 ■大切なものは何？【1点】	■日本にオリンピックを呼んだ男【5点】 ■ウズベキスタンの桜【1点】	■さよなら、ホストファミリー【1点】 ■包む【4点】	■さよなら、ホストファミリー【1点】	資料数:12 5点資料:4 4点資料:3 3点資料:0 2点資料:0 1点資料:5 平均点:3.1
■六千人の命のビザ【5点】	■白菊【5点】	■海と空ー樫野の人々ー【1点】 ■ダショー・ニシオカ【5点】	■アンネのバラ【5点】	資料数:12 5点資料:9 4点資料:0 3点資料:0 2点資料:0 1点資料:3 平均点:4.0
■奇跡の一週間【5点】 ■妹に【4点】 ■三つのいのちについて考える【1点】 ■書かれなかった遺書【5点】	■コンスタンチン君・命のリレー【5点】 ■キミばあちゃんの椿【1点】	■最後のパートナー【4点】 ■体験ナースをとおして【4点】 ■命を見つめてー猿渡瞳さんの六百四十六日【5点】	■命が生まれるそのときに【4点】 ■つながる命【5点】 ■泣きすぎてはいけない【4点】	資料数:22 5点資料:8 4点資料:8 3点資料:0 2点資料:0 1点資料:6 平均点:3.5
■冬の使者「マガン」【1点】	■ガラスの地球を救え【4点】	■よみがえれ、えりもの森【5点】	■僕の仕事場は富士山です【4点】	資料数:9 5点資料:1 4点資料:6 3点資料:0 2点資料:0 1点資料:2 平均点:3.4
■夜は人間以外のものの時間【4点】	■いのり【1点】	■樹齢七千年の杉【4点】	■宇宙の始まりに思いを寄せて【4点】	資料数:8 5点資料:2 4点資料:5 3点資料:0 2点資料:0 1点資料:1 平均点:3.9
■本当の私【1点】 ■良心とのたたかい【3点】	■絶望からの生還【5点】 ■足袋の季節【1点】 ■二人の剣士【1点】	■自分の弱さと戦え【5点】 ■足袋の季節【1点】	■あと一歩だけ、前に【4点】 ■人って、本当は？【4点】	資料数:17 5点資料:3 4点資料:3 3点資料:1 2点資料:0 1点資料:10 平均点:2.4
			補助資料 ■無人スタンド【1点】 ■泣いた赤おに【2点】	資料数:2 5点資料:0 4点資料:0 3点資料:0 2点資料:1 1点資料:1 平均点:1.5
資料数:36 5点資料:7 4点資料:14 3点資料:1 2点資料:0 1点資料:14 平均点:3.0	資料数:37 5点資料:11 4点資料:5 3点資料:0 2点資料:0 1点資料:21 平均点:2.6	資料数:35 5点資料:8 4点資料:10 3点資料:0 2点資料:0 1点資料:17 平均点:2.8	資料数:37 5点資料:5 4点資料:13 3点資料:0 2点資料:1 1点資料:18 平均点:2.6	総資料数:285 5点資料:66 4点資料:83 3点資料:1 2点資料:3 1点資料:132 平均点:2.8

表2　2018（平成30）年検定済教科書（2年生）

2年生		学研教育みらい	学校図書	教育出版	廣済堂あかつき（別冊付）
主として自分自身に関すること	自主，自律，自由と責任	■父との約束【4点】 ■黒蜘蛛の元次【2点】	■裏庭でのできごと【1点】 ■ネット将棋【1点】	■先輩【1点】	■ジョイス【5点】 ■小さなこと【4点】 ■お前のカワウソがさびしがっているぞ【1点】
	節度，節制	■鳥のように空を飛びたい高梨沙羅【5点】 ■備えあれば【4点】	■市内マラソン大会出場【1点】 ■命を救う防災【5点】	■留学で考えさせられたお金【4点】 ■SNSとどうつき合う？【1点】	■これは駄目？　これも駄目？【4点】
	向上心，個性の伸長	■ジャッジとチャレンジ【4点】	■負けを生かす技術【4点】	■五万回斬られた男　福本清三【5点】	■虎【1点】
	希望と勇気，克己と強い意志	■尾高惇忠が目指した富岡製糸場【5点】	■木箱の中の鉛筆たち【4点】	■短所を武器とせよ【4点】 ■へこたれない心【4点】	■「キング」と呼ばれる理由－三浦知良－【5点】 ■本物の将棋指し－村山　聖－【5点】
	真理の探究，創造	■ヒト・iPS細胞を求めて　山中伸弥【5点】 ■ものづくり【4点】	■真実から真理を求める－ガリレオ・ガリレイ－【5点】	■風に立つライオン【1点】	■ガストロカメラ【5点】
主として人との関わりに関すること	思いやり，感謝	■旗【1点】 ■声援を力に　第七十二代横綱　稀勢の里【5点】	■夜の果物屋【1点】 ■ナイスジャンプ【1点】	■譲る気持ちはあるのに・・・【1点】 ■夜の果物屋【1点】 ■地下鉄で【4点】	■ありガトオヨ【5点】 ■最後の年越しそば【1点】 ■地図のある手紙【1点】
	礼儀	■お通夜のこと【1点】	■一枚の葉書【1点】	■一枚のはがき【1点】	■いつでも・どこでも・誰とでも【1点】
	友情，信頼	■サキとタク【1点】 ■星置きの滝【4点】	■ゴリラのまねをした彼女を好きになった【1点】 ■千五百メートル走【1点】	■たすきとボンボン【1点】 ■本当の友達って【1点】	■嵐のあとに【1点】 ■アイツとセントバレンタインデー【1点】
	相互理解，寛容	■蹴り続けたボール【4点】 ■言葉の向こうに【1点】	■茂の悩み【1点】	■まるごと好きです【4点】	■野生の猛禽を守るために【4点】
主として集団や社会との関わりに関すること	遵法精神，公徳心	■ごみ収集場所をどこに【1点】 ■キャッチボール【1点】	■二通の手紙【1点】 ■ワンス・アポン・ア・タイム・イン・ジャパン【4点】	■怒りの救助活動【4点】 ■違反摘発【4点】	■仏の銀蔵【2点】 ■傘の下【1点】
	公正，公平，社会正義	■ソムチャイ君の笑顔【1点】	■傍観者でいいのか【1点】 ■自分らしい多様な生き方を共に実現させるためにできること【4点】	■わたしのせいじゃない【1点】 ■最優秀【1点】	■君、想像したことある？【4点】 ■路上に散った正義感【4点】
	社会参画，公共の精神	■ヨコスカネイビーバーカー【5点】 ■未来から来たおじいさん【1点】	■加山さんの願い【1点】 ■大使になった父親【5点】	■まだ食べられるのに【4点】 ■復旧にとどまらず、復興を【5点】 ■モノづくりのまち、東大阪の会社見学【1点】	■迷惑とは何ぞ【4点】
	勤労	■あるレジ打ちの女性【1点】	■父の言葉の意味を知って【4点】 ■ふきのとう【5点】	■清掃はやさしさ【5点】	■加奈子の職場体験【1点】
	家族愛，家庭生活の充実	■美しい母の顔【1点】	■ごちそう【1点】	■飛鳥へ、そしてまだ見ぬ子へ【4点】	■尊い玉子【1点】 ■一冊のノート【1点】
	よりよい学校生活，集団生活の充実	■三度目の号泣【5点】 ■校門を掘る子【4点】	■私の存在【1点】	■三年生を送る会【1点】	■明かりの下の燭台【5点】
	郷土の伝統と文化の尊重，郷土を愛する態度	■五色桜【4点】	■脈々と受け継がれる錦帯橋【1点】 ■台風の島に生きる【5点】	■伝えるということ【4点】 ■サッカーの種をまく【5点】	■相馬野馬追の季節【4点】
	我が国の伝統と文化の尊重，国を愛する態度	■金閣再建　黄金天井に挑む【5点】	■国【5点】 ■日本人として【1点】	■狂言師・野村萬斎物語【4点】	■国【5点】
	国際理解，国際貢献	■危険地帯から実りの土地へ【5点】	■僕にとっての東京オリンピック【1点】 ■希望のビザ【5点】	■六千人の命のビザ【5点】 ■海と空【1点】 ■ドイツ・ヴリーツェンに眠る日本人医師【5点】	■最も悲しむべきことは、病めることでも貧しいことでもなく【5点】
主として生命や自然，崇高なものとの関わりに関すること	生命の尊さ	■そこにいるだけでいい【4点】 ■ブラック・ジャック　ふたりの黒い医者【1点】 ■絶やしてはならない　緒方洪庵【5点】	■命ということ【1点】 ■大きな木【1点】	■たったひとつのたからもの【5点】 ■国境なき医師団・貫戸朋子【4点】	■燃え盛る炎【5点】 ■天使の舞い降りた朝【1点】 ■看取りの医者【4点】
	自然愛護	■コスモスR計画【1点】 ■リンゴが教えてくれたこと【4点】	■沈黙の海【4点】	■釧路湿原を守れ【4点】	■樹齢七千年の杉【4点】
	感動，畏敬の念	■厳かなるもの【4点】	■自分自身の絵を追い求めて　―画家・田中一村の生涯―【5点】	■ハッチを開けて、知らない世界へ【4点】	■人間であることの美しさ【5点】
	よりよく生きる喜び	■足袋の季節【1点】 ■償い【4点】	■最後まで踊り続けたい【1点】 ■「これ以上、がんばれない。」って平気な顔で言うな。【5点】	■語りかける目【1点】	■ネパールのビール【1点】 ■タッチアウト【1点】 ■足袋の季節【1点】
備　　考					
出版社別平均得点		資料数：35 5点資料：9　2点資料：1 4点資料：12　1点資料：13 3点資料：0　平 均 点：3.1	資料数：35 5点資料：9　2点資料：0 4点資料：6　1点資料：20 3点資料：0　平 均 点：2.5	資料数：35 5点資料：7　2点資料：0 4点資料：14　1点資料：14 3点資料：0　平 均 点：3.0	資料数：35 5点資料：10　2点資料：1 4点資料：9　1点資料：15 3点資料：0　平 均 点：2.9

東京書籍	日本教科書	日本文教出版(別冊付)	光村図書出版	内容項目別平均点
■ある日の午後から【1点】 ■廃品回収で学んだこと【4点】	■スイッチ【1点】 ■富士山を誇る【4点】	■町内会デビュー【1点】 ■私も高校生【1点】	■「知らないよ。」【1点】 ■三年目の「ごめんね」【1点】	資料数:16 5点資料:1 4点資料:4 3点資料:0 2点資料:0 1点資料:11 平均点:2.0
■早朝ドリブル【1点】 ■スマホに夢中！【1点】	■MOTTAINAI【1点】	■ある朝のできごと【1点】 ■独りを慎む【4点】	■小さいこと【4点】	資料数:12 5点資料:1 4点資料:5 3点資料:0 2点資料:0 1点資料:6 平均点:2.6
■ぼくにもこんな「よいところ」がある【4点】	■ジャマナカめ【5点】	■新しい夏のはじまり【1点】	■がんばれ　おまえ【3点】 ■先人の言葉ー「論語」【4点】	資料数:9 5点資料:4 4点資料:2 3点資料:1 2点資料:1 1点資料:1 平均点:3.8
■高く遠い夢【5点】	■栄冠は君に輝く【1点】 ■奇跡のりんご【5点】	■銀メダルから得たもの【5点】	■メダルの向こう側に【5点】 ■『落葉』ー菱田春草【5点】	資料数:11 5点資料:9 4点資料:1 3点資料:0 2点資料:0 1点資料:1 平均点:4.5
■湖の伝説【5点】	■サムライ、西洋技術に挑む【4点】	■iPS細胞で難病を治したい【5点】	■根本を究めてー「お茶博士」辻村みちよ【5点】 ■私が目ざした白ー陶芸家・前田昭博【4点】	資料数:10 5点資料:4 4点資料:5 3点資料:0 2点資料:0 1点資料:1 平均点:4.1
■一冊の漫画雑誌【5点】 ■埴生の宿【1点】	■帰郷【1点】 ■明日への光【1点】	■塩むすび【1点】	■背番号10【1点】 ■出会いの輝き【4点】	資料数:16 5点資料:1 4点資料:5 3点資料:0 2点資料:0 1点資料:10 平均点:2.2
■言葉おしみ【4点】	■礼儀はなぜ必要なのか【4点】	■出迎え三歩、見送り七歩【4点】	■礼儀正しさとは【4点】	資料数:8 5点資料:0 4点資料:5 3点資料:0 2点資料:0 1点資料:3 平均点:2.9
■私を支えてくれた言葉【4点】 ■合格通知【1点】	■一通のメッセージから始まる物語【1点】 ■嵐の後に【1点】 ■リョウとマキ～Stand by Me～【1点】	■違うんだよ、健司【1点】 ■ゴリラのまねをした彼女を好きになった【1点】	■私がピンク色のキャップをかぶるわけ【1点】 ■嵐の後に【1点】	資料数:17 5点資料:0 4点資料:2 3点資料:0 2点資料:0 1点資料:15 平均点:1.4
■しあわせ【1点】 ■心にしみこむ"言葉"の力ー池上彰【4点】	■席を譲ってはいけないのですか【4点】	■思いを伝えることの難しさ【4点】 ■言葉の向こうに【1点】	■アイツとオレ【1点】 ■恩讐の彼方に【3点】	資料数:12 5点資料:0 4点資料:5 3点資料:1 2点資料:1 1点資料:5 平均点:2.5
■缶コーヒー【1点】 ■二通の手紙【1点】	■誓い【1点】 ■苦悩の決断【5点】	■二通の手紙【1点】 ■ワンス・アポン・ア・タイム・イン・ジャパン【4点】	■二通の手紙【1点】 ■闇の中の炎【1点】	資料数:16 5点資料:1 4点資料:4 3点資料:0 2点資料:0 1点資料:11 平均点:2.0
■無実の罪【1点】 ■伝えたいことがある【5点】	■ニュースで討論「支え合いは当たり前」【4点】 ■語り伝えるもの【1点】	■卒業文集最後の二行【1点】 ■命の大切さ【4点】	■小さな出来事【4点】 ■ぼくの物語　あなたの物語【4点】	資料数:15 5点資料:2 4点資料:5 3点資料:0 2点資料:0 1点資料:8 平均点:2.5
■加山さんの願い【1点】 ■社会からの無言の賞賛を感じる感性【4点】	■プラットホームでのできごと【5点】 ■ライフ・ロール【1点】	■No Charity, but a Chance！【5点】 ■自分・相手・周りの人【4点】 ■公園に桜を【1点】	■電話番【1点】 ■一票を投じることの意味【3点】	資料数:16 5点資料:4 4点資料:3 3点資料:1 2点資料:0 1点資料:8 平均点:2.7
■好きな仕事か安定かなやんでいる【1点】 ■たんぽぽ作業所【1点】	■惣菜屋のおばちゃんと私【1点】	■あるレジ打ちの女性【1点】	■聖地甲子園の土守【4点】	資料数:10 5点資料:2 4点資料:2 3点資料:0 2点資料:0 1点資料:6 平均点:2.4
■背筋をのばして【1点】	■一冊のノート【1点】 ■迷わず選ぶ【5点】	■一冊のノート【1点】	■一冊のノート【1点】	資料数:10 5点資料:2 4点資料:1 3点資料:0 2点資料:0 1点資料:7 平均点:2.1
■受けつがれる思い【1点】	■明かりの下の燭台【5点】	■お別れ会【1点】	■巣立ちの歌が聞こえる【1点】	資料数:8 5点資料:2 4点資料:0 3点資料:0 2点資料:0 1点資料:6 平均点:2.0
■島唄の心を伝えたい【4点】	■なせば成る【5点】	■「稲むらの火」余話【1点】	■村長の決断【1点】 (下記[自然愛護]資料と同一)	資料数:10 5点資料:4 4点資料:1 3点資料:0 2点資料:0 1点資料:5 平均点:2.9
■花火と灯ろう流し【4点】	■不揃いでなくちゃあかんのや【4点】 ■小泉八雲が見た出雲の国【4点】	■昔と今を結ぶ糸【1点】 ■父は能楽師【1点】	■障子あかり【4点】	資料数:12 5点資料:2 4点資料:7 3点資料:0 2点資料:0 1点資料:3 平均点:3.4
■そのこ【4点】 ■命見つめて【5点】	■ぼくの留学体験記【1点】 ■海と空【1点】	■命のトランジットビザ【5点】 ■本とペンで世界を変えよう【5点】	■希望の義足【5点】	資料数:15 5点資料:9 4点資料:2 3点資料:0 2点資料:0 1点資料:4 平均点:3.8
■あなたはすごい力で生まれてきた【4点】 ■くちびるに歌をもて【3点】 ■人間の命とは【5点】 ■たとえぼくに明日はなくとも【5点】	■ひさの星【2点】 ■臓器移植をめぐる生命と心【4点】 ■いのちの絆【4点】	■エリカー奇跡のいのちー【4点】 ■臓器ドナー【4点】 ■希望【4点】	■あの日　生まれた命【5点】 ■命の選択【1点】 ■命と向き合う【4点】	資料数:24 5点資料:6 4点資料:11 3点資料:1 2点資料:1 1点資料:5 平均点:3.5
■よみがえれ、日本海！【5点】	■峠【4点】	■「川端」のある暮らし【4点】	■村長の決断【1点】 (上記[郷土の伝統と文化の尊重，郷土を愛する態度]資料と同一)	資料数:9 5点資料:1 4点資料:7 3点資料:0 2点資料:0 1点資料:1 平均点:3.8
■ハッチを開けて、知らない世界へ【4点】	■不思議な光景【4点】	■風景開眼【4点】	■サグラダ・ファミリアー受け継がれていく思い【4点】	資料数:9 5点資料:0 4点資料:9 3点資料:0 2点資料:0 1点資料:0 平均点:4.0
■背番号15が歩んだ道ー黒田博樹【5点】 ■足袋の季節【1点】	■いつかは言いたい二度目のごめん【1点】 ■二人の弟子【2点】 ■エゴイスト【4点】	■風に立つライオン【4点】 ■世界を動かした美【5点】	■足袋の季節【1点】 ■手紙【4点】	資料数:18 5点資料:4 4点資料:5 3点資料:0 2点資料:4 1点資料:5 平均点:2.9
			補助資料 ■二人の弟子【1点】 ■手品師【1点】	資料数:2 5点資料:0 4点資料:0 3点資料:0 2点資料:0 1点資料:2 平均点:1.0
資料数:36 5点資料:9 4点資料:11 3点資料:1 2点資料:0 1点資料:15 平均点:3.0	資料数:37 5点資料:7 4点資料:12 3点資料:0 2点資料:2 1点資料:16 平均点:2.8	資料数:35 5点資料:6 4点資料:12 3点資料:0 2点資料:0 1点資料:17 平均点:2.7	資料数:36 5点資料:5 4点資料:12 3点資料:3 2点資料:0 1点資料:16 平均点:2.7	総資料数:284 5点資料:59 4点資料:91 3点資料:4 2点資料:7 1点資料:123 平均点:2.8

表3　2018（平成30）年検定済教科書（3年生）

3年生		学研教育みらい	学校図書	教育出版	廣済堂あかつき(別冊付)
主として自分自身に関すること	自主，自律，自由と責任	■思い出のオムライス【1点】 ■領民を愛した名君　上杉鷹山【5点】	■言葉の向こうに【1点】 ■ドラッグは二つの顔をもつ【4点】	■父のひと言【1点】	■リクエスト【1点】 ■ピヨ子【1点】 ■カントとルソー【4点】
	節度，節制	■独りを慎む【4点】 ■便利なスマホ　使い方次第で【1点】	■受験生あっこの日記【1点】 ■稲むらの火と堤防ー浜口梧陵ー【5点】	■歩きスマホをどうするか【4点】	■独りを慎む【4点】
	向上心，個性の伸長	■三十点の金メダル【5点】	■五万回斬られた男　福本清三【5点】	■ひび割れ壺【2点】	■ぶれない心ー松井　秀喜ー【5点】
	希望と勇気，克己と強い意志	■スポーツの力　佐藤真海【5点】	■真珠の養殖を成し遂げた　御木本幸吉【5点】	■片足のアルペンスキーヤー・三澤拓【5点】	■優しいうそ【5点】 ■風に立つライオン【4点】
	真理の探究，創造	■町工場から宇宙へ【4点】 ■正確な日本地図の追求　伊能忠敬【5点】	■夕立の日の真実【1点】	■無限の道【4点】	■ショーペンハウアーとニーチェ【4点】
主として人との関わりに関すること	思いやり，感謝	■「ありがとう。」の不思議な力【4点】 ■電車の中で【4点】 ■五井先生と太郎【1点】	■女子高生たちの親切【4点】 ■黄色いお弁当【1点】	■足袋の季節【1点】	■原稿用紙【4点】 ■月明かりで見送った夜汽車【1点】 ■ある元旦のこと【1点】
	礼儀	■礼儀って何【1点】	■うるわしき伝統【1点】	■校長先生の模擬面接【1点】	■席を譲られて【4点】
	友情，信頼	■私たちの夏【1点】 ■二人のエース【4点】	■五月の風【1点】 ■鏡の中の私【1点】	■僕は友達を裏切ったのか？【1点】 ■フットライト【1点】	■ライバル【1点】 ■アイツの進路選択【1点】
	相互理解，寛容	■笛【1点】 ■どうして？【1点】	■まるごと好きです【4点】	■あなたは顔で差別をしますか【4点】	■山寺のびわの実【2点】
主として集団や社会との関わりに関すること	遵法精神，公徳心	■インターネットと共に【4点】 ■二通の手紙【1点】	■誰が本当の作者？【1点】 ■万引き【1点】	■二通の手紙【1点】 ■死刑制度を考える【4点】	■元さんと二通の手紙【1点】 ■ベビーカー論争【4点】
	公正，公平，社会正義	■卒業文集最後の二行【1点】	■豊かなれ阿賀の流れよー新潟水俣病の苦悩をこえてー【1点】 ■僕たちがしたこと【1点】	■卒業文集最後の二行【1点】 ■それでも僕は桃を買う【4点】	■卒業文集最後の二行【1点】 ■虹の国ーネルソン・マンデラー【5点】
	社会参画，公共の精神	■未来の日本へデビュー【1点】	■富士山の、消えた「白い川」【4点】 ■ごみ収集車【1点】	■鳩が飛び立つ日【5点】 ■憧れの消防団【1点】 ■音楽は対話の始まり【5点】	■招集通知ーあなたが裁判員になるときー【1点】
	勤労	■「血の通った義足」を作りたい【5点】	■あるレジ打ちの女性【1点】 ■幻のノーベル賞　―ガンの研究に生涯をかけた山極勝三郎―【5点】	■ふきのとう【4点】	■てんびんばかり【1点】
	家族愛，家庭生活の充実	■一冊のノート【1点】	■一冊のノート【1点】	■テーブルの卵焼き【1点】	■スダチの苗木【4点】 ■母と子のロードレース【5点】
	よりよい学校生活，集団生活の充実	■私たちの合唱コンクール【1点】	■明かりの下の燭台＝鈴木恵美子【5点】	■旅立ちの日に【1点】	■監督がくれたメダル【1点】
	郷土の伝統と文化の尊重，郷土を愛する態度	■ねぶたを夢見て【5点】	■桑の都【1点】 ■北限の稲作に挑む【5点】	■昇き縄【1点】 ■琵琶湖の水を京都に送る【1点】	■千年先のふるさとへ【5点】
	我が国の伝統と文化の尊重，国を愛する態度	■白川郷に魅せられて【4点】	■命に響く「雅楽」東儀秀樹【4点】 ■相撲　―体と心を鍛える国技―【1点】	■外国から見た日本人【4点】 ■世界に誇る「BONSAI」【5点】	■運命の木ー姫路城の大柱ー【5点】
	国際理解，国際貢献	■国際協力師　山本敏晴【5点】 ■足元からできること【4点】 ■杉原千畝の選択【5点】	■真の国際人ー嘉納治五郎ー【5点】 ■平和への架け橋【5点】	■平和への願い【1点】 ■あふれる愛【5点】	■海と空ー樫野の人々ー【1点】
主として生命や自然，崇高なものとの関わりに関すること	生命の尊さ	■余命ゼロ　命のメッセージ【4点】 ■忘れられないご馳走【1点】 ■あなたの命は誰のもの【1点】	■和田真由美さんの手記【5点】 ■心のおくりびと【5点】	■ハゲワシと少女【4点】 ■ニワトリ【5点】 ■家族の思いと意思表示カード【1点】	■誰かのために【4点】 ■ドナー【4点】 ■高砂丸とポトマック川のこと【1点】
	自然愛護	■地球の未来のために【4点】	■森に起きていること【4点】	■変わりゆく地球【4点】 ■サルも人も愛した写真家【4点】	■襟裳のこと【4点】
	感動，畏敬の念	■はるかなる生命の物語【4点】	■瑠璃色の星【4点】	■もう一つの時間【4点】 ■カムイモシㇼとアイヌモシㇼ【4点】	■ほっちゃれ【4点】
	よりよく生きる喜び	■二人の弟子【2点】 ■亡き母へのトランペット【5点】	■二人の弟子【2点】 ■足袋の季節【1点】	■カーテンの向こう【1点】 ■償い【4点】	■ひまわり【5点】 ■二人の弟子【2点】 ■二度とない人生だから【4点】
備　　考					
出版社別平均得点		資料数:35 5点資料:9　2点資料:1 4点資料:11　1点資料:14 3点資料:0　平均点:3.0	資料数:35 5点資料:10　2点資料:1 4点資料:7　1点資料:17 3点資料:0　平均点:2.8	資料数:35 5点資料:6　2点資料:1 4点資料:13　1点資料:15 3点資料:0　平均点:2.8	資料数:35 5点資料:7　2点資料:2 4点資料:13　1点資料:13 3点資料:0　平均点:3.0

第4章

「教科化」時代の道徳教育の方法と評価

広瀬　信

はじめに

　戦後初めての道徳の教科化が、小学校では２０１８年度から、中学校では２０１９年度からスタートする。戦前は、道徳は、修身という教科で教えられ、もっとも重要な筆頭教科と位置づけられていた。国が求める人間になるように、国定教科書を使って、１課毎に一つの徳目の大切さを教え込む徳目主義の教育であった。修身の成績が良くないと上級学校へは進学できず、成績評価をてこに国が求める人間になるように誘導していった。戦時中の国民学校では、「『死』への修錬、『死』の教育、これこそ皇國の使命遂行の源泉であり、修身教育の日本的獨自性であり、國民科修身の根本生命である。」（東京高等師範學校附屬國民學校内初等教育研究會編（１９４１）『國民科修身教育の實践』、59頁）とされ、国（天皇）のために喜んで命を捧げることのできる人間になることを求められた。国家主義教育、軍国主義教育に利用された修身は、戦後廃止され、戦後の道徳教育は、道徳教育のための教科を置かず、学校教育全体を通じて行うことになった。１９５８年に「道徳の時間」が特設された際も、教科とはせずに今日まで来たのであった。

　では、道徳が教科化されたことで何が変わるのであろうか。一つは、検定教科書の使用が義務づけられることで、もう一つは、子どもの成績評価が行われることである。そのため、「検定教科書を通じて国が求める価値観を教え込むことになるのではないか」、「成績評価をてこに国が求める人間になるように誘導していくのではないか」と危惧されているのである。このような国民の心配を意識して、中央教育審議会答申「道徳に係る教育課程の改善等について」（以下、中教審答申と略す）（２０１４年10月21日）は、「道徳教育をめぐっては、児童生徒に特定の価値観を押し付けようとするものではないかなどの批判が一部にある。しかしながら、道徳教育の本来の使命に鑑みれば、特定の価値観を押し付けたり、主体性をもたず言われるままに行動するよう指導したりすることは、道徳教育が目指す方向の対極にあるものと言わなければならない。むしろ、多様な価値観の、時に対立がある場合を含めて、誠実にそれらの価値に向き合い、道徳としての問題を考え続ける姿勢こそ道徳教育で養うべき基本的資質であると考えられる。」（２〜３頁）と弁明せざるを得なかった。これを受けて、「小学校学習指導要領解説　総則編」（２０１５年７月）では、『考える道徳』、『議論する道徳』へと転換を図る」（２頁）と述べている。また、成績評価についても、文部科学省は、「『道徳』の評価はどうなる?・?・Q&A」(２０１６年６月17日)を出して、「Q　道徳が『特別の教科』になり、入試で『愛国心』が評価されるというのは本当ですか？　道徳が評価されると、本音が言えなくなり、息苦しい世の中にならないか心配です。」「A　道徳科の評価で、特定の考え方を押し付けたり、入試で使用したりはしません。『特別の教科　道徳』では、道徳的な価値を自分のこととしてとらえ、よく考え、議論する道徳へと転換し、特定の考え方に無批判で従うような子供ではなく、主体的に考え未来を切り拓く子供を育てます。」と弁明せざるを得なかった。[1]

1——ただし、これは、「今は、政策上やりません」と言っているだけで、その気になれば、制度的には可能であることを認めていることでもあるので注意が必要である。１９８９年版学習指導要領で、「道徳教育の全体計画」と「道徳の時間の年間指導計画」の作成を義務づけた時も、やはり、批判を意識して、これら二つの計画については「固定的なものと考えず、必要に応じて計画に弾力性をもたせる」ことができるとされていたが、１９９８年版の学習指導要領になるとこの記述は削除されてしまった。また、１９８９年版の『小学校指導書道徳編』では、個々の教師の判断では年間指導計画は変更できないと釘をさし、これがその後定着している。子どものことをもっとも良く知っているはずの学級担任には、「必要に応じて計画に弾力性をもたせる」判断を認めていないのである。

いよいよ道徳の教科化がスタートする。検定教科書を通じて国が求める価値観を教え込むことにならないようにするにはどうすればよいのか、また、成績評価をてこに国が求める人間になるように誘導していくことがないようにするにはどうすればよいのか、「教科化」時代の道徳教育の方法と評価について考えてみたい。

第1節　道徳教育の方法

(1) 道徳教育の指導形態

筆者は、道徳教育の指導形態として、

1　生活の中で学ばせる指導
①行動の指導（生活指導）
②道徳的価値に関わる豊かな体験の組織とその表現・交流
③自己や他者の内面をていねいに見つめさせる指導
2　他者の生き方を教材にした指導
3　道徳的価値・行為・判断力および生き方そのものの取り立て指導
①人類史的道徳的価値を中心にした、道徳的価値の大切さの指導
②道徳的行為の実践的指導
③一定の状況設定のもとでの道徳的判断力の指導
④生き方そのものについて考えさせる指導

を提案している。[2] 紙数の関係で詳説できないが、ここでは、「道徳教育」＝「道徳科の授業」ではない、「道徳科の授業」（特に検定教科書を使った授業）は「学校の教育活動全体を通じて行う」（2015年改訂小学校学習指導要領第1章第1の2）道徳教育のごく一部分に過ぎないことをしっかり押さえておいてほしい。中教審答申も、「今回の道徳教育の改善に関する議論の発端となったのは、いじめの問題への対応であった。児童生徒がこうした現実の困難な問題に主体的に対処することのできる実効性ある力を育成していく上で、道徳教育も大きな役割を果たすことが強く求められている。」（4頁）と述べて、いじめ等、クラスで起こる生活指導上の諸問題も、道徳教育（道徳科の授業も含む）で取り上げるべき問題と位置づけている。

（2）指導計画の作成

道徳教育の指導計画には、道徳教育の全体計画と道徳科の年間指導計画がある。「道徳教育の全体計画の作成に当たっては、児童、学校及び地域の実態を考慮して、学校の道徳教育の重点目標を設定する」（第1章第4の3（1））ことが大切で、「児童、学校及び地域の実態」分析を出発点にしよう。また、道徳科と各教科等、とりわけ総合的な学習の時間及び特別活動との関連づけや、家庭や地域社会との連携の方法についても検討しよう。

道徳科の年間指導計画の作成に当たっては、縛られているのは、学習指導要領が「示す各学年段階の内容項目について、担当する各学年において全て取り上げること」（第3章第3の1）だけである。道徳科では検定教科書の使用も義務づけられるので、年間35週の内、小学校低学年で19週、中学年で20週、高学年と中学校で22週は教科書教材を使ってすべての内容項目を扱っておくことになる。残りの13～16週については、各教科や総合的な学習の時間、特別活動などにおける道徳教育と関連づけることも含め、教科書教材以外の教材（活動なども含む）を使って、各学校でいろいろ創意工夫して取り組もう。[3]

2―井ノ口淳三編（2016）『道徳教育　改訂版』学文社、第5章

3―道徳の教科化の議論をリードしている貝塚茂樹氏は、押谷由夫・柳沼良太編著（2014）『道徳の時代をつくる！』（教育出版）の「5　教科書を設計する」の中で、教科書の構成と運用について次のように書いている。「道徳教科書は、学習指導要領の内容項目すべてを網羅し、原則として一つの内容項目に一つの教材が配当されていればよい。（中略）現在の多くの副読本のように35週分の教材を用意する必要はない。」「教材によっては、一つの教材に複数の内容項目が配当されてもよいものとする。」「学習指導要領の内容項目を取り扱えば、年間指導計画に道徳教科書のすべての教材を配当する必要はない。例えば、中学校で24項目（これは前の指導要領の項目数で、今回は22項目＝広瀬）を道徳教科書で学習すれば、残りの時間は地域や学校の実態に応じて弾力的かつ柔軟な運用を認めることとする。この場合、必ずしも道徳教科書を使用しなくてもよいものとする。」（74～75頁）小学校道徳教科書の目次を見ると、貝塚茂樹氏が関与した教育出版の目次だけが、内容項目による22項目の柱立て（他社は、35週に合わせた項目立て）になっている。

それらについては、1時間1主題1資料という固定的な道徳教育観、道徳の授業観を打破し、学習指導要領の内容項目から出発し、それを割り振って計画を立てるという発想を捨てることである。大切にしたいのは、学習指導要領の内容項目からではなく、目の前の子どもたちが必要としているものは何か（学年に応じた発達課題、地域的特性や学年、学級の子どもたちのかかえる問題状況）という問題から出発することである。そのためには、各学年の教師集団で、またそれを踏まえて、養護教諭や教員以外の職員も含めた全教職員集団で、子どもたちの心や身体の発達、学力などについて総合的な現状分析のための話し合いを行うことが不可欠である。本来はこのような子どもの現状分析を踏まえて、その学校の全体的な教育方針が作成され、それとの関係で道徳教育の方針、全体計画が作成されることになる。

全体計画を立てるにあたっては、学年ごとに、その学年の発達課題や問題状況などを考慮したうえで、学校行事や特設授業、総合的な学習の時間の活動などを核にして、年間に複数のテーマを設定（それらを大きな年間テーマでくることも可能）し、そのテーマに、学級活動や日々の生活指導、総合的な学習の時間、各教科の指導、道徳科の授業等を有機的に関連づけた年間指導計画を作成する。「道徳の年間総合指導計画」というかたちで全体計画を作成するわけで、「道徳科の年間指導計画」、特に教科書教材に必ずしも縛られない授業は、これとの関係で位置づけていくことになる。

核となる取り組みとしては、入学・進級時の指導、遠足、修学旅行、宿泊合宿、夏休み登校日に行う特設平和教育、夏休み体験発表会、運動会・体育祭、学芸会・文化祭、映画・演劇鑑賞、憲法週間・人権週間・環境月間などに合わせた特設授業、総合的な学習の時間で取り組む人権、環境、国際理解、福祉などにかかわる活動など、いろいろなものが考えられる。

テーマとしては、生命、平和、人権、環境などの人類史的道徳的価値にかかわるものや、日常的道徳にかかわるもののなかで、友情、家族愛、協力・共同、公衆道徳（公徳心）など、共通テーマとして適切なもの、とくに思春期以降の発達課題とかかわるものとして、性や男女両性のかかわり方・社会的あり方、進路・職業選択、生き甲斐・生き方などをあげることができる。これらのテーマには、年間を通じて継続的に扱うものと、一定の時期に集中的に扱うものがあってもよい。学習指導要領でも、「社会の持続可能な発展などの現代的な課題の取扱いにも留意し、身近な社会的課題を自分との関係において考え、それらの解決に寄与しようとする意欲や態度を育てるよう努めること」（第3章第3の2（6））とされている。[4]

　そして、これらのテーマのもとに、徳にかかわる道徳的価値（誠実、勇気、努力など）とも関連づけられた複数の教材（映像資料や体験活動、クラスの子どもの綴方なども含む）をうまく配列していくようにする。学習指導要領の内容項目については、それらにうまく関連づけておけばよい。

　イメージしやすいように、小学校高学年を対象に、「人権」の大テーマのもとで、「視覚障害者の社会参加」をテーマに組み立てた試案を示してみよう。

1　ビデオを使ったり、視覚障害者から直接話を聞いたりして、障害をもちながら一生懸命生きている生きざま（「努力」）に接するとともに、同じ人間としての積極的な社会参加に対する願いや、健常者の援助のあり方に対する期待を学ぶ（「思いやり」「親切」などの基盤となる障害者への共感的理解）。

2　アイ・マスクなどを使って、目の見えない状況を疑似体験させる（障害者の立場の理解）とともに、視覚障害者の正しい誘導の仕方を学習し、クラスで相互に疑似体験（道徳的実践力を支える知識・技能）させる。

4―現代的な課題として、「例えば、食育、健康教育、消費者教育、防災教育、福祉に関する教育、法教育、社会参画に関する教育、伝統文化教育、国際理解教育、キャリア教育など」（「小学校学習指導要領解説　特別の教科　道徳編」（2015年7月）、95頁）と例示されている。

3 以上を踏まえた感想、あるいは話を聞かせていただいたことへのお礼の手紙（「礼儀」）などを書かせる（一人ひとりの内面的掘り下げ）。

4 感想や手紙、手紙への返事の内容をクラスで交流し、仲間の感想を通じて自分の気づかなかった面にも目を向けさせる（他者を通じたさらなる掘り下げ）。

5 視覚障害者の社会参加を保障するために、どのような工夫や努力がされているかを学習する（視覚障害者協会、ライトハウスなどの訪問調査等も）。そのなかで、点字翻訳・朗読テープの吹き込みなどのボランティア活動（「社会参画」）、点字翻訳のコンピュータ入力の開発、盲導犬の活動およびその訓練、点字ブロックや鳥の声による信号の合図、シャンプーとリンスの印、缶ビールへの点字表記、お札の印などについて学習する。盲導犬を主人公にした映画の鑑賞（人間と動物の交流・「自然愛護」）などを位置づけることもできる。

6 グループ別に、自分たちの地域のなかの点字ブロックの設置状況や問題点の調査を行い、公共施設の設置状況の不備や、点字ブロックを自転車や荷物がふさいだりしている実態などに目を向けさせる。調査結果をもとに話し合い、地域への改善の訴えや議会への請願、ポスターの制作（図工の授業などとの関連）などによる地域への啓蒙活動（地域との連携・道徳的実践活動）を行う（調査活動の中で、挨拶や依頼、お礼などのマナーも実践的に身についていく）。

7 学習をさらに深めるために、障害者の社会参加についての国際的合意内容や他の先進国での取り組みなどについて学習したり、視覚障害以外の障害者の問題についてグループ別に調査研究を行わせ、発表させたりしてもよい。

8 学級文庫に『ヘレン・ケラー物語』や星野富弘さんの作品集など、障害を克服して一生懸命生きている人々を題材にした本を置き、紹介したり、一部を読み聞かせるなどの読書指導を行う。読後の感想などの交流もできる。

9　全体のまとめとして、以上の取り組みを通じて自分の学んだこと、感じたことなどを文章にまとめさせ（一人ひとりの内面的掘り下げ）クラスで文集にする（仲間の感想を通じて、さらに多面的に掘り下げる）。

10　以上の過程や子どもの感想文などを適宜学級通信に載せて、家庭との連携をはかる（親からの手紙、感想なども掲載する）ことで、家庭での親子の対話も生まれる。

一例をあげたが、子どもたちが、頭も身体も使い、心を豊かに耕し、また、家庭や地域の人々との結びつきも強めることができる多彩な実践を工夫することが大切である。なお、これらの活動をすべて週1時間の道徳科の時間に行うのではなく、朝の会や帰りの会、学級活動や総合的な学習の時間、関連教科での学習など、いろいろな時間帯を総合的に活用することを工夫しよう。また、学習指導要領にいうように、「創意工夫を生かし時間割を弾力的に編成」（第1章第3の4）し、ある週に道徳科の時間を2時間とったりしてもよい。[5]

(3) 教科書教材の扱い方

前述したように、「道徳教育をめぐっては、児童生徒に特定の価値観を押し付けようとするものではないかな

5―中教審答申も、「多様で効果的な指導方法の積極的な導入について」として、「特に社会を形成する一員としての主体的な生き方に関わることなどについては、実際に現場での体験活動を行うなど、行動を通して実感をもって学ぶことも重要である。このことを踏まえ、『特別の教科　道徳』（仮称）においても、そのねらいの達成に向け、言語活動や多様な表現活動等を通じて、また、実際の経験や体験も生かしながら、児童生徒に考えさせる授業を重視する必要がある。互いの存在を認め尊重し、意見を交流し合う経験は、児童生徒の自尊感情や自己への肯定感を高める上でも有効と考えられる。（中略）授業1単位時間につき、一つの内容項目に限定するのではなく、複数の内容項目を関連付けた指導を行うことや、一つの内容項目を複数の時間で扱うような指導を行うことなどもあってよい。」（11頁）と述べている。

どの批判が一部にある。しかしながら、道徳教育の本来の使命に鑑みれば、特定の価値観を押し付けたり、主体性をもたず言われるままに行動するよう指導したりすることは、道徳教育が目指す方向の対極にあるものと言わなければならない。」（中教審答申）と大見得を切っていたが、2018年度から使用される8社の小学校検定教科書は、1課毎に、学習指導要領の個々の内容項目（道徳的価値＝徳目）に対応させた教材を配列し、その道徳的価値の大切さを教え込む（冒頭にその課で学ぶ道徳的価値、何が大切かという「正解」を明示している）典型的な徳目主義の教科書（中教審答申の言う「道徳教育が目指す方向の対極」）になっている。このような検定教科書を使って国が求める価値観を教え込むことにならないようにするにはどうすればよいのか、という観点で教科書教材の扱い方を考えてみよう。[6]

教材には、特定の道徳的価値の大切さを教え込むためにわざわざ作られた作り物の文章（「道徳教育用教材」）が多く、現実味が無かったり、設定に無理があったりするものも少なくない。[7]どうしても使わざるを得ない場合は、その教材で設定された道徳的価値の大切さ（「正解」）を教え込むような使い方は避けて、[8]教材の内容に即して、[9]あるいは教材に関連する子どもたちの体験（実体験には多様な真実が詰まっている）を交流し合って、「多様な価値観」（中教審答申）に眼を向けさせるような使い方を工夫しよう。

教材の筋書きとは異なる考え方があることに気付かせる必要がある教材がある。典型的なのは「手品師」（全社5または6年）で、売れない手品師が、男の子に翌日も手品を見せる約束をした後で、友人から電話を受け、大劇場に出られるチャンスを与えられたが、男の子との約束を優先させて辞退したという内容だが、これを「誠実」な生き方とするには無理がある。電話を受けた時にどのような対処の仕方があるか子どもたちに自由に考えさせてみよう。[10]

「星野君の二塁打」（学校図書、廣済堂あかつき6年）もそうだ。監督のバント指示に対して、自分の判断でヒッティングに出て2塁打を打ち、チームを勝利に導くが、指示に従わなかったことを監督から批判され、出場禁止

6―大和久勝・今関和子編著（2018）『どうする？これからの道徳』（クリエイツかもがわ）の第3章は、現場の先生による、教科書教材を使った授業展開例を紹介している。

7―「あぶら山」（廣済堂あかつき1年）―山から流れ出ているあぶらを、その日の分だけくんで利用するというやくそくをみんなが守らなくなったため、あぶらが枯渇したとするが、流れ出ている量以上をくむことはできないので、それで枯渇することはない。「のこぎり山の大ぶつ」（光文書院2年）―遠足登山で、自分の班の遅い友達を急かせたところ、苦しそうになったので反省するという内容だが、登山では、体力のない者を前方に配置し、先頭と最後尾に引率者が付くのが鉄則で、このような安全対策をとっていない学校側に問題がある。「四人五脚」（光文書院3年）―練習の競争で、途中で一人がころぶと全員がころんでしまったため、「イチ・ニ」とかけ声をかけたり、「ふみ出す足を決めておこう」と相談して練習したらうまくいったという内容だが、そもそも最初からそのようにしていなかったらまったく進めていなかったはずだ。「ふりだした雨」（学校図書4年）―急に風がふきだし、空には黒い雲が、空はすっかり暗くなって、まるで夕方のよう、急いで帰路についたが、にわとり小屋のそうじをわすれていたことに気づき、学校に戻って当番の責任を果たすという内容だが、天候の急変は雷雨・落雷の、場合によっては竜巻の前兆であり、まず自分の身を守ることが優先されなければならない。

8―「小学校学習指導要領解説　総則編」（2015年7月）も、「それぞれの内容項目は指導に当たり取り扱う内容であって、目標とする姿を表すものではない。したがって、児童に対して一方的に内容項目を教え込むような指導は適切ではない。」（13頁）としている。

9―「ありがとう大塚さん」（学校図書3年）は、学級園での野菜の育て方を教えてくれた大塚さんへの「感謝」という教材だが、ただ一生懸命世話をすればよいのではなく、野菜によって育て方が異なるという知恵や、分からない時はよく知っている人に相談したらよいこと、植物を育てるということは真剣勝負なのだという仕事に向き合う姿勢など、大切なことを学ぶことのできる教材だ。

10―宮澤弘道は、中断読み（あらかじめ授業者が教材を中断する場所を決め、最後まで読まずに意見を交流し終わらせる指導法）を提唱している（宮澤弘道・池田賢市（2018）『「特別の教科 道徳」ってなんだ？』現代書館、30～37頁）。

を命じられる。まず、送りバントは「チームで決めた作戦だった」とあるが、チームで相談して決めているのではなく、冒頭に明記されているように「かんとくの指示」であることに気付かせよう。監督の一方的指示に絶対服従を求めるこのチームの運営方針で子どもたちの力が伸びるのか考えさせよう。星野君は、相手投手の投球を読み解いてヒッティングに出たのだが、このように自分の頭で考えて対応することで力が伸びるのではないだろうか。

「お客様」（学研教育みらい、光村図書5年）はそもそも無理筋だ。遊園地のショーを見ようと待っていたら、人がどんどんやってきて、背伸びをしたりしないとステージが見えなくなった。子どもの肩車禁止の放送が流れたが、従わない人がいて、係の人とトラブルになり、その人は、お客様だから見る権利があると主張した。規則を守る義務があるのでこの主張は間違っているというのが教材の求めている「正解」だが、それでよいのだろうか。「お金を払っているのに見られなくても我慢しないといけないのだろうか」「肩車しなくても見られるようにする方法はないのだろうか」と問いかけて、みんなが座って見られる限度を超えて入場させている遊園地側の運営の誤りに気付かせよう。返金を要求してもよいケースだ。

『ダン』をどうする？」（日本文教出版6年）は、幼稚園児が拾ってきた子犬を、子どもたちが、みんなで世話をするからと団地役員を説得し、団地の規則を変えて飼うことを認めてもらうという内容だが、子どもたちが共同責任で犬を飼うという飼い方は考えられない。「これで本当に責任を持って犬を飼うことができるだろうか」と問いかけよう。犬の寿命は10年以上あるが、6年生の子は10年後にはこの団地にいない可能性が大きい。犬の登録や狂犬病注射、その他の予防注射、餌代などは犬の所有者となる大人が責任を持たなければならないが、誰が責任を持つのかあいまいである。

「なわとび」（廣済堂あかつき1年）は、なわとびが十回跳べるようになりましょうと先生に言われ、放課後一人で長時間練習して5回跳べるようになり、翌日も練習しようとする姿を「もくひょうをもってくじけずに」頑張る姿と教える教材だが、闇雲に長時間練習し続けるのが正しい練習ではないだろう。なわとびのコツを教える科学的な練習をすれば、もっと簡単に跳べるようになることに眼を向けさせる必要がある。

伝統の大切さを強調する教材が目立つが、伝統についても多様な視点で考えられるような扱い方を工夫しよう。「土俵を造る」（学校図書5年）で取り上げるのが最適だが、他の題材でも扱える。いろいろな分野で伝統が受け継がれていることを確認した上で、「でも、伝統を守ることは常に大切なのだろうか」と子どもたちに問いかけ、２０１８年4月に舞鶴市で行われた大相撲の巡業中、土俵の上であいさつに立った市長が突然倒れ、倒れた市長の救命措置を行った女性看護師に対して、「女性は土俵から降りてください」とアナウンスされる事件が起こり、土俵の女人禁制という伝統と人の命を助けることとどちらが大切なのかという議論が起こったことを紹介しよう。これについては、相撲協会は、人の命を助けることが優先されると認めて謝罪したが、この2日後、舞鶴市長と同じように土俵の上でのあいさつを希望した女性の宝塚市長には、伝統を理由に断っていること、その後、「ちびっこ相撲」で、相撲協会が女児の参加を断っていたことも明らかになったこと、これらによって、女人禁制という伝統と男女平等という人権とどちらが大切なのかという議論が起こっていることも紹介しよう。

権利は義務とセットだと教える教材がある（「権利と義務とは」（廣済堂あかつき5年）は、「義務を果たすことによって、あたえられている権利がある」「権利のために、どのような義務を果たしていますか」「義務を果たさず、権利ばかりを主張していたら、わたしたちの生活はどうなってしまうのでしょう」と教え、「これって『けんり』？　これって『ぎむ』？」（東京書籍5年）は、「『けんり』と『ぎむ』は、よくセットになっている」と教える）。東京書籍は、本の貸し借りという二者間の権利・義務関係を例に挙げるが、権利には、すべての人に生まれながらにして与えられている基本的人権という大切な権利があることを、光村図書6年の「世界人権宣言」（谷川俊太郎訳）を教材にして教えよう。「『人には、自由に意見を言う権利がある。だから人の悪口を言ってもいいんだ。』という人がいたとします。その人に、世界人権宣言でいわれていることを使って反論しましょう。」という設問もある。[11]

基本的人権は、すべての人に与えられているのだから、「この宣言でうたわれている自由と権利を、他の人の自由と権利をこわすためにつかってはなりません。」という第30条とセットで学ばせよう（東京書籍にも、「自分やほかの人の『けんり』を守るために、『ぎむ』がセットになっている」ともある）。「マララ・ユスフザイ」（光文書院5年）さんの「平和に生きる権利のため、人間らしいあつかいを受ける権利のため、平等に機会をあたえられる権利のため、教育を受ける権利のため、たたかってきた人たちの声を、わたしは伝えたいのです。」も学ばせたい。光村図書5年、学研教育みらい6年には「子どもの権利条約」もある。

歴史的背景や大切な事実関係などを補足説明することで、より深い学びにつなぐことのできる教材もある。教育出版、日本文教出版、光文書院、光村図書6年が取り上げている「六千人の命のビザ（杉原千畝）」は、ナチスによるユダヤ人迫害などの歴史的背景、外務省の訓令に反して、人道上の理由でビザを発給したこと、そのため、戦後、外務省を退職させられたこと、１９８５年にイスラエル政府より、多くのユダヤ人の命を救出した功績で表彰され、１９８６年に亡くなった後、２０００年になってようやく外務省から名誉回復がなされたことなどを補っておくとよい。そして、国の命令（きまり）に従うことと人間として大事なこと（人道上の要請）とどちらが大切と考えるか話し合わせてみよう。

教育出版、光村図書、廣済堂あかつき5年が取り上げている「モントゴメリーのバス（キング牧師）」は、１９５０年代のアメリカ南部における黒人差別の実態を補足説明することが必要だ。黒人差別を正当化する南部の州の法律（きまり）と人種が違っても同じ人間として平等であるとする人権とどちらが大切かの争いで、このような不正義な差別をなくすための闘いが積み重ねられることによって、基本的人権は確立されてきたことを、男女差別なども例に挙げて考えさせよう。

日本文教出版2年の「花火にこめられたねがい」が取り上げる長岡の大花火大会は、１９４５年8月1日深夜の長岡空襲の犠牲者を追悼するものだ。その直前の７月26日、連合国が日本に戦争をやめて降伏するように求めたが（ポツダム宣言）、日本の政府・軍部はそれを拒否したため日本への空襲が続いたこと、もっと早く戦争をやめていたら、１，５００人近くもの犠牲者は出なかったこと（広島、長崎の原爆被害もなかったこと）も教えておこう。

日本文教出版３年の「澤村投手のボール」では、プロ野球史上に残る伝説の名投手澤村栄治が戦争で徴兵され、手榴弾を投げさせられたことで肩を痛め、後に引退に追い込まれ、その後再度軍隊に送られ、戦死したこと、アメリカとの戦争中は、英語は敵性語だと禁止され、野球のストライクは正球、ボールは悪球などと言い換えられたことなども教えておこう。光文書院３年「命どぅたから」や東京書籍６年「白旗の少女」は、背景となる沖縄戦について教えておく必要がある。

第２節 道徳教育の評価

道徳教育の評価について検討した「道徳教育に係る評価等の在り方に関する専門家会議」は、２０１６年７月22日、『「特別の教科 道徳」の指導方法・評価等について（報告）』（以下、「報告」と略す）をまとめ、「道徳科の評価の在り方」として、「資質・能力の三つの柱や道徳的判断力、心情、実践意欲と態度のそれぞれについて分節し、観点別評価（学習状況を分析的に捉える）を通じて見取ろうとすること」は妥当ではない、「個々の内容項目ごとではなく、大くくりなまとまりを踏まえた評価とすること」、「他の児童生徒との比較による評価ではなく……個人内評価として記述式で行うこと」、「より多面的・多角的な見方へと発展しているか、道徳的価値の理解を自分自身との関わりの中で深めているかといった点を重視することが求められること、に留意する必要が

11――教育出版３年「新聞係」は、「ルールを守る」に焦点づけているが、本当に大切なのは、他人の人権侵害（名誉・プライバシーの侵害等）にならないようにすることである。

ある。」（9頁）と述べ、「道徳科については、指導要録上、一人一人の児童生徒の学習状況や道徳性に係る成長の様子について、特に顕著と認められる具体的な状況を記述する」（12頁）と結論づけている。また、「調査書に記載せず、入学者選抜の合否判定に活用することのないようにする」（12頁）ことも求めている。

成績評価をてこに国が求める人間になるように誘導していくことがないようにするにはどうすればよいのか、という観点で道徳教育の評価を考えてみよう。

「報告」の言う、「道徳的諸価値についての理解」などの「観点別評価」を行わないというのは大事なポイントである。また、「国や郷土を愛する態度」などの「個々の内容項目ごと」の評価を行わないことも重要である。ただ、「大くくりなまとまり」でも、まとめかたによっては特定の方向に誘導しかねないので注意が必要である。「他の児童生徒との比較による評価」を行わないことも、入学者選抜の合否判定に活用しないこととともに大事なポイントである。「より多面的・多角的な見方へと発展しているか」も、授業のねらいや進め方とも関わる重要なポイントと言える。しかし、「道徳的価値の理解を自分自身との関わりの中で深めているか」については、特定の「内容項目」と結びつけたりすると、国が求める人間になるように誘導して行きかねないので注意が必要である。

中教審答申からも、道徳科の授業のねらいや進め方とともに、評価の視点としても生かせそうな記述を拾っておこう。

「道徳教育をめぐっては、児童生徒に特定の価値観を押し付けようとするものではないかなどの批判が一部にある。しかしながら、道徳教育の本来の使命に鑑みれば、特定の価値観を押し付けたり、主体性をもたず言われるままに行動するよう指導したりすることは、道徳教育が目指す方向の対極にあるものと言わなければならない。むしろ、多様な価値観の、時に対立がある場合を含めて、誠実にそれらの価値に向き合い、道徳としての問題を考え続ける姿勢こそ道徳教育で養うべき基本的資質であると考えられる。」（中教審答申、2～3頁）ここで言う、「多様な価値観」に誠実に向き合う姿勢は、育てるべき資質であるとともに、評価の視点でもある。

「もちろん、道徳教育において、児童生徒の発達の段階等を踏まえ、例えば、社会のルールやマナー、人としてしてはならないことなどについてしっかりと身に付けさせることは必要不可欠である。しかし、これらの指導の真の目的は、ルールやマナー等を単に身に付けさせることではなく、そのことを通して道徳性を養うことであり、道徳教育においては、発達の段階も踏まえつつ、こうしたルールやマナー等の意義や役割そのものについても考えを深め、さらには、必要があればそれをよりよいものに変えていく力を育てることをも目指していかなくてはならない。」（中教審答申、3頁）ここで言うように、ルールやマナーを一方的に守らせるのではなく、その「意義や役割」についての理解を深め、「必要があればそれをよりよいものに変えていく力を育てること」も、育てるべき資質であるとともに、評価の視点でもある。ゼロ・トレランスの生徒指導など論外である。

「実生活においては、同じ事象でも立場や状況によって見方が異なったり、複数の道徳的価値が対立し、単一の道徳的価値だけでは判断が困難な状況に遭遇したりすることも多い。このことを前提に、道徳教育においては、人として生きる上で重要な様々な道徳的価値について、児童生徒が発達の段階に応じて学び、理解を深めるとともに、それを基にしながら、それぞれの人生において出会うであろう多様で複雑な具体的事象に対し、一人一人が多角的に考え、判断し、適切に行動するための資質・能力を養うことを目指さなくてはならない。」（中教審答申、3頁）ここで言うような、「多角的に考え、判断」するような学びも、授業のねらいであるとともに、評価の視点でもある。

以上のように、道徳科の評価に関わって、取りあえずは、前向きに受けとめることができる指摘もあるが、注意しておかなければならない点もある。

「小学校学習指導要領解説　特別の教科　道徳編」（2015年7月）は、子どもの評価については、「道徳科で養う道徳性は、児童が将来いかに人間としてよりよく生きるか、いかに諸問題に適切に対応するかといった個人の問題に関わるものである。このことから、小学校の段階でどれだけ道徳的価値を理解したかなどの基準を設定することがふさわしいとは言えない。」（105頁）と述べて、道徳的価値（内容項目）の理解度を基準としないとしながら、「学習指導過程に関する評価」については、「指導と評価の一体化」と称して、「児童の学習状況の把握を基に評価を行う上で、学習指導過程に関する指導を振り返ることは重要である。学習指導過程で、ねらいとする道徳的価値についての理解を深めているかどうか、自己を見つめ自己の生き方についての考えを深めているかどうか、道徳的価値の自覚を視点として児童の学習状況を確認するなど教師自らの指導を評価し、その評価を授業の中で更なる指導に生かすこと」（106頁）と述べて、道徳的価値の理解度（「道徳的価値の自覚」）を「視点として児童の学習状況を確認する」ことを求めており、そのような教師の視線が、子どもに、国の求める道徳的価値を暗黙の内に押し付ける圧力になる危険性があるので注意が必要である。これを受けて、小学校では、廣済堂あかつき別冊が、学習指導要領の内容項目毎に3段階（よくできた、できた、もっとがんばりたい）の自己評価欄を設けている。中学校では、学習指導要領の内容項目毎に段階別自己評価欄を設けているのが、廣済堂あかつき（5段階）、日本教科書（4段階）の2社に増えている。教材毎に包括的な段階別自己評価欄を設けているものも廣済堂あかつき（5段階）、教育出版（3段階）の2社に見られる。学習指導要領も「数値などによる評価は行わないものとする」と述べているのであるから、このような段階別自己評価は使うべきではない。

最後に、地方教育委員会が例示している評価事例で気になるものがあるので紹介しておく。「報告」は、「個々の内容項目ごと」の評価を行わないようにと言いつつも、「指導要録上、一人一人の児童生徒の学習状況や道徳性に係る成長の様子について、特に顕著と認められる具体的な状況を記述する」としているために、京都市教育委員会は、個々の授業での子どもの反応を具体的に記述した次のような評価事例を示している。

「他の児童の意見をよく聞き、理解しようとする姿勢が見られました。特に『手品師』の学習では、主人公の葛藤する心を考え、『小さな約束だからといって、それを軽く扱うような人にはなりたくない』と発表するなど、誠実に生きることを自問自答しながら、これからの自分の生き方についての考えを広げていくことができました。」[12]

「誠実」という内容項目を取り上げた「手品師」という教材が求める生き方に誘導する評価になっているのではないか。

（ひろせ・しん　富山大学名誉教授）

12―京都市教育委員会「特別の教科　道徳　評価について」（平成30年3月）、12頁。京都市教育委員会のウェブサイトより閲覧・入手できる。http://www.city.kyoto.lg.jp/kyoiku/page/0000232703.html（2018年8月18日確認）

第5章

道徳教育におけるジェンダー・セクシュアリティの問題

――中学校「特別の教科　道徳」の教科書分析を中心に

橋本　紀子

はじめに

道徳とは、その時代、その社会の価値や規範を体現したルールとしてとらえられる。したがって、近代学校で教えられる道徳教育はその国の在り方に規定され、その社会で期待される人間像へ向けて教育される。新自由主義的道徳が新保守主義と合体した形であらわれている現在と比べ、第二次大戦前の日本社会では、よりわかりやすく、露骨な二重道徳が女性と男性間にはあった。

高等女学校では、明治30年代ごろまで、女大学的女性像が修身教科書でも説かれ[1]、大正期には良妻賢母像に取って代わられる。ただし、階層の違いがあり、農民を中心とする働く女たち向けには働妻健母[2]が求められた。性道徳も江戸時代には階層ごとに異なっており[3]、公家や武家では女性への貞操要求と男性の放埓の容認という二重道徳がまかり通った。これが、すべての階層に影響を与えるように強化されるのは、明治期、旧民法制定以降あたりからである。

戦後、女子教育刷新要綱、衆議院選挙法改正、日本国憲法公布、教育基本法・学校教育法成立、民法改正、労働基準法成立のように、数年間に政治、経済、労働、教育分野での男女平等が法制度的に整備された。しかし、多くの残滓があり、性別役割分業を前提とする意識や慣行は今でも根強く残っている。さらに、ここ20数年の間に、女性の非正規雇用は増え続け、全女性雇用労働者の6割近くを占めるに至り、ジェンダー・ギャップ指数も拡大し、2017年には144か国中114位と社会的劣位の状況は明らかである。

2018年5月23日政治分野における男女共同参画推進法が公布、施行され、各政党に選挙の際の候補者をできるだけ、男女同数に近づけるように努力義務を課した。このような中で、今、教科化された道徳が中学校も含めて本格的に始動しようとしている。

本稿では最初に、2019年度から検定教科書の使用が始まる中学校の道徳教科書に焦点をあて、全8社―日本教科書（日科）、日本文教出版（文教）、学校図書（学図）、光村図書出版（光村）、教育出版（教出）、東京書籍（東書）、学研教育みらい（学研）、廣済堂あかつき（あかつき）の道徳教科書をジェンダー視点から検討する。

池谷（2018）によれば、[4]新自由主義的道徳の特徴は、自らの身体をまるごと「人間資本」として生かしきり、競争に耐え抜き利潤をめざす「強い個人」の道徳である。つまり、すべて自己責任で自己実現のための方策を立てることが求められると同時に他者に対するケアや自己犠牲的なボランティア精神といった非市場的な共同体倫理も利用される。さらに、社会福祉的なものを排除し、家族をセーフティ・ネットとするので、女性に男性を補佐する従属的な役割を強制する等々があげられる。

1―良妻賢母の原型は明治30年代に成立するが、明治期は森文政期をのぞいて、夫婦の関係を主従関係と捉える儒教女訓が主流であった。当時の高等女学校の修身教科書を分析した論考として、橋本紀子（1975）「明治期高等女学校に於ける期待される女性像の変遷―修身教科書の分析を中心に」『研究室紀要』第2号、東京大学教育学部教育史・教育哲学研究室、がある。

2―農村の良妻賢母ということで、処女会中央本部設立者天野藤男の表現。渡邉洋子（2003）「1930年代の女子青年団と男子青年団―『公共的精神』と『結婚』」橋本紀子・逸見勝亮編『ジェンダーと教育の歴史』川島書店、166頁

3―橋本紀子・田中秀家（1983）「性意識と性教材の社会史」産育と教育の社会史編集委員会『民衆のカリキュラム　学校のカリキュラム（叢書―産育と教育の社会史2）』新評論

4―池谷壽夫（2018）「中学校『特別の教科　道徳』教科書の問題性」『教育』2018年8月号

これらは、日本社会に根強くある保守主義とも親和性をもつものであるが、ジェンダー視点から見た場合、道徳教科書にはどのような形で反映しているのか。この分析を踏まえ、次に、セクシュアリティ教育に関する国際的動向と関連教材について触れ、教科道徳への対抗的取り組みについて言及する。

第1節　日本教科書の道徳教科書をジェンダー視点から見る

日本教科書の道徳の教科書は他の出版社とは、異なる側面が多い。学習指導要領に示された四つの柱にそって、最初から徳目に沿った教材が22並べられているという構成で、これらの徳目を規範意識として植えつけようという立場が鮮明である。特に、歴史認識にかかわる題材は、日本の近代化や侵略戦争、植民地支配に関する史実には触れずに、特定の人物を美化するものが目立つ。これらの戦前回帰的な特徴はジェンダー・セクシュアリティの側面にも反映していると考えられるので、同社の教科書を個別に取り上げたい。紙数の関係もあり、教材の概要を示しつつ、大きな特徴ごとに、3学年をまとめて、考察する。

（1）思春期の子ども把握と人間の多様性をどのようにとらえるか

1年　リョウとマキ～First Love～

〈圭一と諒は小学校からミニバスを一緒にやっていて、中学でもバスケット部に入部。インフルエンザで保健室に倒れこんだ諒を、保健委員の吉岡真希が見舞いにきた。〉

このシリーズは、「2年　リョウとマキ～Triangle Zone～」と続き、「3年　リョウとマキ～Stand by Me～」と発展する。3年になる少し前から、諒と真希は付き合うようになるが、その中身はメールのやりとりや、たまに話をするだけだと言わせている。

徳目としては、「友情、信頼」の項目で、「異性についての理解を深める」にあたる。しかし、これは、異性愛への芽生えを扱っているもので、思春期の心身の成長と変化の問題として、性教育のテーマでもある。この時期は、友情から恋愛に発展する可能性を考慮して、そこで生ずる問題や同性愛についても触れる必要があるが、それは全くない。

２年　だから歌い続ける

〈歌うことが好きなＭＴＦのトランスジェンダーの生徒の話。中２の変声期を迎え、声を出すことが辛くなる。担任教師が気づいて、合唱コンクールでは指揮者を提案。担任に初めて、カミングアウトする。吹奏楽部に入るが、教室には入れなくなる。〉

多様な性の一つであるトランスジェンダーの生徒をとりあげ、ありのままのその生徒を受け止め、その生徒を励ます教師と、そこで変化していく主人公を予測させるものとなっている。トランスジェンダーの人の人権尊重につながる教材として評価できるが、「性同一性障がい」を一般的な意味の「障がい」として扱っており、性の多様性についての情報はない。最後のコラムも『発達障害の子どもたち。「みんなと同じ」にならなくていい』からの抜粋で、いわゆる障がいも個性としてとらえるというもの。ＳＯＧＩ（性的指向と性自認）を含む性の多様性に関する国際的動向とはかけ離れている。

（２）家族内の性別役割分業を所与のものとし、人生上の役割に昇華させる

３年　ライフ・ロール

〈大学生の長女を頭に三姉妹と共働きの両親という家族構成。近所に住む祖母の具合が悪くなり、病院に付き添う必要がでる。父親は外せない仕事があり、長女はゼミの発表ということで、母親が予定されていた管理職昇任のための面談をあきらめ、付き添う事に。〉

上司への電話で「私には他にも役割がありそうです。今は、まだその時期ではないようです」と母親は言い、長女もこんな状況じゃ管理職を断るしかないでしょうと言う。

この教材では、母親が家事・育児だけではなく、老人介護もふくめてその役割を担うべきという前提で、話は進む。「男は仕事」、「女は仕事も家事・育児・老人介護も」と盛りだくさんにして、それと両立できる程度の働き方

で良いという性別役割分業の前に家族内のジェンダー不平等の問題はかき消されている。

解決策を何らかの社会的なサポートシステムに求めるのではなく、家族内での分担、さらには、人生上の役割という話にすり替えている。

2年　母のアナウンス

〈共働きの家庭のかすみには、先天性心疾患をもつ弟がいる。授業参観に親はほとんど不参加。母は二者面談でかすみの成績が良いことを知り、家路を急ぐが、会社からの緊急電話で職場に戻る。母親からの褒め言葉を期待していたかすみは弟と二人だけの夕食に。その後、母親の運転するバスに乗り合わせたかすみは、母親が、突然産気づいた妊婦を路線から少し離れた病院に降ろし、通常通りの運転を再開した様子を見て涙する。〉

この教材は、「集団や社会とのかかわり」に位置づいているが、路線バスの運転手という職業人としての母親を題材にしており、女子生徒の将来のロールモデルになりうる教材でもある。しかし、父親は、母親が忙しい時に代わりに弟を病院に連れて行くというだけで、病院に連れて行く、二者面談に出席する、食事を作る等は母親の役割となっていることが知られる。この教材も、「男は仕事」、「女は仕事も家事・育児も」という性別役割分業を疑いのない所与のものとしている。

1年　自分の心の中の自分

〈気が利く男だと思っている自分は、妻の家事も手伝うし、会社でも積極的に上司の仕事を手伝ったりして、その都度感謝される。ところが、混雑した新幹線の車内で、高齢者に席を譲ったが、お礼を言われず、心がはれない。〉

主人公の妻が働いているかは、不明だが、仕事に疲れて帰ってきてぐったりしている頃に、妻の夕食作りの音が聞こえてくるということから、この妻も働いて帰宅後、夕食を作っていると考えられる。性別役割分業を前提に妻に仕事以外に、家事も担わせておいて、手伝うという感覚でいる。この時点で、ジェンダー不平等を自覚していないことが明らかである。妻に「あなたは本当によく気が利くね」といつも褒められているという文章は、子どものようで滑稽でさえある。

(3) 女性性を仕事やボランティアに利用する

1年　仕事と心（文教1年、教出2年も同教材採用）

〈東京国際空港で清掃を担当する新津春子さんは清掃技術だけでなく、「仕事に優しさ」が必要という。笑顔での作業、お客への気配りをしながら、心を込めて仕事をする。〉

文中で、「仕事が楽しくなるというのは、……自分の内面から湧いてくる本当の意味でのやりがいに変わっていくこと」だとしている。「仕事に優しさ」をということで、労働条件等を度外視して、自発的に際限なく勤労することを求めるという新自由主義的道徳が貫かれていると同時に、女性と清掃、笑顔と気配りなど女性性の利用も見られる。

3年　明りの下の燭台（学研、あかつき、学図も同教材採用）

〈元選手でもあった女子バレーチームのマネージャー鈴木恵美子の献身をたたえる。〉

犠牲的な労働を求められるマネージャーになれという指示は、監督と選手という権力関係の下でなされ、さらに、男性の監督と女性の選手、両者に内面化している性別役割分業意識が、食事、片付け、洗濯、夜食、会計等の女性の仕事とされてきた家事労働の延長線上にあるマネージャーの仕事を受け入れさせることを容易にしたのではないか。

「集団または国家への貢献と奉仕」の教材もジェンダー視点からの検討が必要である。

(4) 家族の継承、産む性としての女性の強調

1年　形見

〈結花は、母と祖母が加賀友禅の着物を箪笥にしまっているのを見て、いつか形見にほしいと母に言う。母は着物の代わりに結花の臍の緒を見せ、大切なのは今日無事でいることだと諭す。〉

祖母、母、娘、三世代の着物の継承について語りながら、臍の緒が登場することで家族の継承を、産む性である女性に託すというように暗示していることが読み取れる。これと同じように、「**1年　過去からのメッセージ**」は、父の生家の土蔵で、自分とよく似た少女の写真を見

つけた主人公に、祖母は「生命の火が伝えられた」のだと話している。性別役割分業、特に、生命のつなぎ手としての女性、産み育てる性としての女性の自覚を促すような題材で、高校保健の「妊活教材」[5]とも呼応する内容である。

(5) 志を持つのは男子だけか

日科の道徳の教材に女性が主人公として登場する割合は、極端に少ないだけでなく、内容的にも問題がある。「**1年 パーソナリティー**」は、男子が主人公で、女性は食事の支度をして迎えてくれた伯母のような描かれ方だけである。「**1年 志~幼少の記憶より**」も、陸上部所属の男子が走り込みの途中で、松下村塾に立ち寄り、そこに掲げられていた志の文字を見て、発奮するという無理な筋立てで、歴史を動かし、志を持つのは男だけといわんばかりである。

2年 十四歳の責任(あかつき2年「自分を考えよう」でも立志式に言及)では、「満14歳を祝う式典が中学校の行事として行われているところがある」から始まり、14歳になれば、刑事裁判を受けて刑罰を受けることが現実となりうるという点を強調する。

刑罰ということで子どもたちを脅しているだけではなく、14歳の式典は、日本の伝統である元服にちなんだものと、男子のみ対象であった儀式をとりあげ、女子は眼中にない。

＊日科の道徳教科書の特徴 日科だけに特徴的にみられるのは「家族の継承、産む性としての女性の強調」で、教材も子どもの現実とのかい離が激しい。また、ライフ・ロールに典型的にみられるように家族内の性別役割分業を人生上の役割にまで持ち上げ、不変の原則として固定化しようとしている。個人責任、個別家族のケア責任を原則とする新自由主義的道徳とマッチする形で、伝統的な性別役割分業が持ち出されているが、これは、女性差別撤廃条約違反である。さらに、立志式や元服など男子中心の教材が目立つ。それ以外は、次の他社の教材にも共通して見られる。

第2節　7社の教材ではどのような特徴が見られるか

文教、学図（各章に「心の扉」という誘導的設問）、光村、教出、東書、学研、あかつきの7社についても、7社の1〜3学年の教材をまとめて大きな特徴ごとに、考察する。

（1）思春期の子ども把握―性的存在でもあることを認めようとしない

①友情、信頼の徳目で、「異性に対する理解を深める」にあたる教材が各社、各学年にある。

1年　部活の帰り（文教）

〈陸上部の僕とブラスバンド部のK子。夏休みの部活の帰りにバス停で横断歩道を渡って病院に向かう目の不自由なおばあさんをドキドキしながらK子と一緒に手助けした。〉

異性愛への芽生えが描かれているのに、問は、あくまでも、異性との友情で収めようとしており、日科と同様の問題がある。この点は、「**1年　クラスメイト（学研）**」（校内合唱祭で、ピアノ伴奏担当の優奈と指揮担当の健太）、「**2年　サキとタク（学研）**」（隣町の学童野球チームの仲間だったサキがタクと同じ中学校に転校してきた）、「**1年　親友（光村）**」（マフラーを手編みするような健太とサッカーの上手な美咲は小6以来の親友）にも共通する。いずれも、付き合っているなどの噂やからかいに、怯むのは男子で、女子は噂を気にせず、ジェンダー規範からより自由に描かれている。特に、親友（光村）では、ジェンダー規範の問い直しがされており、健太の母親に「女だとか男だとかに関係なく、自分らしく堂々と生きている美咲さんは、すてきだと思うよ」と言わせている。また、中学に入って、男女別の制服を着るようになり、健太は美咲もスカートをはくんだと気づき、

5―高校保健・副教材『健康な生活を送るために（平成27年度版）』「妊娠しやすさと年齢」で示されたグラフは改竄されたものだった。詳しくは西山千恵子・柘植あづみ編著（2017）『文科省／高校「妊活」教材の嘘』論創社、参照。

恥ずかしいような、さびしいような気持になったと思春期の子どもたちの自己認識と異性理解の過程が描かれている。

しかし、異性間の友情から恋愛へと発展していく側面については、いずれも、性的存在としての子ども把握はされておらず、必要な情報は提供されていない。それは、「3年　私たちの夏（学研）」や「3年　五月の風（学図、副題は「性別を超えて友情を深める」）」にも共通してみられる。「1年　旗（学図）」は、末尾で「性別とは別に、さまざまな個性や特性を持った人がいます。」とするが、多様な性的存在については触れず、設問も男性、女性という異性理解を前提にしている。

②3学年通してのシリーズ教材

「1年　チョコの行方（教出）」シリーズは「2年　たすきとポンポン」、「3年　フットライト」と展開する。〈雅司、工藤美佐、深沢由紀は出身小学校が一緒の仲良し。異性の友人に付き合おうと言われた美佐は、付き合うとはどういうことかを雅司と一緒に考えようとする。〉、2年では、〈応援団長をねらう由紀と、男だから、応援団員のクラス代表をしてもいいよという雅司、チアリーダーを誘う美佐が登場。由紀は「役割って、性別で決まるのか」と迷う。〉、3年では、〈文化祭の準備中、プロデューサーの由紀がフットライト作成の雅司の仕事をせかして、「美佐を見習って、女の子らしくしてみろ」と言われ、喧嘩となる。翌日、フットライトは由紀の手によって上手に出来上がっていた。〉

これらの教材には、各人のもっているジェンダー規範、女の子らしさ、男の子らしさの常識を問い直し、もっと、広く各人の個性を認めていこうとする視点が含まれている。

雅司に「俺の中の常識じゃ、ちょっとばかり女の子らしくないかもしれない。だけど、そこまで含めてアイツらしさなんだとしたら……。」と言わせている。

しかし、3学年とも異性間の友情の範囲で収めようとしている。

「1年　アイツ（あかつき）」は、「2年　アイツとセントバレンタインデー」、「3年　アイツの進路選択」と展開する。1年では、幼、小、中と一緒の真一と夏樹が異性として相手を意識するようになる経過を扱い、２年では、他の人がそこに割り込んできたため、二人は自分たちの関係をはっきりさせる必要がでてきた。これは、友情から恋愛へと発展すると排他的な関係がそこに生まれるという関係性の学習として、取り上げることはできるが、「友情や信頼」の項目での設問は難しい。３年では、夏樹は真一と一緒の高校に行くことを最も重視し、真一が志望校を変えたのに合わせて志望校を変更する。この女性の描かれ方にはジェンダーバイアスが感じられる。

(2) 人間の性の多様性を教材化しているのは少ない

3年　ゴリラのまねをした彼女を好きになった（文教）

〈学図２年も同教材掲載〉

〈中２の職場体験で保育園に行った４人。お迎えが遅くなって泣き出した子どもをあやすために、変顔やゴリラの真似をして子どもを泣き止ませ、喜ばせた小林さん。〉

この教材は、女性らしさという規範にとらわれず、個性的で自由に生きることを肯定するものとなっており、そのつながりで、「参考　さまざまな性」が資料として載っている。「男性、女性といっても、性にはさまざまな性のあり方があります」として、

１　体の性（生物学的性）、２　心の性（ジェンダー・アイデンティティ、性自認）、３　好きになる性（性指向）、４　表現する性（性表現）を挙げて説明し、

最後に「大切なのは『あなたがあなたらしく生きること』」とする。多様な性についての正確な情報を掲載している点は評価できる。特に、体の性のところで、「男女両方の特徴をもっていることもあり、人によっては、判断が難しい場合もあります」とインターセクシュアルのことも取り上げている。性の多様性の略語としてヨーロッパでは一般にＬＧＢＴＩが使用されるようになっているが、インターセクシュアルに触れているのは文教だけである。

同教材の「学図」の場合、異性の友達との関係性を問うもので終わっている。

2年　自分らしい多様な生き方を共に実現させるためにできること（学図）

〈性のあり方、セクシュアリティには「からだの性」「こころの性」「好きになる性」の三要素があると説明。からだとこころの性が一致し、異性を好きになるという人が多いので、それをセクシュアル・マジョリティ、それ以外の場合をセクシュアル・マイノリティと呼ぶとして、LGBTも表にして説明。後半は多様な性を学ぶための勉強会を紹介。〉

セクシュアリティを構成する要素や、多様な性についての基本情報などの他に、具体的な事例や関わり方などが元養護教諭の話などから分かるようになっており、中学生にとってもわかりやすい教材になっている。

2年 コラム（プラットホーム）―人権課題への取り組み（文教）

〈世界人権宣言第一条を紹介。その後、日本での課題として、・女性に関すること（男女平等、男女共同参画社会など）・子どもに関すること（いじめ、体罰、児童虐待など）等にならんで、・性的指向に関すること・性同一性障害に関すること、が挙げられている。トピックスとして、「孫育てができるかっこいいおじいちゃん」がのっている。〉

人間の多様性についてとりあげているのは良いが、男女平等や男女共同参画社会などは、女性だけに関係することなのか？ また、トピックスは家族の自助努力を強調している。

3年 ぼくの物語、あなたの物語（光村）

この教材は、人種や肌の色、性別、門地、家系、貧富の差などで差別しないことを強調。

資料「違いの違い」あってよい違い？ あってはならない違い？ も参考にして、世界人権宣言、子どもの権利条約、憲法の学習にもつなげることができる。また性の多様性へと発展させることもできるが、本文にも資料にもその点は触れられていない。

（3）家族内の性別役割分業を固定化し、ジェンダー平等や社会的視点を欠く

①性別役割分業を内面化した女性

3年 私も高校生（文教）

〈主人公は両親を早く亡くし、高校進学は断念。結婚

して、3人の子どもの育児と家事をこなしながら、神田の学校に事務員として勤め、今、通信制の高校生としてもがんばる。〉

夫は「お前は偉いよ」というだけで家事を分担する気配はないのに、理解ある夫として描かれる。主人公に「ふつうでしたら、自分が好きで始めたことなので、愚痴を言おうものなら、『やめちまえ』の一言だと思います」とも言わせている。性別役割分業意識の根深さを示している。

1年　明るい家庭をつくるために—母はおしいれ（東書）

〈主人公の母は43歳で3人の子持ち。家中みんなの心や言葉を母の「おしいれ」の中へ入れて、戸を閉めておくという。たくさんの問題を抱え込んでも、腹の中に収めて他言しないことが明るい家庭を保つ秘訣と言う。〉

ここでは、家族の幸せのために、耐え忍ぶ母という古典的な女性像が求められている。

②セーフティ・ネットとしての家族の強調……祖母の位置

3年　一冊のノート（光村）〈あかつき2年にも同じ教材〉

〈共働きの家庭で、孫の世話をしている祖母の物忘れがひどくなる。被害を受けるようになった中学生の孫が、祖母の日記を読み、物忘れの悪化を本人自身が不安に思っているのを知り、祖母に寄り添おうとする。〉

祖母は、小学生の隆の宿泊学習に必要な物の買い出しや、家内外の掃除や片付けは担当しているようであるが、共働きの母親はほとんど、登場しない。これは、〝家族愛〟の項目の教材で、問いは「家族の中の自分の役割を考えてみよう」となっているが、その前に、認知症に対する理解と対応の仕方の基本を学ぶ必要がある。そのうえで、家事・子育て、さらには老人介護を誰が分担するかの議論、さらに、これらを対象とする社会的サポートシステムについても議論させる必要がある。

1年　ごめんね、おばあちゃん（教出）〈東京書籍2年に同じ教材〉

〈共働きの家庭で親に代わり、家事を切り盛りしてきた祖母が衰え、家事は一切、母が行うことに。それでも、いろいろ立ち働き、事件を起こす。聡も祖母を責める。ある日、祖母は骨折して入院。翌日、学校から帰っても誰もいない。聡は病院にお見舞いに。〉

「3年　一冊のノート（光村）」と同じようなストーリーで、家族愛を扱っている。家事や育児を支えてきた祖母が介護の対象になったら、他の家族が介護を担うようにという、家庭内でのやりくりだけが推奨されている。また、祖母が事件を起こすようになって、母が一切家事をするようになったという話は、女性による家事の受け渡しということで、ジェンダー視点からいえば大問題である。父親も子どもたちも含めて、家族の一員であり、実際、いろいろな仕事を分担している家庭が多くなっているのではないか。「1年　黒い弁当（学研）」も家事労働を支えてきた祖母が登場する。

③多様な選択肢を阻む

1年　君が生まれた日（学図）

〈特別支援学校の教員でいつも忙しい母親に反発する息子の蓮君は、自分の生まれた日の出来事を聞いて、見方を変える。〉

母親からの自立を果たそうとする蓮君の話が、家族愛の徳目にからめ捕られている。末尾の表題が「家族を敬愛し、家族の一員としての自覚をもつ」で、説明文も全員が将来、結婚して、子どもをもち、また、孫もできて祖父母になるという書き方で、多様な生き方についての情報が全くないのは問題。

（4）女性性を仕事やボランティアに動員する

2年　ふきのとう（学図）

〈静岡県の山奥の谷間に位置する無医村で働く一人の保健婦に、住民の健康問題が覆いかぶさる。彼女は貧しい人々のために命を削った恩師（医師）を見習ってがんばる。〉

無医村問題をどのように解決すべきか、定住の保健婦の他に、巡回保健婦を置くなど議論することがたくさんある筈だが、その方向には向かわずに、設問は主人公の心の動きを問題にする。女性に割り当てられてきたケア労働と地続きの職種で、犠牲的奉仕の精神が賞揚される。末尾には「勤労は社会に貢献する尊い行いでもあります」

の説明がある。労働の目的を社会貢献だけにすると、勤労奉仕的な働き方となる。

「1年　いきいきと輝いて─「看護する」仕事（東書）」も、類似の教材で、看護師、助産師の宮原美保さんの多忙ながらやりがいのある仕事を紹介している。これも、賃金労働の側面が切り捨てられているため、看護師、助産師の労働条件の改善等の問題には全く触れていない。現実の労働現場の状況を度外視しての、仕事のやりがい強調は過労死を招きかねない。この職種も女性が中心で、女性が担当してきた家族のケア責任の延長線上に位置づいている。

3年　黄色いお弁当箱（学図）

〈高校の費用のために、中学卒業とともにレストランでアルバイトを始めた主人公は、忙しくて弁当を作る余裕がない。見かねた友人の母親が、お弁当を毎日作ってくれた。〉

文中で本人も言っているように、高校に給食があれば、かなり、改善されるはず。しかし、これも、「思いやりに感謝し、応える心」という徳目のもとにあるので、社会システムの問題としてではなく、限りない思いやりの問題にすり替えられている。しかも、母親、女性の無私、無欲の思いやり、優しさの問題にすり替えられていることが問題である。

（5）働くこととジェンダー

①労働を奉仕に矮小化する

1年　午前1時40分（あかつき）

〈84歳の母が新聞店に夜中に出かけて、折り込みチラシを入れ、さらに配達、集金という仕事を26年も続けている。〉

これは、勤労の徳目の教材である。しかし、なぜ、主人公は、この仕事を58歳ごろに始めなければならなかったのか。稼ぎ手の夫が退職したとか、病気になったとかなんらかの理由が考えられるだろう。それらを抜きにしては、この仕事への主人公の向き合い方はリアリティを欠く。84歳の高齢者には過酷な労働を、「届ける人」のあたりまえの責任として説明し、仕事は尊いとする勤労観こそが、新自由主義的道徳の極致であろう。ジェンダー視点から見てというより、労働を奉仕に矮小化している例として、「3年　あるレジ打ちの女性（文教）（レジ打ちに精進した女性が客との会話の余裕ができ、集客力を高めたという話。学研、学図も掲載）」もあげられる。

②職業とジェンダー

1年　私は清掃のプロになる（文教）

〈父が中国残留孤児だった新津さんは働きながら高校に。結局、高校時代から続く清掃の仕事が合うということで、ビルクリーニング技能士の国家資格を取得。羽田空港で働く。〉

日科と同じ材料を使っているが、こちらの方が、新津さんのルーツや教育歴、生活背景、職業選択の基準や清掃のプロになる経過がわかりやすい。しかし、それでも、主には「心のこもった仕事」とは何かを考えさせることになっており、労働条件や権利の側面には触れていない。

「**1年　働くってどんなこと?―新しいプライド（東書）**」も、専業主婦の主人公が60歳過ぎに新幹線の清掃の仕事を始めて、正社員になるというもので、女性の仕事としての清掃が取り上げられることが多い。しかし、短時間に繰り返される新幹線の清掃に関する賃金、労働条件等は不問に付されており、容易に奉仕にすり替えられる危険性がある。

1年　掃除の神様が教えてくれたこと（学研）

〈主人公の男性は、夢がかなって、ディズニーランドの入社試験に合格したが、配属先が「夜間の清掃部門」だった。ウォルト・ディズニーの理想をかなえたチャックボヤージンが来日して、清掃員の指導にあたる。彼は清掃員とはディズニーランドという舞台を作るためのエンターティナーだと新たな定義づけをして、徹底した清掃を追究させる。〉

同じ清掃という仕事を扱った教材だが、男性を主人公にしていることとの違いがある。女性の場合は「心をこめて」とか、優しさという形で、仕事への傾注を引き出そうとするが、男性主人公には、清掃の定義の転換をはかる話があてがわれる。より、新自由主義的な企業倫理が前面に出ている。女性の場合には、無報酬の家事育児担当者がその仕事の延長線上にある仕事を受け持ったのだ、（だから多くは低賃金でもいい）というようなジェンダーバイアスが見え隠れする。

③母子家庭の母親の労働と子どもとの関わり

３年　思い出のオムライス（学研）

〈４歳で父と死別、母が兄と私を育ててくれた。病休の時、母は昼食用に駅前の食堂のオムライスを注文して、出勤。あまり、おいしかったので、３日目もずる休みして、オムライスを頼んでもらう。帰宅後、その嘘を見抜いていた母に、こっぴどく叱られる。母は３日間昼食抜きだった。〉

この教材は「自から考え、判断し、実行し、責任をもつ」という徳目に位置づいているが、何よりも、母子家庭の母親の給料は安く、子どもにオムライスを食べさせようとすれば、自分の昼食は抜きというような厳しい現実について、どのように考えるか、男女の賃金格差をどう思うかなど、データに基づいて、考えさせるべき重要な課題がある。

母子家庭の親子のがんばりは、「**３年　ひまわり（あかつき）**」（徳目は、よりよく生きる喜び）、同社の「**３年　母と子のロードレース**」（家族愛）でも描かれている。

また、母子家庭とは書いていないが、働く母と子の様子が描かれている「**1年　ヨシト（あかつき）**」（徳目は友情・信頼）などもあるが、いずれも、個人の努力が前面にでており、社会的な視座は希薄である。

④職業選択のロールモデルに

1年　撮れなかった一枚の写真（吉田ルイ子）（光村）

〈フォトジャーナリストの吉田ルイ子は、ベトナム戦争の最中、サイゴン郊外の木の下でしゃがみ込んだ母と子と赤ん坊のいる光景を撮ろうとしたが、シャッターを押せなかった。〉

「人は何のために生きるか」というような議論にまで発展させられる良い教材。同時に、女子にとっては信念をもった職業人としてのロールモデルになるだろう。「**３年　希望の義足（光村）**」も、ルワンダ内戦で手足を失った人たちに、義足を送る活動をする吉田真美さんを取り上げているし、「**３年　ねぶたを夢見て（学研）**」も、有名なねぶた師の父親を持つ主人公が女性ねぶた師を目指すというもので、性別を超えた職業選択という点で評価できる。

＊7社に見られる特徴　①思春期の子どもたちが性的存在でもあることを認めない、人間の多様性や人権の尊重という時にも、ＬＧＢＴＩを射程にいれて教材や資料を提供しているところが、極端に少なく、国際標準とは大きくかけ離れている。②仕事を持っていたとしても、家事、育児、老人介護は女性の役割という性別役割分業が前提で描かれ、社会的サポートの視点は欠落し、個別家族内での分担、責任が強調される。③性別を超えた職業選択など、子どもたちのロールモデルになる教材もあるが、労働は勤労奉仕に矮小化され、女性性も動員される。

　これらが、文科省の提示する徳目に沿って編集され、教科書検定を通過した教科書に見られる特徴であるが、子どもの権利条約や憲法24条、女性差別撤廃条約に違反する内容を含んでいる。国連で女性差別撤廃条約が採択された１９７０年代末には、日本の女性雇用労働者は男女合わせた全労働者の30数％を占め、その大半がフルタイム労働者であり、未婚者より、子持ちの既婚者が多くなっていた。これとは異なって、現在、女性雇用労働者総数は増えたが、非正規雇用が6割近くを占め、不安定雇用が増大している。新自由主義的政策の下で、保育や老人介護などの福祉的対応が女性の役割として強調されるようになっている。高齢者の労働や孫育ての記事が教材になる時代なのだ。

　かつて、筆者は各国の教育課程における道徳教育について検討したことがある[6]が、その結果、多くのアジアの国には必修の道徳があるが、欧米諸国にはない。それに代わるものとして、市民性を養う「公民」や「宗教」、「倫理」、「カナダ世界学」などがあり、フィンランドの倫理では、未来の文化・社会の創造者、変革の主体者である市民として子どもたちを育てることを目標にしていた。今回8社の教科書をジェンダー・セクシュアリティの視点から具体的に検討することで、ジェンダー平等や性の多様性などの点での遅れを感じた。しかし、これこそが現在各国で取り組まれている包括的性教育の中心点なのである。

第3節　国際的動向に学ぶ、包括的セクシュアリティ教育とは何か

(1) ユネスコのガイダンス、ヨーロッパのスタンダード

現在、子どもたちは、インターネットを介して、不正確で危険な性情報を得ている。これに対して、多くの国々では、性教育を義務づけ、子どもたちの発達段階に即して、彼らの性的権利と健康を守れるような情報とスキル、態度などについての学習を保障している。この動向に拍車をかけたのが、2009年のユネスコ「国際セクシュアリティ教育ガイダンス」である。そこでは、5歳から発達段階ごとに達成されるべき学習目標が設定されたばかりではなく、「寝た子を起こす」というような性教育に対する懸念を払しょくする「包括的性教育プログラム」実施後の子どもの性行動調査の結果も示している。

また、2010年にWHOヨーロッパ地域事務所とドイツ連邦健康啓発センターが発行した『ヨーロッパにおける性教育スタンダード』も、0歳から15歳までとそれ以上の子どもの発達段階に即して、学習目標を決め、「人間の身体と発達」に始まる八つの課題についてそれぞれの段階での必要事項を「情報の提供」「スキルの修得」「思考や理解の発達」の領域ごとにマトリックスにしてあげ、提供すべき情報と修得させたい力を明らかにしている。

ユネスコのガイダンスは2018年1月に改訂版が出されたが、そこで示された包括的性教育の枠組みは①関係性②価値・権利・文化・セクシュアリティ③ジェンダーの理解④暴力と安全の保持⑤健康と幸福のためのスキル⑥人間のからだと発達⑦セクシュアリティと性の行動⑧性と生殖の健康の8領域からなる広い射程で構成されている。包括的性教育は何よりも、ジェンダー平等、人間の多様性と相互尊重を前提に構成されていることが特徴である。

2009年のガイダンスでも基本的構想1が人間関係

6―橋本紀子（2015）「海外の教育課程から日本の『道徳教育』を捉えなおす」『人間と教育』86号

で、1－1が家族であり、それぞれの段階の学習目標でジェンダー平等への言及がある。[7] 1－2は友情、愛情、人間関係だがレベル3（12～15歳）の学習目標は「さまざまな種類の人間関係を区別する」で、考え方のポイントとして「愛情、友情、夢中になること、性的魅力を感じることは、異なる感情を意味する」「親しい人間関係は、時として性的な関係になる」「恋愛関係は、性別役割やステレオタイプに強く影響されうる」などがあげられている。基本構想5が性的行動で、人間のセクシュアリティについての説明がなされる。レベル2（9～12歳）では、マスターベーションの説明も含み、レベル3では、「性的な感情、ファンタジー、欲求は自然なものであって生涯を通じて生じる」また、すべての人がこれらを行動に移すわけではないとも言っている。このように、思春期の子どもたちに起きる心身の変化を正面から受け止め、それを説明し、体の発達や性と生殖に関する具体的な情報（性交、妊娠、避妊、不妊等々）や態度、スキルも提供するものとなっている。ジェンダー平等を強調し、子どもたちのセクシュアリティを肯定しながら、性的関係を持つには、感情的・身体的な成熟が必要とされることや批判的思考が必要となる（9～12歳）ことが強調される。

したがって、この間、発行された性教育関連事項の載っている海外教科書の多くは、人間の遺伝と生殖、避妊、中絶、生殖補助医療、生命倫理等に関わる最新の知識や技術を扱っているだけではなく、多様な人間存在と人生上で起きる性と生殖に関わる事項への責任ある行動の必要性についても述べている。[8]

ヨーロッパ諸国は日本と違って、性教育は多くの国で必修であり、その内容に最低標準がある。性教育関連事項を扱う教科は生物や科学が多く、その他に健康教育やPSHE（個人的社会的健康と経済についての教育）、総合学習があげられる。性教育担当者はこれらの教科担当者と学校医、スクールカウンセラー、学校看護師、ファミリー・プランニングのスタッフなど健康専門職者が担う。多くの国で、学校は性教育関連のNGOと連携している。つまり、人格の中心に位置する性自認、性的指向などを含めた人間把握と人権を基盤にした包括的性教育を学内外の多職種の人々で担おうとしているのである。

紙数も尽きてきたので、次に、一つだけ、参考になる教材をあげたい。

(2) 利用できる教材

道徳教科書で多く出ていた「異性とつき合うとき大切なことは何か」という質問に関連して、フィンランドの中学校健康教育に掲載の「交際のルール」について触れておこう。

下図の1、2、3は、身近な人を好きになり、告白し、つきあい始め、お互いのことを知る段階。4は、愛を表現する方法と相手を思いやることを学ぶ、5は、自分と相手の体のことを知る、6は、自分と相手のことに責任をもてるようになると記されている。裏返せば、責任が持てなければつきあいを進行させてはいけないということでもある。「交際のルール」の説明文では、初めての交際を始める前に、自分の性と性に関する感情が十分に成長している必要があることや、恋する気持ちが、感

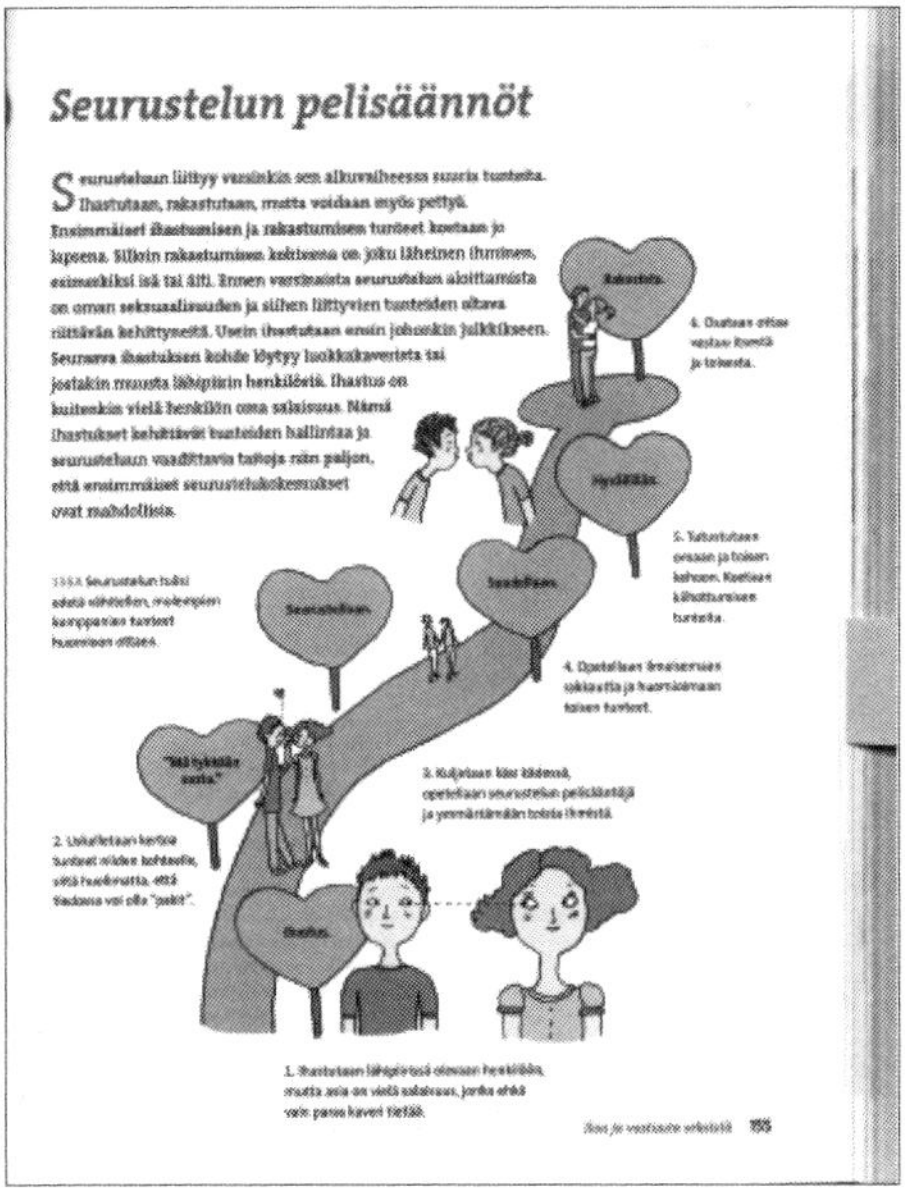

出典：Vire:Terveystieto 7-8, Otava, p.155

7―ユネスコ編（浅井春夫・艮香織・田代美江子・渡辺大輔共訳）（2017）『国際セクシュアリティ教育ガイダンス―教育・福祉・医療・保健現場で生かすために』明石書店

8―詳しくは、橋本紀子・池谷壽夫・田代美江子編著（2018）『教科書にみる世界の性教育』かもがわ出版、参照。

情を管理する能力や交際に必要なさまざまな能力を高めて、初めての交際が可能になると言う。また、重要事項として、異性愛、同性愛、両性愛を問わず、すべての人が平等に扱われる必要についてもあげている。

おわりに

中学校の道徳教科書は、新自由主義的道徳を下支えするために、家族愛という徳目で、三世代同居、性別役割分業などを前提とする家族が登場し、ジェンダー不平等は不問に付されていた。これに対抗する構想として、笠原昭男は社会科等での実際のデータに基づいた実践を通じて、教科道徳を包囲することを挙げている。[9] その際、徳目ありきの教材の問題性を克服する科学的、実証的データや生徒、保護者も交えた議論が重要になる。ジェンダー・セクシュアリティの視点から言えば、現在、市民運動としてすすめられている「学習指導要領を国際標準に変え、中学生に包括的性教育を」などと呼応して、各国の教材や実践も参考にしながら、各学校での実践をすすめていくことが重要になるだろう。

（はしもと・のりこ　女子栄養大学名誉教授）

9―笠原昭男（２０１８）「道徳教科書にみる家族像」『人間と教育』98号

第6章

孤食と共食のはざまの子どもの「食」と道徳性の形成

——子どもの食育を「ケアの倫理」から捉え直す

田口　和人

はじめに

食べるということには、空腹を満たし、栄養を摂取し、健康を保つという身体的な機能がある。子どもの場合には、さらに身体的成長を促進するという重要な役割がある。しかし一方で、食べるということには、人間の社会的側面を無視することはできない。

文化人類学者の石毛直道は、『共食をする動物』である人間の食事は、原則として、一人で食べるものではない。旅先の食事や単身赴任者の食事のように、一人で食事をしなければならない場合もある。しかし、どの社会でも、正常な食事は共食するものとされている。個人単位に炊事をし、一人だけで食べることが通常とされる社会はない。」[1]と述べている。そうであるならば、今日の大人・子どもにみられる孤食は、特異な現象であると同時に現代的なものであるといえるだろう。身体的に成長発達の途上にある子どもの生活過程おける「食」[2]を対象として、そこでの道徳教育の可能性について考えてみたい。

第1節　子どもの食をめぐる状況

農学者・小川雄二は、「食育」推進の立場から子どもの食をめぐる状況について、次のように述べている。「子どもの食の乱れが指摘されています。食への関心のない子ども、食を中心とした生活リズムの乱れ、偏食・好き嫌い、食物アレルギーの増加……。あるいは、現代の子どもたちの食事における問題点は『こ食』という言葉で表されることもあります。孤食、個食、固食、小食、粉食、濃食の六つです」[3]。小川の指摘のうち「孤食」とは、子どもが一人で食べることであり、また「個食」とは、家族が同じメニューではなく、それぞれ自分の好きなものを食べることを指す。

「孤食」―子どもが一人で食べること。

「個食」―家族がそれぞれ自分の好きなものを食べること。

「固食」―いつも好きなものだけを食べること。

「小食」―少ししか食べないこと。

「粉食」―ご飯ではなくパンや麵類などの小麦粉中心の食事を多く取ること。

「濃食」―味付けの濃い食事を好むこと。

ここに挙げられた言葉は、子どもの食について否定的なイメージをもって語られる食事の形態を表したものである。[4]

子どもの食をめぐる状況は、ほかにもある。ゲームに夢中になりながらお菓子を所構わずほおばる様子、自分

1―石毛直道（2005）『食卓文明論』中央公論新社（中公叢書）、32頁。「共食」は、食べ物を分配して共に食べることを指す。「特定の機会に家族・親族・地域社会の成員が集まって、同じ飲食物をともに食すること。」（新谷尚紀・関沢まゆみ編（2013）『民俗小事典 食』吉川弘文館、411頁）

2―本稿での「食」の語義は、子どもを含む人間が食べること、食行動、食行為、食のあり方、食品、食べ物という広い意味で用いる。

3―小川雄二・中田典子（2011）『五感イキイキ！心と体を育てる食育』新日本出版社、3頁

4―食生態学者・足立己幸による子どもの食生活実態の調査は、NHK特集『こどもたちの食卓―なぜひとりで食べるの』として、1982年にテレビ放送がなされ、大きな反響をよんだ。足立己幸・NHK「おはよう広場」班（1983）『なぜひとりで食べるの―食生活が子どもを変える』日本放送出版協会、足立己幸・NHK「子どもたちの食卓」プロジェクト（2000）『知っていますか子どもたちの食卓―食生活からからだと心がみえる』日本放送出版協会

の部屋に食事を持ち込んでゲームをする様子、放課後の塾通いの際にファストフードにかぶりつく様子、朝食をコンビニエンス・ストアに買いに来る親子連れ、土日には家族でファミリー・レストランに車で乗り付け食事をしたものの大量の食べ残しなど、枚挙に暇がない。また、大人の場合でも朝食抜きで出かけるサラリーマンや学生の増加、また「食べることに関心がない」「興味がない」という主婦の増加傾向がみられる。[5]

第2節　子どもの生活過程と食

子どもの生活過程の特徴として、次のような点が注目できる。①親（保護者）の生活過程に依存し保護されつつ、一方で独自の過程を形成する。②親（保護者）の労働疎外・生活疎外から引き起こされる子どもの生活の疎外を抱え込む可能性を有する。③年間あるいは一日の生活時間の多くを学校という場で過ごしている。

子どもの生活過程は、生産（労働）過程をもたず、そのほとんどが消費過程によって構成される。今日では、

【食の過程】

「生産・加工・流通・輸出入」⇒「入手・調理・食事づくり」⇒「食べる・味わう・共食」

子ども　:（関わらない）　:（部分的に関わる場合もある）　:（関わる：孤食・個食）

※「子ども食堂」の登場

⇒「栄養・健康・食を営む力や生きる力の形成」⇒「食べ物の保存・再利用や廃棄等」

:（意識されることはほとんどない）　:（関わらない）

出典：足立己幸（2014）「共食がなぜ注目されているか」『名古屋学芸大学健康・栄養研究所年報第６号特別号』、56頁、「図３『共食、食を営む力・生きる力、地域の会、環境づくりの循環』」から抽出し、手を加えた。

「生活の市場化」「人間関係の商品化」といった言葉に代表されるように、生活に必要なあらゆるモノが消費市場のなかにおかれる。さらに、従来商品とされていなかった人間関係やコミュニケーション領域でもスマホやＬＩＮＥ（ライン）といった商品を介した関係が拡大している。こうしたなか、子どもの食生活過程は、商品を介して行われている。

第３節　子どもの「食」を道徳教育の対象とすることの意味

(1) 子どもの道徳性成立の基底にあるもの

それでは、子どもの「食」は道徳教育の対象となりうるのだろうか。

佐貫浩は道徳性が成り立つための二つの層を提示する。[6] 第一は「自らの人格の存在についての感覚に直接結びついた道徳性の層」であり、第二は「社会的な規範、正義観念としての道徳性についての判断力の層」とする。この第二の層は、道徳的規範や法規範などについての「認知的な発達によって獲得される道徳的力量」をその内容とするもので、これまでピアジェやコールバーグの道徳理論において敷衍されてきたものであるという。

佐貫が今日的に強調するのは、第一の層である。この層は「他者関係において個人が道徳性を担った主体（道徳性を他者との関係において自ら主体的に担おうと意欲する道徳性の主体）として現れるための根本的前提条件

5―食育基本法前文では「国民の食生活」について、「栄養の偏り」「不規則な食事」「肥満や生活習慣病の増加」「過度の痩（そう）身志向」「食の安全」「食の海外依存」をあげている。また、ＮＨＫ放送文化研究所世論調査部編（２００６）『崩食と放食』（日本放送出版協会）では、「日本人の食生活調査（ＮＨＫ放送文化研究所）」を踏まえ、「豊食」「飽食」「崩食」「放食」「趣食」「守食」という用語を導入して、日本人の食生活実態を紹介している。岩村暢子（２００３）『変わる家族 変わる食卓』（勁草書房）は、１９６０年以降生まれの主婦を対象として、食卓の有様を調査している。

6―佐貫浩（２０１５）『道徳性の教育をどうすすめるか―道徳の「教科化」批判』新日本出版社、１５６〜１６１頁

をな」すものとされている。そして「自分の人間としての願いを実現するためには、自分に共感し支え協同してくれる他者を形成することの不可欠性を認識し、それを自らの課題とも要求ともするということ」を内容とするもので、フロイトやエリクソン、フロムの理論を中心とするものであるという。この第一の層の一定の成熟が、第二の層の獲得を可能とする関係構造により、道徳性が成立すると佐貫は考える。

　こうした佐貫の道徳性理解から想起されるのは、心理学者であるキャロル・ギリガンの『もうひとつの声—男女の道徳観のちがいと女性のアイデンティティ』である。この中でギリガンは、共同研究者であったローレンス・コールバーグによる道徳性の発達理論に対して、女性の視点を欠落あるいは無視したものであると批判しながら、権利や正義といった普遍性の追求の中には「もうひとつの声」として「ケアの倫理」[7]が存在することを指摘している。ギリガンは「もうひとつの声」である女性の視点による道徳を「権利や規則の問題としてではなく、むしろ人間関係における思いやりと責任の問題」[8]として提起するのである。このギリガンの「思いやりと責任」の道徳性について、哲学者で共生社会を展望する川本隆史は、次のように述べている。

> 　コールバーグが跡づけた道徳発達の道筋をギリガンは「正義の倫理」と呼び、これを「世話の倫理」と対比します。前者は道徳の問題領域を権利と権利が競合する場と捉え、公平な裁判官のような立場で権利間の優先順位を定めることによって、問題の解決を図ろうとします。そして「正義の倫理」の基底には、他者から「分離」した自己、「自律＝自己決定」の主体としての自己という人間像が横たわっているというのです。これとは対照的に、「世話の倫理」では、個別的な他者への「責任」が互いに衝突する場として道徳の世界を把握するため、問題解決するためには「文脈《コンテキスト》＝情況に即した物語り的な思考様式」が求められます。さらにこの倫理を支える人間観によれば、自己は他者との「相互依存性」やネットワークの内部に居場所をもつものなのです。[9]

このような佐貫や川本が示すフレームワークは、今日の人間の生活が個別化しその相互関係が敵対的・競争的関係にあり、孤立化に至っていることに対して、改めて共存・共生・共同の方向性を追求しようとするものである。その方向性は、人権あるいは権利として意識されてきたものを放棄するのではなく、従来の「権利意識が共生的共同意識と結びついていく習慣が形成されること」[10]（傍点—引用者）を意識させられる。

（2）子どもの「食」と「子どものケア」

子どもの「孤食」（子どもが一人で食べること）が指摘されているが、このことが人間形成のうえで何かしらの歪みを直ちにもたらすものであることを指摘することは難しい。しかし、子どもの「孤食」に私たちが違和感を覚えるのはなぜであろうか。

一つには、子どもの誕生から生育に至る過程が親（特に母親）をはじめとする大人からの食の提供を受けて成り立っているという了解があるように思われるし、事実多くの場合がそうである。この了解が、子どもの「孤食」

7—「『ケア（CARE）』という言葉には、心配、配慮、世話、保護、介護、看護などの意味が含まれている。従来ケアを専ら担ってきたのは女性である。家庭の中でも行ってきたし、保母、看護婦、家政婦、ヘルパーなどは女性の多い職業であり、いわゆる女性職と呼ばれ、男性の多い、いわゆる男性職であるトラック運転手と労働条件や労働価値を比較した場合、賃金は低く評価され、男女の賃金格差の一つの原因といわれている。ＷＨＯ（世界保健機関）の報告書でも、ケア・テイカー（CARE TAKER）とケア・ギバー（CARE GIVER）の問題が取り上げられている。」堀口悦子（1998）「ケア」川本隆史編著『岩波 新・哲学講義6　共に生きる』岩波書店、220頁

8—C・ギリガン（岩男寿美子訳）（1986）『もうひとつの声—男女の道徳観のちがいと女性のアイデンティティ』川島書店、127頁

9—川本隆史編著（1998）『岩波 新・哲学講義6　共に生きる』岩波書店、28頁

10—尾関周二（2015）『多元的共生社会が未来を開く』農林統計出版、23頁

に違和感を覚えさせるのではないだろうか。

子どもの身体的成長の過程はある一定段階までは、生命の維持と健康を支える栄養を与えることを目的として食が親から与えられている。これは人間の子どもとして、生物的な観点からの「共食」であり、子どもに対する「ケア」の形態である。親は子どもの様子に気を配り、食事の準備をし、与え、世話をする。特に乳幼児期の子どもの食事の世話は、親にとって忍耐を伴いながら、受け容れと共感の繰り返しである。ここには間違いなく「ケア」が存在する。その場合、言葉をはじめとした人間関係の上にケアとしての「共食」が行われている。発達心理学者の外山紀子は、乳幼児期の子どもの食物摂取の様子を観察しながら、「食物（乳汁）摂取は発達のごく初期から他者とのやりとりの場という意味を持ち合わせている。」[11]と、子どもの共食の意義を強調しているが、その一方で「食事に限らず家族や仲間との経験を共有することの意義は、それを経験している最中の子どもには単に当たり前のことであり、認知的に理解されるというものではないのかもしれない。」[12]とも述べている。

違和感を覚える二つ目の理由としては、戦後形成されてきた「一家団欒イデオロギー」が挙げられるのではないだろうか。[13]その象徴的なものが、『サザエさん』であり、これに続く『ちびまる子ちゃん』であろう。この二つの作品ではそれぞれ三世代家族が、同じ食卓を囲む場面（共食）が数多く登場し、「家族というものはいつもみんなで食事をするものだ」という暗示さえうかがえる。描かれる場面は「ドタバタ」劇もあるのだが、いつも家族という括りが存在し、最後は「あたたかい家族」イメージで終わる。登場する子どもたちの「孤食」が描かれることは、まずなかったのではないだろうか。ここには、一つの理想的な家庭・家族像が描かれていて、視る者に憧れにも近い感情を抱かせる。これを「ケア」の観点からみた場合、登場する大人たちは祖父母として、父母としての立場から子どもたちのありのままを受け容れようとする関係性がみてとれるように思われる。「一家団欒」と「共食」は絶えず同時に存在するものとして意識化されてきた。

（3）子どもの「孤食」現象の背景

子どもの「孤食」は、1980年代から注目されるようになってきたとされる。ただこの現象の背景は複雑であることが予想されるが、「孤食」を可能にする要因が存在したことは考えられる。

たとえば、「（1）家庭電化製品の開発と普及による女性の家事労働の軽減化、（2）ビニールハウスでの季節をまたぐ各種の野菜の栽培と出荷、（3）冷蔵技術の向上による生鮮食料品や冷温保存食品消費量の増加、（4）献立の洋風化によるタンパク質や脂肪分の摂取量の増加、（5）インスタント食品の普及、（6）スーパーマーケットによる食品流通の拡大と画一化」[14]などの食を支える社会的変化が、子どもたちの「孤食」を可能にしているといえよう。

このような食を支える社会的変化は、子どもの食への接近を多様かつ簡単な方向へ導いている。多種多様な食品が商品として巷にあふれ、いつでもどこでもお金を出せば手に入れることができる状況にある。そして、「レンジで、チン！」という調理方法は小学校1年生でもできることである。ここには親をはじめとする大人の介入（ケア）は省かれる傾向にあり、子どもの食の「自立」＝「孤食」を促進しているようにもみえる。

このほかに「孤食」という現象が登場してくる要因として、家族の関係そのものの変化が挙げられるだろう。男女共同参画社会が目指される一方で、長時間労働は解消されない。親の労働時間帯は正規・非正規労働ともに、子どもの生活過程の時間帯とのズレを生じさせ、共同の時間がもちづらい状況にある。そうした場合には、ケア

11―外山紀子（2008）『発達としての共食』新曜社、164頁
12―同上書、162頁
13―矢野敬一（2009）「一家団欒の味と高度成長期」原田信男ほか『食文化から社会がわかる！』青弓社、鈴木昌世編著（2016）『「家庭団欒」の教育学』福村出版、参照。
14―関沢まゆみ（2013）「『食』の民俗の現在」『民俗小事典 食』吉川弘文館、441頁

する・ケアされる関係それ自体が成立しない。

さらには、様々な理由による離婚の増加は、「ひとり親家庭」の増加を引き起こしている。ここには「見えない貧困」も伏在し、子どもの「孤食」と連動している可能性もある。これについては、生活保護にみられるような社会的・制度的なケアが求められる。また近年、民間で取り組まれている「子ども食堂」は、社会的ケアの一例として注目されている。

このような子どもの食をめぐる実態について、「ケアの倫理」をギリガンの「だれもが、他人から応えてもらえ、仲間としてみなされ、だれひとりとり残されたり傷つけられたりしてはならない」[15]（傍点―引用者）という言葉から考えるならば、家庭内においては幼少期段階においてそれが育まれる要素をもちながらも、年齢を重ね社会化されるなかで、その形成の可能性あるいは条件を失われつつあるように思われる。

第4節　食育基本法の制定と和食文化のユネスコ登録
――国家レベルでの「食」への注目

2005年に制定された食育基本法では、その前文で次のように規定している。

「子どもたちが豊かな人間性をはぐくみ、生きる力を身に付けていくためには、何よりも『食』が重要である。今、改めて、食育を、生きる上での基本であって、知育、徳育及び体育の基礎となるべきものと位置づけるとともに、様々な経験を通じて『食』に関する知識と『食』を選択する力を習得し、健全な食生活を実施できる人間を育てる食育を推進することが求められます。」ここに見られるように「食育」は、子どもたちの「豊かな人間性」を育むものであり、さらにそれは「知育」「徳育」「体育」の基礎になるものとして位置づけられている。この把握のされ方は、「食育」という言葉の独自性を強調するあまりに、それらが相互に関連しながら人間形成がなされるというような理解にはなっていない。すなわち、従来から行われてきた食教育や食農教育が「食育」に包括されてしまい、食に関する取組みであれば何でも「食育」であるとされ、曖昧なものになる可能性をはらんでもいる。

次いで、食育基本法は各条項を次のように設けている。「国民の心身の健康の増進と豊かな人間形成（2条）」「食に関する感謝の念と理解（3条）」「食育推進運動の展開（4条）」「子どもの食育における保護者、教育関係者等の役割（5条）」「食に関する体験活動と食育推進活動の実践（6条）」「伝統的な食文化、環境と調和した生産等への配慮及び農山漁村の活性化と食糧自給率の向上への貢献（7条）」である。

また、食育を進めるにあたって、「国（義務）」「地方公共団体（義務）」「教育関係者及び農林漁業者等（努力）」「食品関連事業者等（努力）」そして「国民（努力）」に対して「責務」が課され、国全体をあげての取組みが求められている。

このような内容と規模をもつ食育基本法について、農学者の池上甲一の指摘は興味深い。政府（制定当時―小泉純一郎総理大臣）が食育にこれほどまでの強い関心と意欲をもって臨む理由として、日本人の食生活の改善、さらに生活習慣病の予防や医療保険財政の抑制という観点からみても十分に説明できない。今日の政府の関心が、グローバリゼーションの進展に伴う国際競争に打ち勝つ「強い日本人」の育成にあることを踏まえた上で、「道徳教育やプロパガンダといった『正統的』な手法によっては総動員態勢を用意することができないという現状認識があるからだろう。すなわち、『愛国心』や『共同体』、『日本人としての誇り』や『超越的なものへの畏敬の念』といった『大きな物語』が旧来の手法によって思うように復活できなくなっているとの認識」[16]があると述べている。

池上はここに食育基本法の本質を見いだし、それが「国民運動」として進められていると指摘する。池上の指摘にしたがうならば、「基本法食育」（池上）は、これまで

15―C・ギリガン、前掲書、109頁
16―池上甲一（2008）「安全安心社会における食育の布置」『食の共同体』ナカニシヤ出版、196頁

国家あるいは文科省を中心に進められてきた道徳教育を下支えするために、食べるという人間共通の営みに基盤をおいた、実態的かつイデオロギー的「国民運動」ということになるだろう。

一方、2013年12月4日には「和食―日本人の伝統的な食文化」がユネスコの無形文化遺産に登録された。食育関係者をはじめ多くの日本人が賞賛したことは記憶に新しい。その特徴として、「(1)多様で新鮮な食材とその持ち味の尊重」「(2)健康的な食生活を支える栄養バランス」「(3)自然の美しさや季節の移ろいの表現」「(4)正月などの年中行事との密接な関わり」[17]の四つが挙げられている。この和食文化登録について哲学者の河上睦子は、①日本の食文化の見直し、②地域の食文化の掘り起こし、③文化交流への寄与、④食育の重要性の観点から評価しながらも、次のような批判を行っている。「和食登録の真の意図は、食文化を支える日本的コミュニティ(共同体)の再建にあり、無形文化登録はむしろその方途にすぎないのではないでしょうか。いいかえれば、日本型『共食』の精神を、和食という食事様式を通して形成していくことが主眼ではないでしょうか。」[18]と指摘している。具体的には、沖縄やアイヌの食文化をどのように尊重しようとしているのかという問題(民俗食文化)と、和食の場として家庭の食卓が想定され、その直接の担い手として女性たちや働く主婦たちによる食事づくりの問題(食とジェンダー)を河上は注視している。

池上や河上による指摘は、未だ実態的な把握がされるまでには至っていないが、国家が「私的」な空間での営みである「食」に多大な関心を向ける先には、新たな統制の可能性が潜むことを考える必要があると思われる。

第5節　学校給食と道徳教育
――教科外活動(特別活動)の学校給食

(1) 学校給食の制度的位置づけ

食育基本法(2005年)の成立を受けて、2008(平成20)年の学校給食法の改正では、「学校給食の目標(2条)」が大幅に改定された。そこでは「4 食生活が自然の恩恵の上に成り立つものであることについて理解を深め、生命及び自然を尊重する精神並びに環境保全に寄与する態度を養うこと。5食生活が食にかかわる人々の様々な活動に支えられていることについての理解を深め、勤労を重んずる態度を養うこと。6我が国や各地域の優れた伝統的な食文化についての理解を深めること。7食料の生産、流通及び消費について、正しい理解に導くこと。」が新たに追加された。

学校給食とは、「学校において児童生徒を対象として、計画的、継続的に実施されている集団給食」[19]と理解されているが、その実施については、学校給食法第2条「学校給食の目標」を達成するために義務教育諸学校の設置者が行うことになっている。そのために、学校給食の実施状況は各市町村の財政状況に負うところが大きい。またその実施にあたっては、「学校給食実施基準」第1条（学校給食の実施の対象）が、学校給食を「実施する学校においては、当該学校に在学するすべての児童又は生徒に対し実施されるものとする。」としているように、制度的位置づけとして学校給食が学校における教育活動の一環として行われていることは改めて確認される必要がある。さらに、学校給食における食物の栄養内容については、「児童又は生徒一人一回当たりの学校給食摂取基準」が定められている。これらの意味するところは、学校給食は、ファミリー・レストランでの昼食ではないということである。

（2）学校給食の教育内容
――ケア的側面と規律訓練的側面

「給食の時間」は教育課程の上では、特別活動に位置づけながらも、その内容は「食育の観点を踏まえた学校

17―農林水産省ウェブサイト http://www.maff.go.jp/j/keikaku/syokubunka/ich/（2018年9月28日確認）
18―河上睦子（2015）『いま、なぜ食の思想か―豊食・飽食・崩食の時代』社会評論社、40頁。ほか、藤原辰史（2008）「台所のナチズム―場に埋め込まれる主婦たち」（『食の共同体』ナカニシヤ出版）は、ドイツでの食を通じた国家総動員体制の歴史過程を記している。
19―今野喜清ほか編（2014）『学校教育辞典』（第3版）、教育出版

給食と望ましい食習慣の形成」にとどまる。その教育活動としての側面をあげるならば、次の点が挙げられるだろう。[20]

①集団給食であり、「共食」（同じ飲食物を共に食すること）である。

②健康・栄養・安全に配慮された献立・食材による給食である。

③運搬・配膳・片付けを子どもたち自身の協力・役割分担作業により行う。

④学校全体で取り組まれる教育活動である。

⑤基本的には毎日決まった時間に、年間約１９０回程度行われる教育活動である。

⑥教科のような学習指導要領による全国的画一性はない。

⑦「完食」指導の問題は存在するものの、そのことをもって子どもを評価することはない。

そのなかでも学校給食の最も特徴的なことは、次の三点が挙げられよう。

①栄養教諭あるいは学校栄養職員により、子どもたちの健康・栄養が配慮され、食品の安全性、さらには食材の旬などに配慮した献立がつくられ、調理員との協力のもと「おいしい給食」が準備されること、[21]②給食の運搬・配膳・片付けは、係を決めて子どもたち自身で行われること、③教師も含め子どもたちが同じ献立のものを分配して食べる「共食」であること、が挙げられる。学校給食の実際であまり意識化されないのが②の運搬・配膳・片付けと③の「共食」スタイルである。

②の運搬・配膳・片付けと③の「共食」スタイルは一連のものとして理解される必要がある。給食の時間は特別活動の学級活動に位置づけられていることから、係活動として認識されている。したがって、任された役割を果たすということが子どもたちには意識される。そこでは、運ばれてきた牛乳やパン（ご飯）、同じ献立のおかずをクラスのメンバーみんなに分け隔てなく配ることが求められる。特に、決められた量のおかずを均等にあるいは多寡の加減を見極め、こぼさないように、しかも残

食にならないように分配することは、気を使う仕事である。日常のわずかな時間のあまり意識されないことであるが、ここには「ケア」の側面をみてとれるのではないだろうか。そして、給食の時間に最も求められることは、子どもたち一人ひとりが「リラックスした気持ちで、食事を楽しむこと」であろう。そのような給食の時間は、「ケア的側面」が存在するはずである。ここには教師による丁寧で適切な指導が必要である。しかし、現実的には、機械的で乱雑な運搬・配膳・片付けも起こりうる。その意味では、「ケア的側面」の脆弱性を意識しなければならないだろう。

給食の時間の「ケア的側面」の脆弱性は、それが集団給食であることによるものと思われる。学校給食は共食でると同時に集団給食でもある。この共食の規模は家庭内で行われるものよりもはるかに大きく、少なくとも25人から40人が同時に食事をとることになり、集団行動の側面が強い。そのために給食の時間は、「いただきます。」「ごちそうさま。」の唱和、「口にものを入れてしゃべらない。」（食事のマナー）、「残さないで食べる。」（完食指導）などの集団的規律が重視される側面がある。[22] また、食時中の私語を抑制するために、「班作り（机を寄せあうこと）」をせずに、個別に前を向いた通常の授業の席のまま食事をさせるケースもある。こうした中、子どもたちの好き嫌いや小食に対しては、食べることを勧める

20―学校給食については、新村洋史（2016）『給食・食育で子どもが変わる』新日本出版社、新村洋史監修・長野県教職員組合栄養教職員部編著（2014）『子どもたちを食の主人公に』青木書店、金丸弘美（2008）『給食で育つ賢い子ども』木楽舎（ソトコト新書）、河合知子ほか（2006）『問われる食育と栄養士』筑波書房、牧下圭貴（2009）『学校給食』（岩波ブックレット751）岩波書店、ほか参照。給食の実施回数については、文部科学省「学校給食費調査」2016（平成28）年5月1日現在。

21―笠原賀子編著（2006）『栄養教諭のための学校栄養教育論 補訂』医歯薬出版、ほか参照。

22―岩崎正弥（2008）「悲しみの米食共同体」『食の共同体』（ナカニシヤ出版）は、戦前の学校給食の特徴として「栄養学的な健康管理と、食事を通した規律訓練が試みられた」と述べている。

必要はあるだろうが、強制はできない。ケア的な指導が必要になってくる。

第6節　食育＝「食に関する指導」と道徳教育
——「感謝の心」と「社会性」

(1)「学校の教育活動全体で食に関する指導の充実」

食育基本法の制定、同法に基づく「食育推進基本計画」の策定を受けて、文部科学省（スポーツ・青少年局）は、２００７年に『食に関する指導の手引き』を出している。これは「学校給食指導の手引」（平成４年）と「食に関する指導参考資料」（平成12年）等を踏まえ、「学校における食育の必要性、食に関する指導の目標、栄養教諭が中心となって作成する食の指導に係る全体計画、各教科等や給食の時間における食に関する指導の基本的な考え方や指導方法等」[23]を示したものである。２０１０年には第一次改訂がなされ、「食に関する指導」が各学校で進められている。この第一次改訂『手引き』の内容は、２００８年の学習指導要領改訂の「総則」での「学校における食育の推進」、および「関係教科等」（家庭科、技術・家庭科、体育科、保健体育科、特別活動）において「食育の充実」「食育の観点を踏まえ」との文言が導入されたことを受けたものである。その中の「各教科における食に関する指導の展開」では、「社会」「理科」「生活」「家庭、技術・家庭」「体育、保健体育」「道徳」「総合的な学習の時間」「特別活動」と「食に関する指導」との関連内容が示されている。これらは小学校の教科であるが、『手引き』では国語、数学を含めた中学校の教科でも「学習の扱い方によっては、食に関する指導に結びつけることは可能」であるとしている。

『手引き』の「食に関する指導の目標」は、次のようなものが挙げられている。

○食事の重要性、食事の喜び、楽しさを理解する。〈食事の重要性〉
○心身の成長や健康の保持増進の上で望ましい栄養や食事のとり方を理解し、自ら管理していく能力を身に付ける。〈心身の健康〉

○正しい知識・情報に基づいて、食物の品質及び安全性等について自ら判断できる能力を身に付ける。〈食品を選択する能力〉
○食事を大事にし、食物の生産等にかかわる人々へ感謝する心をもつ。〈感謝の心〉
○食事のマナーや食事を通じた人間関係形成能力を身に付ける。〈社会性〉
○各地域の産物、食文化や食にかかわる歴史等を理解し、尊重する心をもつ。〈食文化〉

これら六つの「食に関する指導の目標」のうち〈感謝の心〉〈社会性〉〈食文化〉は、食べるという行為にみられる身体的、栄養的側面とは異なる社会的側面として道徳教育との関連を予想させるものである。

上記目標のうち〈感謝の心〉と〈社会性〉についての「指導の内容（例示）」は、次のように示されている。

〈感謝の心〉では、「食生活は、生産者をはじめ多くの人々の苦労や努力に支えられていること。」「食料の生産は、すべて自然の恩恵の上に成り立っていること。」「食という行為は、動植物の命を受け継ぐことであること。」「食事のあいさつは、食に関しての感謝の気持ちの表現であること。」「感謝の気持ちの表れとして、残さず食べたり無駄なく調理したりすること。」が挙げられている。

つまり〈感謝の心〉をもつことが、食を通じての規範として示された内容である。かつての日常規範として「飯粒を残すと、お百姓さんに叱られる」とか、「飯粒を残すと、目がつぶれる」という類いのしつけ的な規範が存在していたことは確かであり、その延長線上のものを「感謝」「ありがたい」ものとして受け取らせようとするものになっている。

〈社会性〉では、「協力して食事の準備や後片付けをすること。」「はしの使い方、食器の並べ方、話題の選び方などの食事のマナーを身に付けること。」「協力したりマナーを考えたりすることは、相手を思いやることであり、

23―文部科学省『食に関する指導の手引き』、2007（平成19）年、まえがき

楽しい食事につながること。」「マナーを考え、会話を楽しみながら気持ちよく会食をすること。」「自然界の中の動植物と共に生きている自分の存在について考え、環境や資源に配慮した食生活を実践しようとすること。」である。

この〈社会性〉とは、集団での食事の際のマナーに終始している。自分勝手な行動をとらないように、また周りに不快感を抱かせるような振る舞いの抑制が求められている。

「食に関する指導の内容」にみられる道徳教育は、〈感謝の心〉〈社会性〉の項目にみられるように規範意識の植え付けであり、徳目主義的な傾向は否定できない。

(2) 給食の時間における指導の特質
――実践性と習慣性

「給食の時間における指導は、教科等の指導の時間と異なり、給食の準備、会食、後片付けなどの一連の指導を、実際の活動を通して、繰り返し行うことができるという大きな特長」[24]がある。子どもにとって給食は、健康・栄養の側面で必要なものではあるが、同時に「実践性」と「習慣性」を兼ね備えている。特別活動のなかで、その集団活動に「実践性」と「習慣性」を兼ね備えた教育活動は、給食の時間以外にはない。実践性には役割分担とルールがあり、習慣性においては年間約190回程度行われている。したがって、この給食の時間がもつ訓練的側面は、規範意識とその行動を育成するための有効性は大きいと考えられる。

『食に関する指導の手引き』では、給食の時間の指導の特質として「準備や後片付けなどの共同作業を通して責任感や連帯感を養うとともに、学校給食に携わる人たちへの感謝の気持ちなど豊かな心をはぐくみ、好ましい人間関係を育てることができ」[25]ると述べている。

この「責任感や連帯感」という規範意識の形成が、給食の時間がもつ「実践性」と「習慣性」と絡み合いながら、道徳教育として行われていることが理解できる。その際に「楽しい食事」「気持ちよく会食をする」こともねらいとされているが、ここには共食である学校給食が持つケア的側面の可能性は認識されていないように思われる。

おわりに ——「共食」にみる「ケアの倫理」の可能性

『いま、なぜ食の思想なのか—豊食・飽食・崩食の時代』の著者・河上睦子は、「食べ物や食べることに込められている考え方は、ある時代や地域や集団のなかで独自の意味づけや価値観やきまりをもって構築されてきています。」しかし、「これらは習慣化されていきますので、多くの場合、自覚化されていません。そうした食の思想が自覚化されるのは、親しんできた食習慣や食行動に変化が生じたり、異質な他（者）の食文化や食行動に出会ったりしたときです。」[26]と述べている。子どもたちの「孤食」が問題視される一方で、その対抗にある「共食」の意味あるいは価値を私たちはあまり自覚化できないでいる。それは、すでに「共食する能力」（外山紀子）を喪失してしまっているからであろうか。

「その場にある食物を独り占めせずに他者と分配する能力」（外山）を必要としないということは、他者に分け与えるまでもなく個々人に食物が十分に行き渡っているからかもしれない。その意味では、豊食・飽食の時代である。一つの集団のなかで同じ飲食物を分配して共に食べる「共食」を私たちの生活は必要としないし、忌避している部分もある。ここで忌避されているのは分配ではなく、じつは「分配のプロセス」ではないだろうか。この分配のプロセスは、時間と手間暇を要すると同時に、配慮を要する。すなわち「ケア」を要するのである。

日本の学校給食は「共食」の形態を基本としているが、しかしその意味が十分に理解されているとはいいがたい。それは給食の時間の「ケア的側面」の脆弱性とも関連し

24—文部科学省『食に関する指導の手引き　第一次改訂版』、2010（平成22）年、201頁
25—同上書、201頁
26—河上睦子、前掲書、11頁

ている。この脆弱性は、毎日の給食の時間が短いことが大きな要因として挙げられるのではないだろうか。給食の時間については、中学校に勤務する管理栄養士から「短すぎるのだ。まるで食べものを掻《か》き込む習慣をつけているようだ。試食会で保護者と歓談しながら食べると、20分かかった。最低でも食中20分はほしいが、学力向上の名のもとに、ここが一番犠牲にされる。」[27]との声がある。時間割の上では、小学校では40分〜45分、中学校では35分〜40分が給食の時間に充てられているだろうか。この時間の中に、運搬・配膳、喫食、片付け・運搬、歯磨きが行われるところが多いだろう。これでは給食の時間は、「食べものを掻《か》き込む習慣」をつける時間になっても仕方がない。さらに、今日の食育の強調による給食の時間（特別活動）の位置づけは、従来の時間枠のままでは、子どもと教師にかかる負荷は決して小さくはない。[28]

「ケア」には時間と手間暇、そして配慮が必要である。「孤食」が日常化するなかにあって、子どもたちの「共食」に「ケアの倫理」の観点から注目することは、今日の道徳教育の課題であるように思われる。

（たぐち・かずと　桐生大学医療保健学部講師）

27—金井セツ子（2014）「安全でおいしい給食」『歴史地理教育』2014年10月号（No.825）、31頁

28—平成29年改訂の学習指導要領における特別活動の「給食の時間」については、拙稿（2017）「食育基本法・学校給食法下の『食・道徳教育』の検討—特別活動における『給食の時間』を対象として—」『群馬県立女子大学教職研究』第2号、参照。

第7章

多文化社会とナショナル・アイデンティティ

——スコットランドのカリキュラム分析より

櫻井　歓

はじめに

ある人が自分自身をどの国の人間として自覚するか。またその国はどのような特徴を持つ国として意識されるか。

学校教育は、人々の間にこうしたナショナル・アイデンティティを育てる機能を担ってきた。「道徳の教科化」をめぐる論争的テーマの一つとなっている「愛国心」の育成は、公教育が歴史的に担ってきた国民のナショナル・アイデンティティの形成という機能にかかわる今日的な争点の表われである。日本での愛国心の強調は、新自由主義的な競争秩序によって人々が孤立化させられ、社会的な「つながり」が崩壊するなかで[1]、「国」という単位により疑似的な共同性を回復しようとする企てである[2]。

だが本章では、日本の道徳教育について直接論じるのではなく、イギリス北部のスコットランドのカリキュラム文書においてナショナル・アイデンティティがどのように表現されているかを分析する。イギリスにおけるアイデンティティは、より多国籍的で多文化的なものとなっているといわれており、本章では、多文化社会におけるカリキュラムの一例を分析することで、日本の状況を捉え直す比較対象を提供したい。

第1節　スコットランドの重層的アイデンティティ

イギリス（正式名称 グレートブリテン及び北アイルランド連合王国、略称ＵＫ）は、イングランド、ウェールズ、スコットランド、北アイルランドの四つの「国」（地域）から構成される連合王国である。

歴史的にはスコットランドは、イギリス、とりわけ隣接するイングランドとの緊張関係のうちに捉えられる。すなわち、スコットランドはかつて独立の王国であったが、１７０７年にイングランドとの議会合同によりグレートブリテン王国が成立し、20世紀末のイギリス国内での権限委譲によりスコットランド議会が復活し（１９９９年）、さらに２０１４年にはイギリスからの独立を問う住民投票が実施された経緯をもつ（住民投票の結果は、反対55％、賛成45％でイギリスに留まる意思決定がなされた）。

さらに２０１６年、スコットランドのアイデンティティを揺るがす大事件が起こった。イギリスが欧州連合（ＥＵ）から離脱することを問う国民投票（ＥＵレファレンダム）が２０１６年６月23日に実施され、世論を二分する国民投票は51・９％対48・１％の僅差で離脱派が勝利する結果となった。しかし、スコットランドではこの結果は逆転しており、ＥＵ残留支持が62・０％、離脱支持が38・０％となっていた。

ＥＵレファレンダムの結果を受けて、スコットランドのニコラ・スタージョン首相（スコットランド国民党）は、

1―本書第1章、奥平康照「つながりの崩壊と再構成―社会転換期における道徳教育実践」を参照のこと。

2―すでに藤田昌士は、第一次安倍政権下での「徳育」充実政策に関して、「疑似「共同性」」という言葉を使って次のように述べている。「政府は「徳育」の名において、共生―一人ひとりの基本的人権の確立―をめざす本来の共同性にかえるに国家への所属感・帰属意識（疑似「共同性」）の造出を意図することによって「徳育」を新自由主義的な施策の補完物にしようとしているのではないか」。藤田昌士（２００７）「道徳教育の批判と創造―学校における道徳教育再編の動向をめぐって」『季刊教育法』２００７年６月号（№１５３）、10頁。

「私たちの意に反してスコットランドがEUから離脱させられようとしている」ことは「民主主義的に受け入れられない」ことであり、イギリスからのスコットランドの独立を問う2回目の住民投票を実施する可能性が高いと述べている。[3]

EUレファレンダムに先立ってスタージョンは次のようにも述べていた。「私はスコットランドの独立を支持しています。しかしまた私は、スコットランドが独立国であるにしても、英国の一部であるにしても、EUの一員であることを支持しています」[4]。

首相の発言には、スコットランド、イギリス、そしてヨーロッパという緊張関係をはらむ重層性のもとに自国を捉えるナショナル・アイデンティティを読み取ることができる。

この発言とちょうど呼応するかのようなアイデンティティの表明を、スコットランドの首都エディンバラで偶然目にすることとなった。図1の写真は、国民投票の翌週に筆者が撮影したものである。建物への落書きであるが、SCOTLANDとEUと書かれた後にはそれぞれチェックが付けられ、UKと書かれた後には×印が付けられている。そこに読み取れる政治的メッセージは明らかである。すなわち、スコットランドはEUに留まるべきであり、EUから離脱するイギリスからは独立するべきであると。しかし、ここに同時に表明されているのは、スコットランド、イギリス、ヨーロッパという三者関係のもとに自国を位置づける重層的なアイデンティティである。

図1　エディンバラの落書き
（2016年6月28日 著者撮影）

イギリスにおけるアイデンティティは、「スコットランド性」「ウェールズ性」などの観念にみるようにより多国籍的で、また文化的・民族的な多様性の増大を反映してより多文化的なものとなってきたことが指摘されている。[5] こうしたアイデンティティの多様性は、教育政策を含む内政の地域分権とも対応している。

２０１６年のＥＵレファレンダムは、公教育の課題に結びつけて言えば、有権者がどのようなアイデンティティを持って、どのような熟慮を経て投票したのかという点で、シティズンシップ教育（市民性への教育）に関わる出来事であった。

以下では、スコットランドのシティズンシップ教育をめぐるカリキュラム文書において、ナショナル・アイデンティティがどのように表現されているかを分析する。本章で主な検討対象としたのは、２００４年に基本文書が発行されて以降、その内容が具体化され実施に移された「カリキュラム・フォー・エクセレンス」（curriculum for excellence「卓越性のためのカリキュラム」）である。これは、3歳から18歳までの年齢を包括したスコットランドのカリキュラムであり、子ども・若者の学習の経験をカリキュラム編成の基本的な枠組みとしている。なお、カリキュラム文書からナショナル・アイデンティティを読み取るにあたり、「スコットランド」がどのような国として記述されているかという指標を設定した。

第２節　シティズンシップ教育への異なるアプローチ
——イングランドとスコットランド

本節では、「カリキュラム・フォー・エクセレンス」を検討する前提として、イングランドとスコットランド

3—Devlin, K. and Gardham, M. (2016) 'Sturgeon Puts Nation on Course for Second Independence Referendum within Two Years', *The Herald*, 25 June 2016, p.1.

4—Sanderson, D. (2016) 'Scots Vote 'Decisive' on EU', *The Herald*, 13 June 2016, pp.1,6.

5—Kisby, B. and Sloam, J. (2012) 'Citizenship, Democracy and Education in the UK: Towards a Common Framework for Citizenship Lessons in the Four Home Nations', *Parliamentary Affairs*, 65, p.69.

のシティズンシップ教育の政策文書にみるアプローチの相違を明らかにする。

（1）イングランド――若者のアパシーに対する議会制民主主義の保守

イングランドの場合、1997年のイギリスの総選挙により誕生した労働党政権（トニー・ブレア首相）のもとで設立されたシティズンシップに関する諮問委員会（議長 バーナード・クリック）が提出した報告書『学校におけるシティズンシップに向けた教育と民主主義の教授』（1998年）が、シティズンシップ教育の基本文書となっている。

クリック・レポートと呼ばれるこの報告書をもとに、イングランドのアプローチとして四つの特徴を抽出したい。

第一に、シティズンシップ教育が公的生活に対する若者のアパシー（無関心）などに対処するものとして構想されている点である。報告書では「公的生活についての無関心、無知、シニシズムが憂慮すべきレベルで存在している」[6]として、現状に対する強い危機感が表明されている。

第二に、シティズンシップが成人性と結びつけられ、シティズンシップ教育は若者を大人の生活へと準備させるものとして捉えられる点である。例えば報告書は次のように述べている。「議会制民主主義におけるシティズンシップ教育は、大人の生活への準備の一部でもある。というのは、ただ臣民としてではなく、市民として行動する活動性は大人の生活の一部だからである」[7]。

第三に、シティズンシップ教育が法定の新教科としてカリキュラム上に位置づけられる点である。報告書では「社会的・政治的な制度とプロセスについての明示的な知識」が必要となることから、シティズンシップ教育は国家的枠組みの中で別個の位置づけが与えられるべきだとされている。[8]

そして第四に、シティズンシップ教育が構想されるアイデンティティの基本的な単位はイギリスに置かれている点である。それは例えば、「連合王国（四つすべての構成要素を含む）」[9]、「複合国家として構成されていることを含めて、国家としての英国について知る」[10]といった表現にみることができる。

クリック・レポートでは、現代に蔓延《はびこ》っているとみられた公的生活へのアパシーなどに対処して、福祉国家と議会制民主主義を保守する必要性から、若者を大人の生活に向けて準備させていくものとして、教科の新設を伴うシティズンシップ教育が要請されたのである。そして、そこで想定されているアイデンティティの基本的単位はイギリスであった。

（2）スコットランド
——権限委譲による民主主義への関心の高まり

20世紀末以降のスコットランドのシティズンシップ教育へのアプローチは、エディンバラ大学のパメラ・マンを議長とするシティズンシップに向けた教育に関する再検討グループによりまとめられた報告書——『スコットランドにおけるシティズンシップに向けた教育—議論と協議のための報告書』（２０００年）およびそれをより拡充し発展させた『スコットランドにおけるシティズンシップに向けた教育—議論と発展のための報告書』（２００２年）——によって、その基本的な方向性が示されている。

これらの報告書から、先にみたイングランドのアプローチと対応させる形で、スコットランドのアプローチの特徴を四つ挙げておきたい。

第一に、スコットランド議会の復活（１９９９年）に伴うスコットランドの民主主義への関心の高まりという歴史的文脈が設定されている点である。２０００年の報告

6—Advisory Group on Citizenship (1998) *Education for Citizenship and the Teaching of Democracy in Schools: Final Report of the Advisory Group on Citizenship*, London: Qualifications and Curriculum Authority, p.8.
7—*ibid.*
8—*ibid.*, p.18.
9—*ibid.*
10—*ibid.*, p.50.

書の序文をパメラ・マンが次のように書き出していることは、イングランドとの歴史的文脈の相違を物語っている。

「スコットランドは、今や300年近くのうちで初めての議会を持つようになった。この重要な出来事と、それに関連して英国全体とヨーロッパで起きている進展は、多くの人々に、どのようにして現代スコットランドの民主主義が育まれ、維持されることが可能であるかについて議論することを促してきた」[11]。

第二に、子どもは生まれた時からすでに市民であるという見解が明示されている点である。2002年の報告書では、「誰でも、さまざまな意味で、生まれた時から市民であるとして認知されるべきである」との考え方が述べられ、次のように記されている。

「若者は待機状態にある市民ではなく、今日の市民として見なされるべきである。子どもは、国連子どもの権利条約に明確に記述されている諸権利を持って生まれる。若者が大人になるにしたがい、新しい権利と責任とが獲得されるのである」[12]。

第三に、「シティズンシップ教育」という新教科の設置ではなく、カリキュラム全体を通じての「シティズンシップに向けた教育」が提唱されている点である。報告書では、「一人ひとりの若い人のシティズンシップに向けた教育への権利は、学校の日常生活のなかに設定された学習経験と、カリキュラムの別個の領域、カリキュラム横断的な経験、そして地域コミュニティとの連携を伴う活動の組み合わせを通じて保障することができるのである」[13]とされている。

そして第四に、想定されるアイデンティティの基本的な単位はスコットランドに置かれている点である。例えば、「スコットランド社会が、より広い英国、ヨーロッパ、そして世界規模の文脈のなかでどのように発展してきたか」[14]といった表現にみる通りである。

このように、スコットランドのアプローチは、権限委譲による300年ぶりの議会の復活という歴史的文脈のなかで、子どもは生まれながらに諸権利を持つ市民であるという子ども観に基づき、カリキュラム全体を通じての「シティズンシップに向けた教育」を構想するものであった。そして、そこでのアイデンティティの基本的単位はスコットランドに置かれていた。

第３節　スコットランドの「カリキュラム・フォー・エクセレンス」

本節と次節では、「カリキュラム・フォー・エクセレンス」を主な対象としてスコットランドのナショナル・アイデンティティを検討する。

（１）カリキュラムを導く価値と人間像

２００４年、当時のスコットランド行政府より『カリキュラム・フォー・エクセレンス―カリキュラム再検討グループ』という文書が発行された。この文書は、新しいカリキュラムを導く価値と目的、そしてカリキュラム設計の原則を示した基本文書であり、多くの点で２００２年の報告書『スコットランドにおけるシティズンシップに向けた教育』の枠組みで示された大志を前進させていると評されている。[15] だが、２００４年の文書自体は簡潔なものであり、その後、カリキュラムを具体化するための関連文書が多数発行されていく。本稿ではそれらを含めて「カリキュラム・フォー・エクセレンス」として扱う。

11—Learning and Teaching Scotland (LTS) (2000) *Education for Citizenship in Scotland: A Paper for Discussion and Consultation*, Dundee: LTS, p.iii.

12—Learning and Teaching Scotland (LTS) (2002) *Education for Citizenship in Scotland: A Paper for Discussion and Development*, Dundee: LTS, p.4.

13—*ibid.*, p.12.

14—*ibid.*, p.32.

15—Kerr, D. Smith, A. and Twine, C. (2008) ‘Citizenship Education in the United Kingdom’, in Arthur, J. et al. (eds.), *The SAGE Handbook of Education for Citizenship and Democracy*, Los Angeles / London: SAGE Publications, p.258.

２００４年の文書では、「知恵（wisdom）、正義（justice）、共感（compassion）、誠実（integrity）——スコットランド議会の職杖に刻まれた言葉は、私たちの民主主義の価値を定義する助けとなってきた」として次のように述べている。

「教育の主要目的の一つは、若者にスコットランド社会の基礎となる価値を意識させ、彼らが社会的正義と個人的・共同的責任の問題に関する自身の立場を築くことを助けることである。それゆえ若者はこれらの価値について学びそれを発達させる必要がある。カリキュラムは、それを通じてこの個人的な発達が励まされるべき重要な手段である」[16]。

特に注目したいのは、スコットランド社会が基礎とする価値として参照されたのが、スコットランド議会の「職杖」（mace）に刻まれた理念だという点である。本章でくり返し触れているように、スコットランド議会は英国内での権限委譲により１９９９年に復活した。その職杖とは、議会の開会式の際にエリザベス２世女王より贈られたもので、議会が法律を通す権限を持つことの象徴であるとされている。[17]

「カリキュラム・フォー・エクセレンス」は、議会が

表1　「カリキュラム・フォー・エクセレンス」の示す4つの「能力」

成功した学習者（successful learners）
- 学習への熱意とやる気
- 高い達成水準に到達しようとする決意
- 新しい事柄や考えに開かれた心

を持ち

- 読み書き、コミュニケーションおよび基本的計算のスキルを使う
- 学習のためのテクノロジーを使う
- 創造的に、また独立的に考える
- 自主的に、またグループのなかで学ぶ
- 熟慮した上での評価をする
- 新しい状況のなかで異種の学びを関連づけ、適用する

ことができる

自信ある個人（confident individuals）
- 自尊心
- 身体的、精神的、感情的な健康の感覚
- 安定した価値観と信条
- 大志

を持ち

- 他者と関わり、自己管理をする
- 健康で積極的なライフスタイルを追求する
- 自分自身のことを知っている
- 自分自身の信条と世界観を発達させ、伝える
- 可能な限り自立的に生活する
- リスクを評価し、情報に基づく決断をする
- 異なる活動領域で成功する

ことができる

すべての若者がこうした者になることができるようにするために

責任ある市民（responsible citizens）
- 他者への尊敬
- 政治的、経済的、社会的、文化的な生活に責任を持って参加する積極的関与

を持ち

- 世界およびその中でのスコットランドの位置についての知識と理解を発達させる
- 異なる信条と文化を理解する
- 情報に基づく選択と決断をする
- 環境的、科学的、技術的な問題を評価する
- 複雑な問題について情報に基づく倫理的な見方を発達させる

ことができる

有能な貢献者（effective contributors）
- 進取的な態度
- 立ち直る力
- 自信

を持ち

- 異なる方法、異なる環境で意思疎通をはかる
- 共同して、またチームの中で作業する
- 率先して行動し、先導する
- 新しい文脈で批判的思考を適用する
- 創造し、発展する
- 問題を解決する

ことができる

出典：*A Curriculum for Excellence: The Curriculum Review Group*, 2004, p.12 より作成。

復活してスコットランドのナショナル・アイデンティティが問われる歴史的条件のもとに生まれた。その教育の基礎となる価値として、議会の権限を象徴する職杖に刻まれた言葉が参照されたのである。

表1に挙げたように、「カリキュラム・フォー・エクセレンス」では、「成功した学習者」「自信ある個人」「責任ある市民」「有能な貢献者」と表現される四つの「能力」(capacities)が示されている。これらはカリキュラム全体を通じて追求されるべき理念的な人間像とみることができる。一見して明らかなように、四つの能力として包括される人間像の各項目には、「学習への熱意とやる気」「自尊心」「他者への尊敬」「進取的な態度」など、道徳的価値と見なされるような内容が配置されている。こうした価値内容を含む人間像が理念的なものとして設定されている。

このうち「責任ある市民」に関して、「世界およびその中でのスコットランドの位置についての知識と理解を発達させる」という項目がある。この記述自体すでに「世界の中のスコットランド」というアイデンティティを表現しているが、スコットランドの場合、カリキュラム全体に浸透するシティズンシップ教育の一環として「世界の中のスコットランド」についての知識・理解の学習が含まれていると言える。[18]

16—Scottish Executive (2004) *A Curriculum for Excellence: The Curriculum Review Group*, Edinburgh: Scottish Executive, p.11.

17—The Scottish Parliament (2016) *A visit to the Scottish Parliament*, Edinburgh: Scottish Parliament.

18—なお、近年日本でも注目されているガート・ビースタは、スコットランドのシティズンシップ教育へのアプローチに対して批判的な診断を下し、シティズンシップを脱政治化する危険とともに、若者が政治的なアクターとして十分にエンパワーされていない危険を指摘している。Biesta, G. J. J. (2011) *Learning Democracy in School and Society: Education, Lifelong Learning, and the Politics of Citizenship*, Rotterdam / Boston / Taipei: Sense Publishers, p.31. ＝ガート・ビースタ（上野正道・藤井佳世・中村（新井）清二訳）（２０１４）『民主主義を学習する―教育・生涯学習・シティズンシップ』勁草書房、68〜69頁。本章は、ビースタとは異なる研究関心から、スコットランドのナショナル・アイデンティティを解読したものである。

(2)「カリキュラム・フォー・エクセレンス」の構成上の特徴

ここで「カリキュラム・フォー・エクセレンス」の構成上の特徴を指摘しておきたい。

第一に、3歳から18歳までの年齢を一貫するカリキュラムの継続性である。「カリキュラム・フォー・エクセレンス」は、就学前教育から義務教育後の段階までを「一つの屋根の下に置いた」ものであり、「スコットランドのカリキュラム政策で従来は異種の構成要素であったものを統一する初めての体系的な試み」として意義深いものだとされている。[19]

第二に、子ども・若者の学習の経験をカリキュラム編成の基本的な枠組みとしている点である。例えば、カリキュラムの各教科領域の記述は、教師が指導するべき内容ではなく、子ども・若者が学習を通じて経験することと、経験を通じて達成された成果――「経験と成果」(experiences and outcomes)――を学習段階ごとに整理した形で記されている。

第三に、先の第二点とも関連するが、カリキュラムが諸教科[20]を中心としながらも学校のエートスから教科横断的な活動まで含めて把握される総合性が挙げられる。カリキュラムは、「コミュニティとしての学校のエートスと生活」「カリキュラム領域と諸教科」「学際的な学び」そして「個人的な達成の機会」のすべてを含むものと見なされている。[21] とりわけ「学校のコミュニティ全体を通じて共有される価値に基づいた尊敬と信頼という好ましいエートスと校風」が学習の出発点とされている[22]ことは注目される。

そして第四に、カリキュラムの実施については柔軟性があり学校現場での自由と責任が重視されている点を挙げたい。従来のカリキュラムについても柔軟性が肯定的に評価されてきたが[23]、「カリキュラム・フォー・エクセレンス」では「教育機関は、地域コミュニティにおける子どもと若者のニーズに応えるための自由と責任を持っている」として、国による手引きは柔軟なアプローチをサポートする必要があるとされている。[24]

第4節　「カリキュラム・フォー・エクセレンス」にみるナショナル・アイデンティティ

（1）文化の多様性と科学・技術の卓越性

全教科についての「原理と実践」および「経験と成果」を1冊にまとめた『カリキュラム・フォー・エクセレンス』[25]には、すべての教科にわたってスコットランドに関する記述がみられる。それらの記述に基づいて、カリキュラムに表われるスコットランドのアイデンティティとして次の二つを抽出したい。

第一に、言語・宗教などにみる文化的な多様性である。まず、教科「言語」のうち「リテラシーと英語」および「リテラシーとゲール語」の科目に関する記述として、共通して次の言葉が記されている。

19―Priestley, M. (2013) 'The 3-18 Curriculum in Scottish Education', in Bryce, T. G. K. et al. (eds.), *Scottish Education Fourth Edition: Referendum*, Edinburgh: Edinburgh University Press, p.28.

20―「経験と成果」を配列するためのオーガナイザーとされるカリキュラム領域には、表現芸術、健康と福祉、言語、数学、宗教・道徳教育、科学、社会科、技術の8教科が配置されている。

21―The Scottish Government (2008) *Curriculum for Excellence: Building the Curriculum 3 A Framework for Learning and Teaching*, Edinburgh: The Scottish Government, pp.20-1.

22―ibid., p.20.

23―Scottish Executive (2004) *op. cit.*, p.6.

24―The Scottish Government (2008) *op. cit.*, p.25.

25―*Curriculum for Excellence*. 以下の註ではCfEと略記する。日本であれば「学習指導要領」の本体に相当する文書であり、スコットランド教育委員会（Education Scotland）のウェブサイトより閲覧・入手できる。https://education.gov.scot/scottish-education-system/policy-for-scottish-education/policy-drivers/cfe-(building-from-the-statement-appendix-incl-btc1-5)/Experiences%20and%20outcomes（２０１８年10月5日確認）

「言語を通じて、子どもと若者は人類の文学的遺産への通路を得ることができ、スコットランドの文学的遺産の豊かさと幅広さの正しい認識を発達させることができる。子どもと若者は、家庭やコミュニティで使われる言語、メディアによって使われる言語、そして仲間たちによって使われる言語の多様性と出会い、それを享受し、そこから学ぶのである」[26]。

また教科「宗教・道徳教育」に関しては、「スコットランドは、国の全域にみられるキリスト教信仰の多くの教派から、世界の他の主要宗教、そして宗教的伝統以外の信条まで、人々が多様な信条を持っている国である」[27]といった記述がみられる。

一方、スコットランドのアイデンティティとして第二に挙げられるのは、科学・技術分野での卓越性である。これは自然科学系の教科の記述にみることができる。それらを列挙すると、「21世紀の挑戦に向き合うためには、それぞれの若者は数学的スキルを使うことに自信を持つ必要がある。そしてスコットランドは専門的な数学者と数学的思考に優れた人々をともに必要としている」（数学）[28]、「スコットランドは、科学的発見と、科学的発見の応用における革新と、自然的・人造的な環境の保護と向上における科学の応用の長い伝統を持っている」（科学）[29]、あるいは「スコットランドは、科学技術研究における卓越性と革新の強い伝統を持っている」（技術）[30]といったものである。

そして改めて確認できるのは、これらの記述においてアイデンティティの基本的な単位はイギリスではなくスコットランドに置かれている点である。例えば「社会科」に関して、「成熟するにしたがい、子どもと若者の経験は、スコットランド、英国、ヨーロッパの、そしてより広範な学習のためのコンテクストを利用して拡大されるだろう。スコットランドを形成した歴史的、社会的、地理的、経済的、政治的変化への焦点づけを維持しながら」[31]と述べられる場合にも、スコットランド、イギリス、ヨーロッパという重層的なコンテクストが想定されながら、焦点はあくまでもスコットランドに置かれているのである。

(2) 教科「宗教・道徳教育」にみる文化的多様性の享受

このようにナショナル・アイデンティティが強調される場合、そこに排他性が生まれるのではないかという懸念がある。スコットランドのシティズンシップ教育が「排他性への潜在的可能性」を持つことを指摘する研究もある[32]。だが、本稿ではむしろ、スコットランドのアイデンティティの一つに文化的多様性を享受するという点があることに注目したい。「カリキュラム・フォー・エクセレンス」に定める一つの教科「宗教・道徳教育」(Religious and Moral Education) に焦点を当てながらこのことを検討したい。

宗教・道徳教育は、キリスト教を中心とする宗教学習（非宗教的な立場を含めて）と価値に関する学習を担当する教科である。その「原理と実践」の記述では、スコットランドはキリスト教の諸教派から世界の主要宗教、さらに宗教的伝統以外の信条まで、人々が多様な信条を持っている国であるとされ、多様性の豊かさが次のように述べられる。

「そのような多様性は、スコットランドの国を豊かにし、私たちの子どもと若者が自身の信条と価値観を発達させるのを活気づける、示唆に富む背景として役立つのである」[33]。

26—CfE, pp.124, 147.
27—*ibid.*, p.213.
28—*ibid.*, p.188.
29—*ibid.*, p.253.
30—*ibid.*, p.301.
31—*ibid.*, p.279.
32—Kisby, B. and Sloam, J. (2012) *op. cit.*, p.82.
33—CfE, *op. cit.*, p.213.

表2　宗教・道徳教育の「経験と成果」より

信条と価値観の発達

これらの経験と成果は、キリスト教および学習のために選ばれた世界の宗教の経験と成果の文脈を通じて取り組まれるべきである。それらは、別個の領域として計画されるべきものではなく、キリスト教および学習のために選ばれた世界の宗教の経験と成果に織り込まれるべきである。それらはまた、宗教的信条から独立した多様な精神的な伝統や立場も考慮できるようにするべきである。

初期	第1	第2	第3	第4
私は他者を尊敬することと彼らの信条と価値観を理解することを発達させている。 RME 0-07a / RME1-07a / RME 2-07a / RME 3-07a / RME 4-07a				
	私は自分の信条をよりよく意識し理解することを発達させ、それらをよい方向で実行している。 RME 1-08a / RME 2-08a / RME 3-08a / RME 4-08a			
遊んだり学んだりするとき、私は何が公平で何が不公平か、なぜ気遣いや分かち合いが大切なのかへの理解を発達させている。 RME 0-09a	私は、ある人々は宗教から独立した信条や価値観を持っているという意識を発達させている。 RME 1-09a	私は、どのように人々は信条を持つようになるのかを理解することを進め、さらに現代のスコットランドには多様な信条があるという意識を発達させている。 RME 2-09a	私は、省察や議論を通じて、人々が持っている多様な信条を説明することができ、「究極的な問い」についての討論に参加することができる。 RME 3-09a	私は、多様な信条、信念体系、道徳的立場を省察し考慮したうえで、それらの信条や価値観を実行することがどのように社会の変化をもたらす可能性があるかについて、理由づけた意見を述べることができる。 RME 4-09a
		私は、人々が宗教的あるいはその他の立場に基づいた信条や価値観を持っていることへの理解を発達させている。 RME 2-09b	私は、誠実、尊敬、共感といった価値についての自分自身の理解を発達させており、どのようにこれらの価値が道徳的問題に関して適用されうるかを識別することができる。 RME 3-09b	私は、多様な道徳的立場（宗教から独立したものを含めて）についての理解を特定の道徳的問題に適用することができ、また現代のスコットランドとより広い世界で保持されている道徳的立場の多様性を自覚している。 RME 4-09b
	私は、気遣い、分かち合い、公平、平等、愛といった価値についての私の理解を示すことができる。 RME 1-09b	私は、なぜ他の人々は誠実、尊敬、共感といった価値が大切であると考えるのかを説明することができ、また私は他者への尊敬を示している。 RME 2-09c	私は、人々が持っている異なる信条（宗教から独立した信条を含めて）がどのように彼らの道徳的立場と結びついているか、またこのことがどのように彼らが道徳的問題に応答することを導いているかを、説明することができる。 RME 3-09c	私は、現代のスコットランドとより広い世界に対して信条の多様性が増していくことによってもたらされる恩恵と挑戦についての私自身の答えを説明できる。 RME 4-09c
	私は、人々の信条や価値観が彼らの行動に影響していることを意識するようになってきている。 RME 1-09c	私は、どのように自分自身や他の人々の信条や価値観が行動に影響しているかについての理解を発達させている。 RME 2-09d	私は、信条や道徳性の本質についての理解を発達させている。 RME 3-09d	私は、信条や道徳性の起源と発達についての基本的な分析を提示することができる。 RME 4-09d
				私は、疑問や倫理的な問題を探究するために哲学的な研究を適用することができる。 RME 4-09e

註1) 各カリキュラム段階はおおむね次のように学年と対応する。初期：就学前段階と初等学校1年。第1：初等学校4年の終わりまで。第2：初等学校7年の終わりまで。第3および第4：中等学校1年から3年まで。ただしこの区切りは、学習の進行に応じた柔軟性を持つものである（*Curriculum for Excellence,* p.4 による）。
註2) 各記述の記号は、原版において参照の便宜のために各記述を特定するための記号として付けられているものである。
出典：Religious and moral education: experiences and outcomes, *Curriculum for Excellence*, pp.225-6 より作成。

表2は、宗教・道徳教育の「経験と成果」より「信条と価値観の発達」の部分を翻訳したものである。[34] このように「経験と成果」は、子ども・若者の学習経験をカリキュラム段階に沿って記述するスタイルを採るもので、学習者の視点を想定した一人称によって記述されている。ここに訳出した言葉を参照しながら、宗教・道徳教育の内容に関して次の点を指摘したい。

第一に、スコットランドがキリスト教を中心としつつ宗教的・非宗教的な信条と価値観の多様性を持つ国として把握され、その多様性が挑戦を伴いながらも豊かさをもたらすものとして捉えられていることである。例えば「私は、現代のスコットランドとより広い世界に対して信条の多様性が増していくことによってもたらされる恩恵と挑戦についての私自身の答えを説明できる」（RME 4-09c）といった記述に表われるような見方である。

第二に、信条と価値観の学習は、価値についての内面的な自覚にとどまらず、多文化社会での共生を可能とするような他者理解が重視されていることである。例えば、「私は他者を尊敬することと彼らの信条と価値観を理解することを発達させている」（RME 0-07a / RME1-07a / RME 2-07a / RME 3-07a / RME 4-07a）ことがすべてのカリキュラム段階を通じて期待されているのをはじめ、「私は、人々が持っている異なる信条（宗教から独立した信条を含めて）がどのように彼らの道徳的立場と結びついているか、またこのことがどのように彼らが道徳的問題に応答することを導いているかを、説明することができる」（RME 3-09c）といった記述に多文化社会での他者理解の重視をみることができる。

本節を通じてみてきたように、「カリキュラム・フォー・エクセレンス」からは、スコットランドのナショナル・アイデンティティの一つとして文化的多様性を享受するという点を読み取ることができるのである。

34 ―「経験と成果」の構成は、「キリスト教」と「学習のために選ばれた世界の宗教」のそれぞれの「信条」「価値観と諸問題」「実践と伝統」、およびこれらと併せて「信条と価値観の発達」となっている。

おわりに

本章でみてきたように、スコットランドのシティズンシップ教育をめぐる文書において、議会の復活は歴史的にも理念的にも画期的な出来事として参照されている。「カリキュラム・フォー・エクセレンス」は、300年ぶりの議会の復活という出来事を経てナショナル・アイデンティティが改めて問われる歴史的局面において生まれたと言える（参考 図2）。

結論として、本章を通じて明らかになったことを二つの点にまとめておこう。

第一に、ナショナル・アイデンティティが表現される基本的な単位はスコットランドに置かれ、スコットランドを焦点として、イギリス、ヨーロッパ、そして世界という重層的なアイデンティティが表現されている。これは、イングランドのクリック・レポートの場合に、アイデンティティの基本的単位がイギリスに置かれていたことと対照的である。いま、アイデンティティの四つの層を、（1）イギリスを構成する四つの国（地域）、（2）連合王国＝イギリス、（3）ヨーロッパ、（4）世界、として考えてみるならば、クリック・レポートでは第2層に焦点を合わせていたのに対して、スコットランドの場合、第1層に属するスコットランドに焦点づけられていると言える。

第二に、スコットランドのナショナル・アイデンティティの一つに、文化的多様性を享受するという点が挙げられる。本章では「カリキュラム・フォー・エクセレンス」から読み取れる二つのアイデンティティとして、①言語・宗教などにみる文化的な多様性と、②科学・技術分野での卓越性、という二つのアイデンティティを抽出したが、カリキュラムからは文化的多様性が国を豊かにするという考え方が認められる。ナショナル・アイデンティティの強調は排他性への可能性を抱えることとなるが、スコットランドのアイデンティティの一つには、文化的な多様性を承認し、国民を豊かにするものとして積極的に評価するという点がある。

すなわち、スコットランドには多様性をアイデンティティとする逆説的な構図があり、そのナショナル・アイデンティティは包摂と排除との相反する方向性をもつ危ういバランスの上に成り立っているのである。[35]なお、２０１８年12月現在、イギリスのＥＵ離脱の行方もスコットランドの今後の針路もなお不透明であり予断を許さない。スコットランドの人々のアイデンティティは、こうした流動的な情勢のなかで思考し行動する際に駆動するものであり、今後の展開次第では、ナショナル・アイデンティティもまた変化していく可能性がある。

図２　エディンバラのスコットランド議会
（2016年7月2日 著者撮影）

（さくらい・かん　日本大学芸術学部教授）

35―スコットランドは移民の受け容れに積極的な政策を採る「包摂的なナショナリズム」（inclusive nationalism）であると言われ、実際に近年では、スコットランドの学齢期の子どものうち（特にポーランドからの）移民の子どもの数が激増しているとされる。Moskal, N. (2016) 'Spaces of Not Belonging: Inclusive Nationalism and Education in Scotland', *Scottish Geographical Journal*, Vol.132, No.1, pp.85-6.

第8章

教師と子どもの関係を組み替える「不信」の可能性

横井　夏子

はじめに

教師は、教育関係において子どもを信頼することが役割的に期待されるのみならず、子どもや保護者などの教育関係に参入する者たちから信頼されることも要請されている。このことは、中央教育審議会答申および各都道府県教育委員会の示す「求める教師像」の多くに、「信頼される教師」への言及があることからも明らかである。学校段階による程度の違いはあれども、とりわけ（就学後初めての学校経験となる）初等教育段階では、個々の教師が教育行為を営むために、子どもの信頼を得ることは肝要に思われる。ところが、あらゆる子どもから信頼を得ることは、必ずしも簡単なことではない。しかしまた実際に、教育関係をより良好に営んでいる教師は、やはり信頼されているように思われる。

本章では、教育者である以上はみんなから「信頼される教師」になるべきだ、というつもりは毛頭ない。そもそも、教室の子どもみんなから信頼を得られなくても、教師が絶望する必要はない。なぜなら、教師の行為が教育行為として子どもに受け容れられているという事実がすでに、子どもという他者から、その教育行為を受容するに足る程度の（最低限の）信頼を得ていることの証左だからである。ゆえに、信頼が無限に要請される「信頼地獄」のようなものからは脱却してよいし、ときには不信を含みこんだやりとりのなかにこそ、かえって信頼が強まることがあり（ピンチはチャンス？）、そこにこそ教師と子どもの関係を組み替える可能性があることを示す。

なお、ここでは「特別の教科　道徳」（道徳科）[1]の授業に限定せずに教師と子どもの関係を論じるが、それは他者との関係性のなかに現れるさまざまな契機が、道徳科の範疇に納まらないものであることにもよる。その意味では、道徳教育が「学校の教育活動全体を通じて行う」（小学校および中学校学習指導要領「第3章　特別の教科　道徳」「第2　内容」、2017年3月告示）ものであることにも合致する。

第1節　「熱烈な信頼」と「最低限の信頼」

ここまでですでにおわかりのことと思うが、信頼という言葉は多義的である。「信頼地獄」のなかで要求される信頼（ここでは、「熱烈な信頼」とでも呼んでみる）と実際の教育行為が成立するための最低限の信頼とは、ニュアンスが違うように感じる方もおられるだろう。ま

1――道徳科が教科としての条件を満たしていない点についての指摘は枚挙にいとまがないが、たとえば、佐貫 2015、佐貫 2017、神代 2018など。また、道徳の基礎となりうる学問領域に最も近いと思われる倫理学では、そもそも「なぜ道徳的であるべきなのか?」（なぜ「よいこと」をするべきで、「悪いことをしてはいけない」のか?）という古くて新しい問題がいまだ議論されており、明確な基礎づけには至っていない（大庭ほか編 2000）。そのようななかで道徳科が全面実施されることに鑑み、より現実的な批判を行っているものもある。たとえば神代健彦は、〈真正の教科〉としての道徳という挑戦的な試論のなかで、「資質・能力」が「子どもの道徳性発達のリアリティを欠いて」いる点を批判しつつも、「子どもとは、他者から道徳を注入されなければならない道徳的無能力者ではなく、一人の道徳的存在者であること、だからそれに相応しく遇されるべきであるという子ども理解につながる」（神代 2018:26）とする。そのうえで、道徳科を教科とするのであれば、教科指導あるいは授業一般のもつ間接的で冗長なプロセス、つまり「教師が子どもを直接変える（育てる）のではなく、教科の内容（教材）に触れさせる」（神代 2018：24）という方法を志向することになると論じている。道徳の授業の枠組みを提案するものとしては中村（新井）2018、義務論を教育との関連で考察したものとしては柳橋 2018、実際の板書や展開を例示するものとしては岩本ほか 2018、宮澤ほか編 2018などもある。

ずは、この点からアプローチしてみよう。

信頼という言葉は、さまざまな分野のさまざまな場面で使われており、その定義もまた、抽象的なものから具体的なものまで、多岐にわたっている。なかでも、もっともイメージしやすい信頼は、個人内特性として語られるものであろう。代表的なものとして、エリクソンの基本的信頼（basic trust）がある。基本的信頼とは、「生後一年間の経験から引き出された自分自身と世界に対する一つの態度」（Erikson 1980：57）であり、これと対置される基本的不信（basic mistrust）は、「成人において、基本的信頼の欠損（impairment）としてあらわれる」（Erikson 1980：58）ものである。エリクソンが念頭に置いていたのは、「母親（ないしそれと同等の養護者）への従属性によって始まる」もので、いわゆる乳児期の子どもが抱くものであった。

他方で、信頼を個人内特性にとどまらないものとして社会関係のなかで論じる議論は、社会学を中心に多くみられる。その一人である山岸俊男は、「能力にたいする期待」としての信頼（相手がやるといったことをちゃんと実行する能力をもっているか）と「意図にたいする期待」としての信頼（相手にやるといったことをやる気があるか）という区別をしたうえで後者について論じている。そこでは、自分にやる気があることを相手に伝えるため、意識的に（敢えて）自己利益を追求しないという戦略によって、社会関係が拡張される可能性（信頼の「解き放ち理論」）が示されている（山岸 1998：35ff, 55ff）。

社会学的なアプローチによる分析を試みるいくつもの研究に先立って、比較的早い時期から信頼に着目していたのが、ドイツの社会学者ニクラス・ルーマン（Niklas Luhmann, 1927－1998）である。彼の理論は、現在に至るまで、信頼論のベースとして重要な位置を占めている。倫理学者の丸山徳次の整理によると、「生後一年間の経験から引き出された自分自身と世界にたいする一つの態度」（Erikson 1980:57）としての基本的信頼は、ルーマンにとっての「馴れ親しみ〔親密性〕（Vertrautheit）」に近く、人間の社会的関係の基盤をなす「原信頼」にあたる。その基盤のうえに、ルーマンのいう「信頼」[2] の層がある（丸山 2013：26－27）。

つまり、「熱烈な信頼」はより馴れ親しみや原信頼に近いところにあると考えられる。そして「最低限の信頼」は、ルーマンのいう信頼に近く、「熱烈な信頼」よりも高次の機能を果たすと考えられる。次節では、まず信頼概念の特徴を確認し、相手から信頼を得る戦略について考察する。そのうえで、一般には忌避しがちな「不信」が教師と子どもの関係にどのように貢献するか、教育実践をもとに説明していこう。

第2節　信頼の特徴

（1）世界の「複雑性の縮減」としての信頼

まずは、ルーマン信頼論の射程の広さを確認しよう。彼によると、信頼は次のように定義される。

> 信頼とは、もっとも広い意味では、自分が抱いている諸々の予期をあてにすることを意味するが、この意味での信頼は、社会生活の基本的な事実である。（V：1）

社会生活のなかで、われわれはさまざまなことを予期し、それに基づいて行動する。その「信頼」の機能分析を試みたのが、ルーマンである。信頼の特徴をより明瞭に理解するために、信頼の前提とされている「馴れ親しみ」について確認する。

馴れ親しみとは、過去の体験をそのまま将来に投影するという仕方で次の行為選択をする（過去の体験と同じ

2――ルーマンの信頼はVertrauen / trust、不信はMißtrauen / distrustの訳語として用いる。彼は、信頼の下位区分として「人格への信頼」と「システムへの信頼」をわけて論じているが、丸山はこれらを基底から順に、馴れ親しみ（原信頼）の層、人格への信頼の層、システムへの信頼の層という三層構造でとらえている。とりわけ後二者のような信頼の対象による区分は、信頼と不信を併せ持つ複合的なケースについて論じる際に有用である。

ような行為選択をする）比較的単純な方途である。馴れ親しみが必要とされる状況は、コミュニケーションにかかわる者が互いに時と場所とを共有した現前的状態にある（互いの顔が見える）ことがほとんどである。遠隔にいる見知らぬ他者との交流が限られているのであれば、ルーマンのいう意味での信頼が必要になることはほぼない。[3]

ルーマンの理論で特徴的なのは、世界の複雑性を縮減する方途としての機能を、馴れ親しみや信頼に見出している点である。

複雑性とは、その都度実現されうるものよりも、つねに多くの可能性が存在するという事実であり、つまり、アクチュアルになりうる以上の可能性がつねに存在している状態を指している（Baraldi u. a.：94, Kneer u. a.：40ほか）。言い換えると、社会生活においてひとが不可避に直面する、膨大な可能性（選択肢）の総体である。膨大な可能性を前にしていると、何らかの行為を実現するためには、こうした可能性のなかからどれか一つを選択しなければならない。ところが、選択肢がありすぎて、すぐにはとても選べない。それら選択肢の検討が終わるまでは、身動き一つとれないという状態である。

膨大な可能性、つまり無数の選択肢のなかには、検討するに値する（有意味な）ものもあれば、およそ検討に値しないような（無意味な）ものもある。多種多様な選択肢が無数にある状態で、それらを逐一検討していては、時間ばかりがかかってしまう。そこで現実的には、この無数の選択肢を選択可能な程度にまで減少させる機能がある。たとえば毎朝、家を出る前に、傘を持っていくかとか上着を羽織るかとかいうことを、検討しているかもしれない。しかし（少なくとも現時点でこの国の日常では）、銃を持っていくという選択肢をいちいち検討したりはしないだろう。この無意味な選択肢の除外が「複雑性の縮減」（Reduktion von Komplexität）である。

信頼は、なにか肯定的な予期をあてにすることで、不信は、なにか否定的な予期をあてにすることで、それぞれ複雑性を縮減するという機能を果たしている（だから、ここでいう不信は、単なる「信頼の欠如」ではない）。

（2）馴れ親しみと信頼

遠隔にいる他者や見知らぬ他者との交流が不可避になったところで、馴れ親しみでは縮減しきれないほどの複雑性に対応するために、信頼が必要になる。では、馴れ親しみと信頼の違いは、どのような点にあるだろうか。

> たしかに信頼は、馴れ親しんだ世界においてのみ可能である。……何の手がかりもなしに、何の以前の経験もなしに、信頼することは不可能である。しかし、信頼は決して過去からの帰結ではない。そうではなく、信頼は、過去から入手しうる情報を過剰利用して将来を規定するという、リスクを冒すのである。（V：23―24）

信頼の特徴は、次の2点である。過去から得られる情報を過剰利用する（überziehen）という点と、リスクの認識を伴っている点。過剰利用ということばは、もとは「預金残高より多くを引き出す」という意味であるが、ここでは、過去から実際に得られる部分的な情報をいわば拡大解釈し、それにもとづいて不確定な状況にもかかわらず（リスクを伴って）判断することを表している。ここで重視するのは、後者の「リスクの認識を伴っている」という特徴である。

ひとが信頼を抱くときに不確定な状況だ（リスクがある）と認識するのは、他者を他我として認識しているということによる。他我という認識は、相手が過去に縛られず自由に行為選択するということを自分がわかっているだけでなく、相手の行為選択が偶発的である（相手の行為選択はブラックボックスのなかの出来事である）ということを、自我と他我のどちらからもいえるということである。そうなると、コミュニケーショ

3―馴れ親しみや信頼が必要とされることになった社会背景について、詳しくは横井 2014。

ンの当事者同士は、双方が他者の出方を窺って自らの行為選択をしようと考えることになる。結果としてお互いが相手の出方を待つ両すくみの状況、ダブル・コンティンジェンシー（Doppelte Kontingenz）状況になってしまう。[4]

このようなダブル・コンティンジェンシー状況のリスクを回避するには、信頼が機能する。自我は、他我に対して信頼を抱くことによって（いつでも期待はずれに陥る可能性があるというリスクを承知のうえでなお、相手の出方を予期して）、自らの行為選択をすることができる。

第3節　他者の予期を予期すること

他者への信頼／不信は、次の成り行きを絶対には予測できないという不確定性のなかでも、肯定的／否定的な予期にもとづく行為選択を可能にする。このとき、相手の出方（他者の予期とそれにもとづく行為選択）を予期する、すなわち、他者の予期がブラックボックスのなかだとわかっていて、そのなかを敢えて予期することになる。

すると、信頼を抱く者は、相手に先立ってまず自らが行為を選択し、相手の出方によっては信頼が裏切られるという可能性に自らを曝さねばならない。その意味で、信頼はあくまでも「贈られ、受容される」ものであるといえる（V：55）。他方で、信頼を向けられた相手は、予期に応えることも予期を裏切ることもできる。相手は自由に選択する意思をもっているので、この時点では、相手がどちらの選択をする可能性も否定できない。しかし、すでに信頼が示されたことによって、続く相手の行為選択は拘束される面がある。たとえば、信頼を得ようとするとき、ひとは「社会生活に参加し、他者の予期を自らの自己表現のなかに組み込む」（V：80）ことが必要になる。だから、「自らが信頼に値する」と示したい場合は、他者の予期へと自らのふるまいを寄り添わせることで、相手からの信頼が得やすくなることになる。つまり、相手に信頼されたいときは、相手の予期に応えるという選択をとりやすい。教師としてふるまっている場合は、そうした戦略を多かれ少なかれとっているともいえる。

「他者の予期の予期」に沿うことは、しかし注意深く行われなければならない。なぜなら、相手の意向を汲んで自分のふるまいを選択するとなると、関係性のなかで相対的に劣位に立つ者による「忖度」を招きやすくなるからである。このことは、近年の政治動向をみても、「正解」が透けてみえる道徳科の教科書をみても、想像に難くない。関係性のなかの優劣が明瞭であればあるほど、一方が権力性を帯びていればいるほど、起こりやすいと考えられる。

では、子どもとの関係で相対的に優位に立つことの多い教師は、この立場からどのような工夫ができるのだろうか。端的にいって、教室で忖度の必要がないことを、教師と子どもの双方が了解するほかはないと思われる。そしてそれは、教室の民主主義を実現する取り組みによってなされるのではないだろうか。

このことは、不信のもつメカニズムによって説明できる。

4―ダブル・コンティンジェンシー状況の的確な説明は、大庭健による「ワースト・コンタクト」の事例がある。この事例の悲劇は、ひとが相互に「相手の動きに依存している」ため、自分のふるまいが自らの意図する行為として相手に理解されないとき（しかも、ここでは相手のふるまいもこちらにはまったく理解できないのだ!）、それを補うべく新たに選択した行為もまた理解されず、さらにそれを補うべく新たに選択した行為もまた……というある種の「無限後退」に陥る点である。こうなるともう、ひとは身動きすら取れなくなってしまう。われわれが、日常的にこうした悲劇に見舞われることなく行為できるのは、実際のところ、このような事態がありうるということを、相互に理解しているからである（大庭 1989：45ff）。それはたとえば、文脈を共有していない他者と対面した状況である。こちらが握手するつもりで手をすっと差し出しても、それが挨拶の一種と理解されるか、攻撃の一種と理解されるかで、双方の次の予期も行動も変わってくる。相手の行動の意図が理解できない（想像すらできない）と、両者は「すれ違い」続ける羽目になり、まともなやりとりができなくなる。こうした状況にかかわりあうことがリスクを伴うと感じられる場合の結果として、信頼／不信が発生することになる（SS：179）。

第４節　教室に敢えて「不信」を持ち込んでみる

（1）「不信」には利用価値がある

前節までに確認したことだが、不信は「信頼の欠如」ではない。「信頼の対立物であると同時に信頼の機能的な等価物でもある」（Ⅴ：92、強調原文）、つまり不信は、信頼と同様に複雑性を縮減することができるということである。不信はまた、制度に有効に組み込まれることで、リスクの制御に貢献し、その制度に対する信頼を促進しうる。不信のまったくない（想定されない、排除される）制度よりも、不信を考慮に入れた（ある程度の耐性のある）制度のほうが、より信頼されやすい。このことは、教育関係においては、次のように理解できる。

たとえば、教師はいつでも信頼されるものだという前提のある場合を考えてみよう。この前提があってもなくても、子どものうちの誰かが、教師のある言動に不信を抱くかもしれない。すると、この前提のなかでは、「教師に不信感をもつ子ども」を想定することができない（というか、そのような事態はあってはならないので、想定していない）。他方で、教師は信頼されるものだが、ときには不信の対象にもなりうるという前提のある場合。ここでは、先の子どもが想定されているので、少なくとも直ちに排除されたりはしない。不信を抱き続けたままの子どもが教育関係を継続するためには、どちらの場合がよりとどまりやすいだろうか。

要するに、信頼と不信を想定している場合のほうが、信頼しか想定していない場合よりも広い射程をもっているのである。システム論的な観点からみれば、不信にはむしろ肯定的な機能があるとさえいえる。[5]

このことを援用すると、より効果的と思われるのは、不信を制御しつつ取り込むことである。信頼だけを要請して不信を許さない（不信を無視する、否定する）教室の秩序のなかでは、そもそも秩序自体を問い直すことはできないし、仮にそんなことをしようものなら、教室の秩序は崩れてしまう。それに比して、信頼とともに不信を取り込めるような秩序では、そのなかで秩序自体を問い直せる可能性を含んでいる。すなわち、信頼と不信がともに機能するようなシステムは、信頼しかないシステムよりも、より高度な複雑性に対応できるということである。

不信を議論の俎上に載せる（問い直す）仕組みがあると、不信を抱かせるに至った秩序や枠組みを再構成しうるという意味で、不信のない枠組みよりも信頼されやすくなると考えられる。

(2)「不信」を制御しうる仕組み

ところで、こうして表明されたある子どもの不信だが、周囲に波及して際限なく連鎖してしまうと、結局は枠組みが崩壊する脅威となりかねない。つまり、教室で子どもの提案がまったく通らないことに不満を持つ（不信感を抱く）子どもが増えてくると、その教室はやがて崩壊の危機を迎える。この危機を乗り越えるためには、そうした不満をなるべく回収できる（少なくとも考慮する）手立てを何かしら用意する必要がある。要するに不信は、単純に禁じてもおけないし、かといって野放しにしてもおけない。ルーマンは、不信の連鎖を抑止するための社会的なメカニズムについて論じている。

> その〔不信を、機能のうえで信頼よりも価値のないもの（逸脱）に位置づける〕ためには……不信の行為を、不本意な行為とか、事物的な関心のもとで引き起こされた干渉とか、過ちとか、外的条件による撹乱とか、あるいは課せられた役割義務とかいったものとして表現したり、事後的に説明したりするための一定の形式が役立つ。……そのほかに、処罰や贖罪や免罪に関する制度を考慮に入れておかねばならない。それらは多くの機能を備えているが、なかでも本質的なのは、結末時点を確定するという機能である。結末時点が確定されると、出来事には決着がつけられ、もはやそれ以上不信を抱くための動機が与えられなくなる。（V：100―101）

ここでは、不信よりも信頼が最終的に選び取られるよう

5―信頼と不信のシステム合理性については、V：112ff、横井2014にも記述した。

にするために、不信を抑制するメカニズムとして、二つの仕組みが挙げられている。第一は、不信に満ちた行為を過ちや外的攪乱などとみなし、偶然的で不本意なもの（いわば、例外）として処理する仕組みである。そして第二は、処罰・贖罪・免罪などによって、不信に満ちた行為に始末をつける仕組みである。どちらの仕組みも、不信をその場限りのものとして処理するための工夫ではある。こうした制度があることによって、不信の発生や波及をすべて阻止することができるわけではもちろんない。しかし、不信の連鎖を促すと考えられる数多くの些細なきっかけをとり除くことで、結果としては、制度や枠組みそのものが崩壊してしまう可能性を減少させる役割を果たしていることになる（V：100ff）。

これらの仕組みのうち、第一の仕組み、つまり、偶然で不本意なものと考えることは、不信を正面から扱っていないという意味で、ある種の「諦め」といえるかもしれない。はじめに述べたように、こと教育関係においては、教師が子どもを信頼することは役割的に期待されていることである。だからこそ、「諦め」や「スルー」が続けば、やがてはシステムそのものの存続に大きく影響しうる。[6]

ここで重要なのは、第二の仕組みである。この何らかの始末をつけるという方途は、罰を与えたり赦したりするというような一方的なものだけを含意するのではない。学級内で意見が衝突したときなどに話し合いで解決を図ることもまた、この考え方に相当するといえる。なぜなら、当事者が話し合うなかで、結末の時点を明らかにすることも可能であるからだ。

不満を持っている（不信感を抱いている）子どもを含めて、学級の構成メンバーで討議するとなれば、たとえば不満の原因は誤解だったことが判明するとか、お互いが妥協できるポイントが見つかるとか、当事者が一応は納得できるかたちで決着する可能性がある。その意味で、不信に基づく誰かの行為が、他の誰かの不信も招きうるような事態に陥ったときはいつでも、話し合いの場を用意する（ことで、結末の時点を明らかにする）ことが肝要になる。

（3）不信を話し合いで引き取る試み――関口実践より

学級内で誰かからぼそっと不満が出てきたら、それを学級という公の場での議論へと開く、この機会を不断に保障すること。そして、学級の構成メンバーの「納得できるかたち」が、議論によって都度更新されること。埼玉県の小学校教諭である関口武の実践では、これらのことが明確に保障されている。

子どもの発案から、好きな者同士が一緒に座る「自由席給食」を毎週実施することになった3年生。このとき、みんなを誘うことと、嫌だったら「この次食べようね」とやさしく断ることが、話し合いで決まった。しかし、当初はこのルールに賛成していたさつきから、「やさしく言ってもらっても、いやです。私は『断ってもいい』に賛成したんですけど、断られる方の気持ちを考えてください」と発言があり、亜紀も「今日は春木くんは誰からも誘われなかった」、「（春木くんが）どこ行っていいか分からなくてうろうろしていた」と応じた。これを受けて学級会が開かれ、そこでの話し合いの結果、「入れて」といわれたら断らないことが、新しいルールになった。こうした実践のなかで、関口は、「何度でも決め直せること」を子どもと確認している（関口 2015：40－42）。

関口はまた、班活動のなかで支え合い、教え合う行動の目的を、「目標を達成すること」ではなく、「その目標が間違っていないのかを批判的に検討できる集団のちからを育てること」として、目標や提案、ルールなどを「改廃すること」をめざしているという（関口 2015：53）。彼の考える「討議づくり」は、以下のようなものである。

6――このことを端的に示す事例は、いじめの放置であろう。たとえば教室のいじめを「たまたま」で「わざわざ対応するほどではない」ことだと考える教師や学級は、被害者の不信を排除して、教室（というシステム）が正常であることを保とうとする。すると被害者は、自らの不信が正当に扱われないことについて、更なる不信を抱くことになり、その心理的負担は増大していく。この場合、被害者本人のなかで不信が連鎖・増幅するのを止められなくなるため、当初の（被害者が参入していたはずの）教室としてはもはや正常ではなくなるのである。

集団の合意は大切です。しかし、時間をかければ合意できるものもありますが、時間をかけても合意できないものもあるのです。集団が合意できないものの中に、その矛盾の中に、もっと大切なものが隠されているのです。合意できないものをどう決定していくのか、それが討議づくりです。（関口 2015：98）

不満があれば何度でも話し合えて決め直せる、合意に至らなくても一応の納得はできるようなかたちを追求することが大切にされている。このことは、子どもの抱く不信を学級という公の場に出すように後押しすることで、その不満を構成メンバー全員による話し合いで決着させる工夫であるといえる。

（4）忖度のいらない教室への試み——石垣実践より

子どもに不満があるのは当然である。それを抑制することばかりを求め、「聖人君子」になることを目指させかねないという危険性こそ、道徳科の孕む問題点の一つである。過度な自己規制を強いる画一的な指導は、忖度する態度を強化し、子どもを「教師や大人の命令を聞くお人形」（奴隷?）にしかねない。子どもが自ら考え、表現し、他者とかかわっていく人間になるためには、負の側面も含めた等身大の自分を他者に受け容れられる経験が重要な意義をもつ。

滋賀県の公立小学校教諭である石垣雅也は、「お互いが、素直な思いを率直に語り合う」（石垣 2013b：39）教室空間をつくろうと、週に一度、子どもに紙を配り「書きたいことを書きたいだけ書く」（以下、便宜上「自由作文」という）時間を設けている。書くことは「何でもいい」というだけでなく、どんなことをどんな角度から書いてもいいし、書かなくてもいい。自由作文では、子どもが安心して自由に自分の思いを表現するという行為選択ができるように、誤字脱字に赤を入れたり、「いつ」「どこで」「誰と」「何を」といった文章形式を指示したりするなどの「指導」はない。

子どもが思い思いに書いた文章は、ほぼ日刊で発行される学級通信で紹介され、教室で読み合われる。その通信はまた、持ち帰られて家庭でも読まれる。自由作文を間において、子どもたちの紡ぐ言葉を通して、教室では対話が生まれる。

以下は、子どもたちの自由作文である。

> 今日はマラソン大会がありました。スタート直前に、エリカちゃんが「いっつもユキネちゃん止まらんと走ってるし、うち、ユキネちゃんについて行って、止まらんようにする！」と言ってきました。わたしも目標にされていたんやなぁと思い、うれしかったです。私はいつも通り走り、私の後ろでエリカちゃんがゴールしました。先生たちには、一緒に走ってると思われていたかもしれへんけど、アドバイスをしてあげていただけです。まぁ自分との勝負やし、そんなこと気にせえへんけど……さぁ、タイムはどんだけのびたかな？（ユキネ）（石垣 2013a：38）

> 6時間目が終わって、歌の練習している時、僕たちは、楽しみながらも、ｍａｘで歌っていた。そしたら、先生がキレたから、やばっと思ったら、その相手は、違った。その後先生が、もう一回歌うか、やめておくかをみんなにきいたけど、おれとタカヤマは、気持ちのらへんしやめよう。と言った。
>
> そうしたら、先生の機嫌がもっと悪くなった気がした。オレがトイレに行こうとしたら、ちょっと怒り気味で注意してきた。先生は、あの時、めっちゃイライラしていましたか。イライラしていなかったですか。どちらですか。正直にお答えください。（みやっち）（石垣 2013b：38）

教師のふるまいには、一見すると子どもに選択の自由を与えているようで、実際は「本当はこうしてほしい」というメタメッセージがこもっていることがある。子どもはそのことに敏感だ。教師が子どもにあるべき型を押しつけることは、子どもに忖度を迫る（教師の予期のとおりにふるまうことを求める）のと同義である。だからこそ石垣は、子どもの予期せぬ行為や不満も含めて受容する。ユキネもみやっちも、自分の気持ちは、教師にあるいは教室で受容されることを予期していた。

石垣実践における自由作文は、「子どもが感じていることや、子どもの側から見えている世界を深く理解したい」（石垣 2013a：38）という思いから、子どもの「声」[7]を注意深く聴きとることで、子どもたちが本音をいえるような関係性を希求している。だから子どもには、自分の思いを表現する選択肢だけでなく、本音を書かないとか、文章を書かないとかの選択肢もある。後ろ向きな本音をいえるような教室空間への信頼があれば、必要なときはいつでも、不信を表明し共有することができるだろう。

第5節　むすびに代えて

　本章では、教師個人がみんなから「信頼される」ことは必ずしも必要ないことを前提として、子どもが教育関係を受容するに足る程度の、最低限の信頼を抱いているところから考察を始めた。ルーマンの議論は、信頼の機能を分析することで、信頼のもつメカニズムを明らかにするものであったが、とりわけ、教室に不信を取り込む工夫を施すことによって、逆説的に信頼を強化し、学校生活全体のなかでの道徳教育をより良好に営んでいける可能性を示した。

　教師が子どもという他者の予期を予期するのと同様に、子どもも教師という他者の予期を予期する。そのとき、子どもに教師の意図を忖度させるような、子どもの内面に踏み込んだ道徳教化に陥らないための注意深さが必要になる。こうした事態を避けるためには、「考え議論する道徳」の企図するところを汲んで、子どもの不信を回収する仕組みを援用することを提案した。それが、話し合いの場を保障し、そこで本音がいえる環境を整えることである。

　先の例でいえば、関口実践は、不信を公に表明できる場として学級会などの討議の機会が保障されている。討議のなかでは、合意に達することではなく、討議の手続きなどを含むプロセスに重きが置かれている。

　また石垣実践は、子どもたちが信頼／不信を抱くことが、ともに教室のなかで受け止められるということを、みんなが了解している。本音を書かないという選択肢が当然に含まれていることが逆説的に、本音をいえる／書けるような関係性を指向しているのである。

以上のことから、こうした関係性を築く学級の教師は、かえって「信頼される教師」であり、その実践は教室の民主主義を実現しうるものである。教室での民主主義の体験は、子どもたちが集団的思考の営為を実践し、「平和で民主的な国家及び社会の形成者として必要な資質」を備えるために不可欠である。だからこそ、道徳教育においても、子どもの抱く不信のような、教室の事実から出発することは欠かせない。そこから、子どもたち自身が当事者性をもって考え、議論することを保障するような教室をつくる。教師がそこに至るには、子どもの行為の裏に潜む理由（他者の予期の予期）にセンシティブになること、つまり深い「子ども理解」[8]によって、教師にとって想定外な（ルーマン的には、予期を裏切られた、「期待はずれ」の）子どもの行為選択に応じる必要があるのだろう。

（よこい・なつこ　文京学院大学 人間学部

教職課程センター特任助教）

参考文献

Baraldi, C., Corsi, G. und Esposito, E., 1997, *GLU: Glossar zu Niklas Luhmanns Theorie sozialer Systeme*, Frankfurt am Main: Suhrkamp.（クラウディオ・バラルディ、ジャンカルロ・コルシ、エレーナ・エスポジト（土方透・庄司信・毛利康俊訳）（２０１３）『ＧＬＵ―ニクラス・ルーマン社会システム理論用語集』国文社）

Erikson, E. H., 1980, *Identity and the Life Cycle*, New York/London: W. W. Norton & Company.（エリク・ホーンブルガー・エリクソン（西平直・中島由恵訳）（２０１１）『アイデンティティとライフサイクル』誠信書房）

7―子どもの発する声には、ほとんど聴きとれない小さな声や、音の発生しない声なき声もありうる。そのようなものをこそ含む意図で、ここでは「声」と表記している。子どもたちの「声」を聴くことの意義については、横井 2018を参照のこと。

8―「子ども理解」については、教育科学研究会編 2013など。

石垣雅也（２０１３ａ）「子どもたちの安心を生み出す空間―滋賀・小学校６年の教室から（２）〔連載―子どもたちの生きる世界と向き合う〕」『月刊クレスコ』２月号（№１４３）、38～39頁

石垣雅也（２０１３ｂ）「率直に語り合うことで生まれる対話―滋賀・小学校６年の教室から（３）〔連載―子どもたちの生きる世界と向き合う〕」『月刊クレスコ』３月号（№１４４）、38～39頁

岩本賢治・羽田純一・岡篤・田中稔也・南山拓也・岡崎陽介（２０１８）『考え議論する道徳の授業80　５年―板書例と展開がわかる教科書教材を使った』（喜楽研の授業シリーズ）喜楽研（わかる喜び学ぶ楽しさを創造する教育研究所）

Kneer, G. und Nassehi, A., 1993, *Niklas Luhmanns Theorie sozialer Systeme. Eine Einführung,* München: Wilhelm Fink Verlag.（ゲオルク・クニール、アルミン・ナセヒ（舘野受男・池田貞夫・野崎和義訳）（１９９５）『ルーマン社会システム理論』新泉社）

神代健彦（２０１８）『「特別の教科　道徳」の危険性と向き合う―〈真正の教科〉という選択について」『歴史評論』２０１８年７月号（第８１９）、16～27頁

教育科学研究会（田中孝彦・片岡洋子・山﨑隆夫）編（２０１３）『子どもの生活世界と子ども理解』（講座教育実践と教育学の再生１）かもがわ出版

Luhmann, N., 2005, *Vertrauen : Ein Mechanismus der Reduktion sozialer Komplexität,* 4. Aufl., Stuttgart: Lucius & Lucius (1. Ausg., 1968, 2. Erweiterte Aufl., 1973.). [V]（ニクラス・ルーマン（野崎和義・土方透訳）（１９８８）『信頼―社会の複雑性とその縮減』未来社〔ただし、原著初版訳〕、ニクラス・ルーマン（大庭健・正村俊之訳）（１９９０）『信頼―社会的な複雑性の縮減メカニズム』勁草書房〔ただし、増補改訂版訳〕）

Luhmann, N., 1984, *Soziale Systeme : Grundriss einer allgemeinen Theorie,* Frankfurt am Main: Suhrkamp. [SS]（ニクラス・ルーマン（佐藤勉監訳）（１９９３）『社会システム理論（上）』、（１９９５）同書（下）恒星社厚生閣、Translated by J. Bednarz Jr., with D. Baecker, 1995, *Social Systems,* Stanford, California: Stanford University Press.）

丸山徳次（２０１３）「信頼への問いの方向性」『倫理学研究』第43号、24～33頁

宮澤弘道・池田賢市編（２０１８）『「特別の教科　道徳」ってなんだ？―子どもの内面に介入しない授業・評価の実践例』現代書館

中村（新井）清二（２０１８）「どのように「正しい」判断か―評価の三視点からつくる道徳の授業」『教育』

２０１８年５月号（No.８６８）、27～34頁
大庭健（１９８９）『他者とは誰のことか』勁草書房
大庭健・安彦一恵・永井均編（２０００）『なぜ悪いことをしてはいけないのか？―Why be moral?』（叢書　倫理学のフロンティアⅨ）ナカニシヤ出版
佐貫浩（２０１５）『道徳性の教育をどう進めるか―道徳の「教科化」批判』新日本出版社
佐貫浩（２０１７）「特別の教科「道徳」の性格―私たちの対抗戦略を考える」『教育』２０１７年10月号（No.８６１）、５～12頁
関口武（２０１５）『子どもから企画・提案が生まれる学級―集団づくりの「ユニット」システム』高文研
山岸俊男（１９９８）『信頼の構造―こころと社会の進化ゲーム』東京大学出版会
柳橋晃（２０１８）「義務論的正義論と教育」『教育』２０１８年５月号（No.８６８）、43～50頁
横井夏子（２０１４）「教育関係における信頼概念の特徴―ルーマンを手がかりに」東京大学大学院教育学研究科基礎教育学研究室編『研究室紀要』第40号、２４３～２５３頁
横井夏子（２０１８）「「声」を聴くケアの営み―実践記録を読んで」『教育』２０１８年５月号（No.８６８）、23～26頁

付記　本稿は、ＪＳＰＳ科研費JP17H07065の助成を受けた研究の成果の一部である。
引用箇所は、（著者名 出版年：頁）で示すが、ルーマンの著作のみ、（略号：頁）で示す。略号は、参考文献のなかで［ ］として記した。

第9章

子どもが安心する教室を

大江　未知

はじめに

２０１８年４月から、全国の公立小学校で「特別の教科である道徳」（以下「道徳科」）が始まった。これに先がけて、前年度は、１年かけて「新学習指導要領伝達講習会」が行われた。文部科学省が、県教育委員会、市町村教育委員会を通じて各学校現場に、教える内容、方法、評価について、詳細な伝達をし、それを受けて、各学校現場では「新学習指導要領」体制が作られ、新しい教科「道徳科」についても詳細な検討が求められた。

勤務校は「輝きっ子１００の決まり」を持ち「子どもを型にはめ込む」学校だ。道徳の年間計画や評価をめぐっても、文科省から示された「型」どおりの提案が最初だった。しかし、真面目に考えていくと、「考え、議論する道徳」を実践するためには、今まで市全体として取り組んできた「人権教育」「平和教育」の教材を大切にし、主体的に指導内容を考えることを放棄してはならないと論議が深まって、自主教材が取り入れられ、教科書教材は精選された。さらに「学校教育の大きな変化なのだから、実践していない時期に作った年間計画を次に押し付けるのはやめよう。子ども、父母からの反応を確かめて、年間計画をよりよいものにしていこう」と確認した。

「道徳科」は、教師が正解を示して教える教科ではない。正解を押し付けてしまえば、できていないこと、本当はそうは思っていないことを隠して、自分を偽装させる教科になってしまう。上手に偽装して集団に留まれる間はいいが、本当の自分が抑えられなくなると、偽装集団を破壊し、あるいは離脱して、自分を豹変させざるをえない。子どもが集団や自分に暴力を向ける仕掛けになるような教科にしないために、子どもに一番近い教師がどういう授業を作っていくのか考える必要がある。

そのためには、「道徳科」を教える私が、子どもたちが、学校の生活の中で見せる道徳性の発達からの逸脱や反抗を不正解と断罪するのではなく、その子とともに考え、深く理解する態度を持ちたいと思う。子どもたちが自分の言葉を、自分のことを理解し、受け止めてくれる友だちと教師がいなければ、その子の内面をくぐった言葉は紡ぎ出されない。多様な考えを交流し、お互いを認め合っていない。自分の言葉を、集団に差し出すことは、簡単なことでは道徳性を高める授業を作るためには、教師が全教育課程を通じて子どもたちを支え、子どもたちとともに「安心する教室」を生み出す努力が不可欠だ。

6年生の学級には「いじめられている」と感じているのに言い出せない亮と母がいる。秩序だった学級についていけない弱い自分を恥じてトイレで過ごしていた夏代がいる。序列的な学力はあるが、自分の成長に自信が持てない啓もいる。子どもらの痛みは、新教育課程体制に組み込まれ、教員評価育成システムで底辺にいる私と響き合うものがある。子どもの声を聴きとりながら、学校に子どもたちも私も息のできる風穴を開けなければ、教育は死んでしまう。成果ではなく、日々の教室の営み、関わりの中に安心は宿る。

「道徳科」の授業を生み出すための努力の中で、再認識した課題について書き記したい。

第1節　「良い学級」で起こっていた「いじめ」

2018年度4月。6年生担任になった。クラス替えはあったが、4年生から3年間持ちあがった学年だ。学年は3学級85人。よく見知った顔が並ぶ。

少なくともスタートは、順調なはずだった。ところが初日から、亮のお母さんが「いじめで苦しんでいる」と教室に来た。私にとっては寝耳に水の話だ。この子たちは、1年生から落ち着きがなく、4年生までは毎年指導困難な学級があった。3学級編成で、特別支援（情緒と難聴）2学級もある。高学年は「締めていかなければダメだ」と言われ、去年の5年生は、1組は私。2組は道徳担当の40代女性織田先生、3組は生徒指導担当の30代高山先生。5年間で初めて指導困難な学級を出さずに無事終わったと思っていた。

確かに道徳担当の織田先生は「しんどい1年でした。丁寧に指導したつもりでしたが、靴箱の靴も揃わず、黙掃（黙って掃除をすること）も徹底せず、給食は残量があってきちんと学級経営出来ませんでした」と持ち上がりを拒否した。でも、靴箱の靴が揃わず、黙掃が出来ないと言われていたのは、私の学級だった。学年打ち合わせでも、困難な子どもの話は、8割がた私がしていて、他の二人は聞き役に回ることが多かった。仲が悪いわけではない。ひと月に1回は、飲み会で盛り上がったし、私の家にも遊びに来たし、おしゃれなカフェ情報など、よくおしゃべりもしてきた仲だ。子どもの問題で、学年揃って校長室に乗り込んだこともあった。学年終わりの3月には織田先生から「子どもはしんどかったけど、学年は最高でした」と手作りのポーチまで頂いた。

しかし、長時間過密労働に追い回され、お互いの子どもの見方や教育実践に込められた教師の願いまで話せてはいなかったのだろう。学年「打ち合わせ」は毎日していたけれど、学年での教育研究は十分ではなかった。集会での並び方等の表面的な学級の様子は目に入っても、一人ひとりの子どもの声を皆で聴きとり考えるような教師集団になれなかった後悔がある。表面的には、織田学級は「良い学級」だったので、介入のしようもなかった。

第2節　「輝きっ子100の決まり」の中で生き凌ぐ

学年で、子どもの指導をめぐって対立することはあった。

例えば「消しバト」（机にメンバーそれぞれの消しゴムをおき、自分の消しゴムを指ではじいて、メンバーの消しゴムを落としていく。落とされたら負け）。1組が楽しんでいたら「消しゴムは文房具なので、遊びに使ってはいけない。物を大事にせず、学習に不要な大きな消しゴムを持ってくるのは『輝きっ子１００の決まり』に違反している」と生徒指導担当の高山先生に怒られた。
「輝きっ子１００の決まり」は、本校の生活の決まりだ。始業式のあと、各学年で学年集会を開いて、子どもたちに伝達され、学年の最初の保護者懇談会で保護者に説明される。

例をあげると、筆箱は箱型で飾りなし、一色。鉛筆は黒４本、赤１本、消しゴムは白でよく消える物１個。４年生以上は赤ペン可。ただし、ノック式はカチャカチャうるさいので、不可。体操服の下に何も着ない（この決まりは子どもたちが４年生の時に、女子はキャミソールを着ないと恥ずかしいと抗議して、一部改正された）など、細かく学校生活を規定している。

私は、子どもたちと考え合って、「消しバト」は文化活動だ、と反論した。

「消しバト」は指先を使い、作戦を練る知力を使うゲームである。性別も関係ないし、体力も問題にならないので、誰もが楽しめるゲームでもある。５年１組は、全員が仲良くなるために、学級活動として「消しバト」を行う。ルールも細かく決め、特に使用する消しゴムは、消しバト専用の学習道具と考えて、文房具の消しゴムとは区別することにした。

「これで解決！」と楽しんでいたら、次は、隣の算数教室からクレームが来た。休み時間の「学力補充教室」を妨害するなという理由だ。『輝きっ子』には、晴れの日は運動場で元気よく遊び、雨の日は、教室で静かに読書と書いてある。４年生が算数特訓しているのに、５年生が決まりを守らずに学習を妨害するようでは困る」と算数の先生に怒鳴られた。

子どもたちは、学級の文化活動だと頑張ったが、「いくら文化だと言っても、静かに学習している人の横で騒ぐのは間違っている」と言われ、意気消沈。しかし「これは、休み時間の確保と遊びの自由の問題や」と知恵を絞って考えた。結局「問題は消しバトではなくてうるさいことやから、黙ってやろう」と結論が出て、「決して声を出してはいけない、消しバト」をすることにした。「決して声を出してはいけない」ルールは、やってみると面白くて、オーバーなガッツポーズや筆談も楽しく、学級クラブの取り組みは、「消しバト」から「将棋」「トランプ」「オセロ」「プロレス」「お尻鬼ごっこ」「オカルト」と広がっていったが、「声を出してはいけないルール」は守られた。

高山学級と織田学級の子どもたちは、しょっちゅう1組を覗きに来て羨ましがった。1組の子どもたちは、「2組も3組も学級クラブ作ったらいいやん」と言ったが、二人の担任は「大江先生だから勝手をさせても学級は乱れないが、私たちは子どもを自由にさせるなんて出来ない」と言っていた。私は何度も「教師が自由を与えるのではない。子どもたちが、主人公になって学級を作っていくのだ。決まりも子どもたちが考え、作り直し、皆が居心地よく生活するために生み出していくものだ。そういう営みの中で子どもたちは繋がり、決まりを守るのだ」と話したが、伝わらなかった。

職員会議でも「輝きっ子100の決まり」について発言するが、「高学年が荒れた時に全校体制で取り組み成果を挙げたスタンダードです。一人の名人が出来る取り組みではなく、若い未熟な先生でも安心して取り組める学校にするために、必要な決まりです」と反論される。


そして必ず「僕は若くて未熟なので、一人では子どもに決まりを守らせることができませんが、学校で統一した指導目標があるので助かります」と当事者が発言する。

「若い」は事実としても、そのまま「未熟」ではない。「若い」「魅力」「勢い」「新しい」など自分で学び考え子どもたちと向き合って教師という仕事に挑戦して欲しいと願って、再度「私にも『若くて未熟』な時はあった。今より授業は下手だったかもしれないが、あの時の私とあの時の子どもたちにしか味わえない毎日があった」と発言するのだが、職員室中が沈黙してしまう。

「時代が違う。どの教師でも出来る基準を持った学校でなければ信頼されない」に「工場で均一な製品を作っているのではない。人間が人間を育てているのだから、一緒になるはずがない」と言うも、「根本的で哲学的にはそうですが、現実を見ましょう」と研究担当にさわやかに諭される。子どもと教育について深く考える自由を持たない教師集団が「考え、議論する道徳」を生み出せるのかと危機感が募る。

第３節　「いじめ」を言葉に出来ない亮と母

亮のお母さんから、５年生の学級と、地域の少年野球チームのいじめが語られる。学級で亮が発言すると、何人かが目配せして笑う。発言すれば、筆箱を落とすなどの大きな音で妨害される。担任の織田先生に相談したが、かえって亮の授業態度の悪さを指摘され、理解されなかった。しかし、先生は、お母さんの話に出た子どもたちに厳しく注意はした。根本的な「指導」がないまま叱責された子どもたちは、亮に恨みを抱き、いじめは加速した。亮はお母さんが先生に相談したことを怒っている。

５年生の３学期には、新品の消しゴムが何個もなくなり、鉛筆はいつも芯が折られていた。ノートも数冊なくなった。誰がやったのかは分からない。いじめは陰湿で、先生の目には見えないように行われている。３学期は、学校を休んだ日もあったが、耐え切った。

亮に責められたお母さんは、亮の様子を丁寧に見守り、消しゴムや鉛筆も文句を言わずに整えてやり、野球の練習のない日は、ＵＳＪに家族で遊びに行ってストレスを発散させたそうだ。学校を休んだ日は、ゲームをしてもいい時間を増やし、一緒にお菓子作りなどもしてリラックスさせたとも言う。

始まりは、５年生秋の日曜日。少年野球チームの午前の練習の終わりに、亮が「遠足のお菓子、一緒に買いに行こう」と呼びかけたら、チーム全員が黙って返事をしない。もう一度「イズミヤにする？　ガーデンズの駄菓子屋にする？」と聞いたら、話を逸らされた。変だなと思っていたら、帰り道、康ちゃんが二人になったタイミングで「ごめんな、亮ちゃん以外の皆で買いに行く約束してん」と教えてくれた。亮はどうして自分だけのけ者にするのか聞いたが、「卓ちゃんが『人数が多いと面倒くさいから定員５人な』って言ったから」と言う。野球部の５年生メンバーは７人。なんで５人なのか納得できない。腹が立って、卓に電話をして「定員ってどういうこと？」と聞いた。返事は「僕が決めたわけじゃなくて、前、大人数で自転車に乗って移動した時に、危険だと怒られたから、定員は必要やろ」だった。納得は出来なかったが、淀みなく返事を返されて、結局「そうなん」と言いたいことを飲み込んで終わった。それから何をするにも定員が決められた。卓はいつも定員とメンバーを決める側で、ムーちゃんは必ずメンバーに入っているが、その他の康たちは順番に外された。亮はほとんど外される側で辛かった。でも、定員と言われると、言い返せず「また今度な」と流した。

ちょうどそのころ、チームの体制がコーチから発表された。面倒見がよく、真面目な亮はキャプテン。人気があり、状況を読める卓は副キャプテン。野球が飛び抜けて上手なムーちゃんは自由に野球に取り組ませたいとコーチは言い、何の役にもならなかった。チームにはサインもあるが、ムーちゃんの打席だけはノーサイン。４番バッターでピッチャー、誰もが認めるチームの主軸は自由だ。

５年の時は、キャプテン亮と主軸のムーちゃんはともに織田学級で、卓は私の学級にいた。

亮の母は「初日から申し訳ありません。織田先生の丁寧で厳しい指導に感謝しています。私は亮からの一方的な話だけしか聞いていないので、いじめと言っていいかどうか分からないのです。織田先生の配慮でムーちゃんと学級が離れたのはホッとしているのですが、私の目から見るといじめの中心の卓ちゃんと子分の康ちゃんが同じ学級になって不安です。野球部の話も織田先生にしておけば良かったのですが、学校外のことだし、本人も絶対言うなというので黙っていました。今日の話も先生たちにも子どもたちにも内密にしてください。今日来たことも、亮には言っていません。見守って下さるだけでいいのです。お願いします」と言う。私は「いじめ」は、お母さんが織田先生に相談したから始まったのではないことを伝え、見守ることを約束した。連絡帳や手紙は亮に見られる心配があるので、お母さんとはメールで連絡を取り合うことにした。

「いじめ」について根本的に解決することを諦め、当事者としての声を奪われている亮とお母さんの苦しさを思うと、胸が痛かった。単純な「指導」で解決できる問題ではない。子どもたちの中に浸透している序列的な能力主義を子どもたち自身で発見し、新しい関係を生み出すような取り組みが必要だと考えた。そのために、子どもたちの不安を受けとめることから始めたいと思った。

第４節　６年生スタート

６年生は、５年から持ち上がりの生徒指導30代高山先生、４年から持ち上がりの私、織田先生の代わりに産休代替講師の25歳の中山先生。３人の担任と、特別支援の２人、算数少人数加配の先生で組むことになった。

４月の朝。啓ちゃんが「時間割の「た」が分かりませんでした」と言いに来た。啓ちゃんは、塾の成績は全県1位だが、学校では教師に反抗的だと問題になっていた。

私が「体育館体育」だと言うと「織田先生の時間割には、体育（体育館）と書いてありました。きちんと書いて頂かないと困ります」と言い「狸狩りだと思って、体操服は持ってきませんでした」とすましている。私が「狸狩りの授業があったのですか？」と聞くと、啓ちゃんは「いえ、狸狩りはありませんでしたが、熊狩りはありました。6年生は、狸かと思いました」と言いながら、他の男子に「楽しかったやんなぁ」と呼びかける。調子乗りの康たちが寄ってきて「体育やめて、熊狩りにしようや。俺も体操服ないし、出来ひん」と大きな声を上げる。

私は誤解を生んだ表記を謝り、今回に限り、体操服なしで体育をしていい決断を下し、熊狩りの技術を活かして、熊の攻撃をかわす前転や側転、熊狩り鬼ごっこの体育を行った。

授業後、啓ちゃんが来て「連絡帳に忘れ物表を貼りますか？」と聞くので、「貼りません。今回は事情が事情ですから。イチイチ忘れ物表など貼るのも面倒ですし。私が貼るのは、湿布くらいですかね」と言うと「学校の決まりで貼らなくてはいけませんよね」と言う。改めて『100の決まり』を確認したが、「忘れ物は、連絡帳で知らせ、サインをもらう」とはあったが、忘れ物表はなかったので、「私は貼りません」と宣言した。

私は「連絡帳に忘れ物表を貼って終わりじゃないよね。忘れ物が続けば心配するし、困っていれば助ける学級にしたいよね」と言ったが「理想ですが、甘い気がしますね」と啓ちゃんは大人のように答えた。康たちは「ラッキー！　ミッチー、最高！」と大喜びだった。

第5節　教科「道徳」の始まり

授業の始めに子どもたちに「今年から、道徳が教科になりました。教科書を使い、成績がつくのが今までとは違います」と告げた。「え〜、テストすんの?」と声が上がる。「テストはしません。皆が授業中に自分を見つめ、よりよい生き方をしようとしているか先生がよく観察し、判断して、1年の終わりに文章で書かせて頂きます」と説明する。「そんなん、先生に分かるわけないやん」と声が上がったので「実は、先生もそう思います。道徳の教科化について不安に思っているお家の方もたくさんいると思います。でも、始めなくてはならないので、お勉強をスタートさせて、考えていきましょう」と言った。「ほんなら、止めとこうやぁ」という声が上がる。

教科書は光村図書。4月の教材は「①未来に向かって―まどさんからの手紙―」で、詩人まど・みちおさんから、ふるさと山口県の小学校の子どもたちに送られた手紙を読んで、「がんばりたいな、挑戦してみたいな、楽しみたいな」と思ったことを、だれかへの手紙の形で書くというものだ。

教科書の「考えよう」には「まどさんからの手紙は、あなたに何を伝えているだろう」とあり「心に残ったところ」をさがし「りっぱな　おとな」について考えさせることになっていたが、私は、「まどさんからの手紙を読んで、手紙をもらって嬉しいな、なるほどな、と思ったところと、よくわからないなと思うところを話し合う」ことから始めた。

嬉しいな、なるほどな　と思ったところ

・まどさんが、子どもたちを信頼して、戦争や環境、自然破壊について「なおしてほしい」と言ってくれているのが嬉しい。

・自分の成績だけとか、狭いことだけではなくて、地球全体のために考える大人になりたいと思った。

・僕は、普段あんまり「ちきゅうぜんたい」とか考えないから、この詩を読んで、6年生は、ヒロシマに修学旅行に行って平和について考えるし、1年生に学校全体のことも教えるので、成長しなくてはと思った。

よくわからないな、お尋ねしたいな　と思ったところ

・まどさんは、大人は「こまっている」「なおしきれない」から、子どもが「はやくおとなになって　こうしたことを　なおして　ほしい」って言うけれど、異常気象や戦争も、積極的に「いい」と思っている人はいないと思うけど「こまる」ではなくて「仕方ないよね」って大人が多いから「なおしきれない」ではなくて「なおす気がない」のだと思います。

・子どもたちを信じて、未来を信じて「げんきいっぱいに　がんばっていけば」って書いてくれていると思うけれど、子どもだって、元気いっぱいになれない日もあるし、病気の子だっているし、がんばれない日もあると思う。「ぞうさん」などをつくったまどさんの手紙だから、そんな風にひねくれて考えたら、ダメなのかもしれないけれど、私は、そう感じてしまう。

・子どもが全員力を持っていて、大人が全員駄目だと思わない。子どもの中にもいじめをしている人はいるし、大人の中にも困っているだけではなくて、何とかしようと頑張っている人もいる。

・「小学生は　うまれてはじめての　がっこうで、たった　一かいきりの　すばらしい『とき』です。」って書いてあって、本当にそうだと思ったけど、この詩を書いたまどさんの84歳も、「たった　一かいきりのすばらしい『とき』」だと思う。老人だって毎日『とき』を生きてるんだと思う。私はもう年だから、君たちが頑張れと言うのはおかしい。

班で話し合った後に、全体で話し合った。

華蓮が「ひねくれて読んだらダメだと思う。読んだあとで、私たちも手紙を書くことになっているから、私は、1年生に書きたい。私たちも「1年生は、小学校で初めてのすごい『とき』です。意地悪されたり、学校に行きたくない日もあるかもしれないけれど、頑張ってくださ い」ってアドバイスしたくなる」と発言すると、「それは華蓮の押し付けやん。華蓮の気持ちは分かるけど、1年生には1年生のやり方があるから、よかれと思って、大きなお世話や」「まどさんの詩は好きやけど、この手紙は、説教臭くて嫌や」「困ったときは、相談して下さい。

でいいと思う」『いっしょに』がないなぁ」と続いた。

振り返りのワークシートに「道徳の教科書はお節介で上から目線的なものを感じたけど、話し合うのは楽しかった」と書いている子がいた。

第6節　身分制度

5月、サツキがいじめられる事件が起こる。この時期、6月の修学旅行に向けて、ヒロシマ「原爆の子の像」に捧げる千羽鶴作り、「全校平和集会」成功に向けて、劇の練習、低学年への平和絵本の読みがたり活動など学年中が活気づいていた。

サツキは、バレエと合唱団に夢中で、将来の夢はアイドル。平和集会では、主人公の禎子を熱演。「うち、死にとうない！」で、全校を泣かせた。ただ、皆に合わせるのは苦手で、千羽鶴を仕上げるのに係が色を分けていると「色を揃えるより、カラフルな方がいいよぉ」と、皆の努力を馬鹿にしているようにもとれる発言をしてしまうところがある。


昼休み、劇の練習以外の女子全員が教室でおしゃべりしながら千羽鶴を折っていると、突然夏代が「サツキのこと嫌いな人、手を挙げて」と言った。グッチを除いて全員が手を挙げた。

掃除の時間にグッチが「夏代がサツキをいじめてるけど、知ってる?」と言いに来る。グッチは「夏代は、5年生の時、授業中お腹が痛くなってトイレに籠ることが多かった。3学期は毎日遅刻か欠席だった。織田先生は、お腹の病気だって言ってたけど、いじめられてたんだよね。6年生になって、明るくなったけど調子に乗ってる感じ」と言う。

私は、夏代に「サツキのことを嫌いな人って聞いたのはどうして?」とストレートに聞く。しかし、答えの代わりに語られたのは5年生のトイレでの日々だった。

「5年生の時、身分制度ができた。4年生までは、学級がグチャグチャだったが、5年生は先生がビシっとして、皆も高学年としての自覚ができて落ち着いた。最初は、先生の話もちゃんと聞こえるし、勉強も進んで良かった。だけど、2学期になると、静かで落ち着いた雰囲気が苦痛になってきた。

例えば『今日のキラキラさん』。出席番号順にキラキラさんが回ってきて、皆でその日1日はその人を見て、その人のいいところを発見して褒め合う取り組みがあった。

初めは、ホワイトボードに褒め言葉がたくさん並んで、終わりの会で日番に発表してもらうのが嬉しかった。『キラキラ係』が作ってくれた賞状を部屋には貼るほどだった。

だけど2学期になると、辛くなってきた。例えば『舞ちゃんにすごく優しい』『笑顔が素敵』『読書家』という言葉に傷ついた。確かに本は好きだけど、休み時間誘ってくれる友だちもいなかったから、仕方なく本を読んでいただけだし、嫌な顔したら、皆から嫌われるから必死で笑顔作っていたし、舞についても、私が優しいのではなくて、皆が舞を差別して私しか友だちにならなかったから。舞は、お父さんがいなくて、お母さんは病気で、二人の妹の面倒を見てすごい人だけれど、皆は知らない。啓たち男子は、舞を『高級チーズの臭い』がする人だと言い、そこから『ワイン女』と名づけ、舞が近づくと『ワーオ』(ワイン女の略)と言って逃げた。そういうことを、全員が知ってるのに、白々しく褒める。形だけ褒められても嬉しくないし、お前は底辺にいる者だぞって烙印を押されるような気持ちになった。でも、拍手で賞状を手渡されると、喜んでいるように振舞わなくてはならなかった。

私は、元々便秘症の上に、生理が始まって、お腹が張って辛い毎日だった。お医者さんに無理はしないで様子を見ましょうと言われたので、辛い日は休むようにした。でも、不登校になるのは怖いから、頑張って学校に来ていた。

お腹が痛いと言えば、先生は優しく『トイレへ行ってきなさい』と言う。だから、トイレで過ごす時間が多くなった。冬の寒い日に一人でトイレにこもっていると、教室から笑い声が聞こえてくる。一人ぼっちが身にしみた。教室入る時に『トイレ行ってました。遅れてすみません』と言うと、皆が私を見て馬鹿にしたような顔をした。舞ちゃんは『大丈夫』って言ってくれた。嫌なことがいっぱいあったけど、身分感じてたから、波風立てないように黙っていた。

私はサツキをいじめようとアンケートをとった訳じゃない。6年生になって、皆で1年生のお世話に行ったり、劇をしたり、ワイワイ言いながら鶴を折ったりして、楽しい。去年『ワーオ』って避けられていた舞も、手先が器用で鶴を繋いでいくのが上手だから、みんなといる。でも、そんな簡単に身分制度がなくなる訳がないから、誰が下なのか、確かめたかった。算数のテストがいつも100点で、センスが良くて皆に優しい美芽ちゃんが、サツキのことを苦手だと言っていたから『ほら、身分制度あるじゃん！』って確かめたかった。

でも、それでグッチに嫌われたし、男子も今度の話を知ったら、私を軽蔑するから、私はやっぱり一番下の身分になってしまう。どうしよう。どうしよう」と激しく泣く。

私は夏代に、まずサツキに謝って、女子に夏代の不安な気持ちを話してみようと提案した。夏代は、トイレの話と身分の話は絶対内緒だけれど、今の6年生の学級のみんなと仲良くしたいと思っていることは話して謝りたいと言った。

女子会で、夏代は心をこめて謝った。グッチは「夏代はみんなに優しくされて調子に乗っていると思っていたけれど、不安だったって聞いて、やったことは許せないけど気持ちはわかる気はする」と言い、舞は「夏代ちゃんは、5年生の時から、私にすごく優しくしてくれて、妹とも遊んでくれる。本当はいい人」と小さい声で話した。美芽は「私が原因で、手も挙げてしまったから反省している」と言った。

その後、朝の会でグッチが「サツキさんを傷つける事件があったので、女子全員で考えたことを、男子にも報告します。一番問題なのは、私たちの中に、あの人だったら悪口を言ってもいいと差別する気持ちがあることです。一人ひとりの良さを認め合う仲間になりたいです」と発表した。サツキは「私は、お話を考えるのが好きで、空想したことを喋るから誤解されることも多いのだと分かりました。夏代さんと美芽さんが、真剣に謝ってくれたので納得しました」と言った。

ただ美芽は「私が原因になったことは事実だけど、ポロっと言った愚痴に夏代が食いついてきておおごとになって嫌だった。夏代は嘘つきで調子が良くて、深い話が出来ない」と完全には納得できていない様子だった。私は「表面と中身は違うよ。夏代は、皆と仲良くしたいって誰よりも激しく思ってるけど、方法を模索中なんだよ。夏代は、舞に丁寧に算数を教えている美芽のことを尊敬している。100点の美芽じゃなくて、あなたの優しさが好きなんだと思うよ。本当は深い人だと思う」と話した。

この話の後、亮が「ミッチーってさあ、甘いだけと違うねんなぁ」と言いに来た。女子全員が話し合って報告したことに感心したと言う。「それは先生がしたことではなくて、皆が真剣に考え合ったからやん」と答えたが、亮は「朝のぐんぐんタイムも使って女子と話してたやん。漢字学習どうするんですか?と聞かれたら、夏休みもあるし、それより今は話すのが大事って。僕は初めてやねん。ぐんぐんタイムは、絶対ぐんぐんタイムをしないといけないって思ってたから、一番大切なことは何か考えようって。僕は、そういうの、いいなって思った」と言う。「そうやろ、甘いだけじゃなくて、隠し味も、苦味もあるんやで。魔女やから時々、毒薬も使うしな、気をつけや。困ったことがあったら、相談にのるで」と答えた。

第7節　「世界人権宣言」の授業

5月は、国語で「ヒロシマのうた」を学習し、総合と道徳で「禎子さんの劇」「千羽鶴プロジェクト」「平和の絵本読みがたり（1年生に）」に取り組んだ。修学旅行は「ヒロシマで被爆体験を学び、感じ、考えよう」として、道徳の内容項目A自分自身、B人との関わり、C集団や社会との関わりを横断するものと位置付け「希望と勇気、努力と強い意志」「相互理解、寛容」「国際理解、国際親善」の項目を含んだ独自教材とした。若い教師たちと改めて「平和主義」を掲げる日本の道徳に「平和」という内容項目がないことへの違和感を共有した。「ヒロシマ平和公園碑めぐりチャレンジ」「原爆資料館学習」「被爆体験朗読会」などを授業に位置付け、平和資料館から取り寄せた資料や、「つるにのって」のDVD視聴会、図書館司書の出張「平和のブックトーク」にも取り組んだ。DVDやブックトークは、オープンスクールの日に道徳と総合の授業として行った。「日本が9条を持つ国だということを、子どもたちにしっかり教えて欲しい」という保護者からの感想も寄せられ、嬉しかった。子どもたちと平和を考え合い、未来を生み出す中心に学校が座る形を実践的に残し、道徳の授業の年間計画に組み込んだ。

修学旅行後に道徳の教科書（光村図書）「②大切な権利―世界人権宣言から学ぼう―」を授業した。

教科書の「考えよう」に『人には、自由に意見を言う権利がある。だから人の悪口を言ってもいいんだ。』という人がいたとします。その人に世界人権宣言で言われていることを使って反論しましょう」という課題がのっている。それについて話し合った。

最初は、「僕は、第1条『みんな仲間だ』を使って反論します」「第2条『差別はいやだ』を使います」「第3条『安心して暮らす』を使います」と話し合っていたが、「そんなん、全部なんちゃうん？何か、課題がおかしいと思う」と子どもたちが言い出し、「19ページに『世界人権宣言は、戦争を二度と起こさないために、一人一人が大切にされる世界でなくてはならない』ことを『言葉にした』って書いてある。だから、『自由に言えるから、悪口言う』って考え自体が『世界人権宣言』に反してる。そう言う人は人権宣言を読んでないから、権利を間違えてるんちゃう？」「間違った権利があるってこと？」「権利って、主張しすぎたら迷惑になるんじゃない？」「第29条に権利と身勝手はちがうって書いてある」「権利を主張しすぎたら身勝手になるってこと？」と話し合い始めた。

私は「権利なんか主張せんと、静かに先生の言うことを聞いてたらいいねん。皆が勝手なこと言うから学級がうるさくなるし、勉強も進まへんねん」と投げかけた。子どもたちは「何かムカつく。違うやろ」「そんな読み方したら『世界人権宣言』は自分勝手なことは言わせません宣言になる」「しょうもない私語はあかんけど『世界人権宣言』はお互いを同じ人間だと認めるんやろ。一番大切なのは、自分が考えたことを自由に言えることじゃないん?」「言いたい放題になったらどうする?」「手塚治虫の『紙の砦』に、戦争の時は、漫画も禁止され、殴られても、工場で働かされても嫌だと言えず従ったと書いてあった。だから、19条の『自由に意見を言う権利があります。』ってすごく大事やと思う」「私はね、ヒロシマへ行った時、韓国人慰霊碑の前で、韓国の人から話を聞いたけど、日本の人で優しい人もいたけど、優しくすると兵隊とか警察に捕まったって。悪口言って差別しないと、生きていけなかったって言ってた」と進んだ。

子どもたちは「日本人は、韓国とか朝鮮の人の悪口を言って差別してきたやろ。でも、それは日本人が悪口をいう権利を持っていたのではなくて、悪口を言わないでという権利を韓国の人が持ってなかったから止められなかった」「ちょっと違う。日本人も『嫌だ』という権利を持ってなかったやろ、『紙の砦』では」

私は「悪口を言うのは権利なの?もうちょっとはっきりさせて」と言った。「戦争を進めようとしていた軍の人とか、警察の人、それから普通の人も韓国の悪口を言っていじめてた」「力の強い人が弱い人の悪口を言って、差別して、普通の日本人は、もっと弱いと思っていた韓国の人の悪口を言ってた」「それは差別」「権利じゃなくて、言葉の暴力。権利って弱い人が強い人に物を言う時に大事なん違う?」「権利があるから、悪口を言っていいなんて普通は言わない。自分が困ったり、解決できないときに、つい悪口を言ってしまうけど、それには理由があるから、そういう意味では、弱い人は悪口を言ってもいい」「そうそう、おかしいと思ったら、悪口?意見?言ったらいいし、それが噂とか思い込みとかで間違ってたら、おかしいよって言える権利を言われた方が持ってたら正せる」「悪口を押し付けるのは暴力」「最初から意見を悪口って決め付けるのも暴力」「悪口を言いたい人に『世界人権宣言』を使って反論するのはおかしい」「悪口はあかんけど、なんでそんなこと言うのか聞くのが『世界人権宣言』や!」「30条の『権利を奪う権利はない』ってそういう意味や!」

私は「君たちはすごいなぁ。教科書を超えてるなぁ。感動や」と言ったが、子どもたちは、「道徳の教科書って、面倒くさくて、変やなぁ」と言った。

第8節　エロの師匠として
――第二次性徴に戸惑う子どもを支える

啓ちゃんのエロ話が止まらない。「先生、啓ちゃんのエロ話は相当えぐいで!」と何人かが言いに来る。啓ちゃんに聞いたことを、そのまま質問に来る子もいた。

私は、子どもに「先生は知っているけれど、説明するには、セックスとか、妊娠とか、恋愛とか、あなたがまだ知らないことも話さなくてはならないけど、どうしようか?」と聞いた。大抵は「ふーん」というが、それでも知りたいという子もいるので、できるだけ丁寧に話をして、先生とあなたたちには圧倒的な知識と体験の差があるから、理解できなくても心配する必要はないと伝えた。

啓ちゃんがエロくなるのは理由があった。塾っ子の啓ちゃんは、塾で3時間、4時間と勉強を強いられているので、休み時間コンビニで買い物をして息抜きをする。その時にエッチな雑誌の表紙等を見て、帰ってからパソコンで検索する。パソコンは、塾の学習に絶対必要で、メンバー登録をして、速く算数の問題を解くとか、あるいは難問を考えて、解答を投稿し、正解とか不正解だけでなく、エレガントでかっこいい解き方を競うのだと教えてくれた。だから、塾から帰って自分の部屋でパソコンに向かうのは家族・母親も公認で、堂々と調べられるのだ。

私は啓ちゃんに「学んでるんや」と話しかけた。啓ちゃんは「気になることは調べるけど、別にエロなことばかりじゃない。僕が一番興味あるのはアニメで、最高に好きなキャラクターは『はたらく細胞』の血小板ちゃん。声優さんもすごく好き」と言う。「エロい話をしているつもりはないけど、小豆梓（『変態王子と笑わない猫。』）は胸が大きいとかは話してる。僕はアニオタ（萌え豚、声オタ）で、皆は、リアル恋バナとか好きだけど、僕は興味がない。学級の中で誰が好き? とか聞かれても、無理って思う」と色々話してくれる。

私が「でも、エッチなことには興味があるの? 学習しているわけだから」と問うと「ちょっと知ってるだけで、すごく知識があるわけじゃない。先生には敵わない。キチンと勉強したことはないから、本当のことを知りたいです」と答えたので、性教育をすることにした。

それにしても、道徳の「主として自分自身に関すること」の項目に、「性」も「二次性徴」もないのは、どういうことだろう？「自他の生命を尊重」するためには、多様な性を学ぶことは大切なことだ。閉じられた「偏差値空間」とアニメに生きている啓ちゃんと対話を始めるためには、重要な学びだと思う。

啓ちゃんは性教育の事前アンケートに「射精について知りたい」と書いた。聞くと、「僕は4年生の終わりごろに精通があって、友達より早くて、嫌だったけど、お母さんから、体も心も人より早く成長している証拠だと言われた。でも、もう伸びないのかなぁって焦った。身長も止まって、頭も今がピークで、僕はただ早熟なだけで、将来は平凡なのかなぁ。今は、皆に天才とか言われて、塾のテストとかも一番だけど、失速するのかぁって。人より早くゴールについちゃう感じ」。私は「精通と、君がどういう人になっていくかっていうこととは、関係ないよ。でも、体の変化が不安な気持ちは分かる。体のことって、頑張ってもどうしようもないことが多いよね。人間は遺伝子とかで、決められてる部分と、友達とか、アニメとか、色々なものの影響で変えられる部分とがある。性の問題も、生の問題として真面目に考えようね」と話した。啓ちゃんは「大江ってエロの師匠やで。相談したら、答えてくれるで」と男子に告げていた。私は理想主義で甘い教師から、悩みを受けとめてともに学ぶ教師にワンランク昇格したようだった。

おわりに

2学期の始め、舞（ワイン女といじめられていた女子）が夏代に付き添われて「啓ちゃんたちが机の上に体操服についた砂をわざとおくから、困る」と言いに来た。夏代は、その砂を拭いた雑巾を私に見せて「こんなに汚い」と言う。二人が、啓ちゃんたちを注意してほしいと言うので、啓ちゃんを呼んで話をすると「組体操で体操服に砂がつくので払ったら、たまたま舞の机があった。汚したとしたら、申し訳ない」と言うので、私は注意不足による事故と認定し、ただし6年生男子として許されない注意不足なので、償いを要求。算数の時間に舞に比を教える義務を課した。

啓ちゃんは、義務を果たした。舞に「どうだった？」と聞くと「啓ちゃんは、解くのを見てくれて、そこのやり方が違うって教えてくれたからすごくよく分かった」と嬉しそうだ。女子たちからも「啓ちゃんって意外に優しい」と評価される。終わりの会の「いいところ見つけ」で康が「啓ちゃんが、舞に算数を優しく教えていました。感動！」と拍手する。私は「啓ちゃんは素晴らしい！その出発になった舞と夏代が素晴らしい！」と褒めた。「舞が困ったことを夏代に相談して、先生に相談に来たのは、先生と啓ちゃんを信頼してくれたから。二人が学級を信頼せずに、困ったまま黙っていたら、啓ちゃんは償えなかった。特に夏代は、困っている舞を支えて頑張ったね」と話した。それを聞いて女子たちが「啓ちゃんはエロ話をして女子を嫌な気持ちにするから、償って欲しい」と声が上がり、啓ちゃんは算数の時間、要請されればすぐに女子に教えなければならないことになった。

「いじめ」を口に出来なかった子どもたちが、困りごとを言葉にし、受け止めながら進もうとしている。安心が宿り始めている教室で「道徳科」の授業を検証し、拓いていきたい。

（おおえ・みち　兵庫県公立小学校教諭）

第10章

歴史教育と道徳教育
——教科指導と道徳教育を憲法原理で貫く

小堀　俊夫

第1節　教育勅語体制下の「学び」

（1）母の通信簿

私が手元に保存している母の通信簿。それは昭和11（1936）年、高等小学校1年修業の通信簿である。開くと、「修身」科が、全教科の上に立つ「筆頭教科」とされていたと指摘されるように、まさに通信簿の一番上に置かれている。母は、全ての学年学期、「甲」と評定されていた。[1]

想像してみる。高等科1年（今の中1）進級時、身長125センチと学級で一番背の低かった少女は、どの授業でも熱心に学び、先生のどんな質問にもけれん味なく挙手し、先生の望むような解答をスラスラ答えて見せた。

当時の子どもたちは、母のように、修身で目指された徳目を、一生懸命学び、頭に入れ、いつの間にか、国が望むような、国と共に戦争を遂行していく大人に成長していったのだろう。そして母と同級の男性（大正11年生まれ）は、出征しての死亡率がとくに高く、同窓会で集まると、クラスの男子半数が戦死していたそうである。

（2）教室に来てくれた元日本軍兵士の語る生い立ち

私の授業で、教室に来て兵士としての戦場体験を語ってくれた二人の元日本兵。

中国戦線で三光作戦に参加し、「チャンコロのくせにガキなんか産みやがって」と、中国の住民を殺害した体験を中学生に語った鈴木良雄さんは、その中で、「私は、村の中でも品行方正な『模範青年』でした。小学校の成績は1番で、青年団ではリーダーをつとめ、青年学校には5年通って軍隊教育を受けました。」と述べている。[2]

そんな模範青年が、上官の求めに率先して応じ、家を焼き、住民を殺害していくのである。

中国大陸で新兵として中国人捕虜を刺殺する訓練に加わり、その後沖縄戦線で、所属中隊約200名中わずか11名の生き残り、そのうちの一人近藤一さんは語る。

「1920年（大正9年）生まれの私は万世一系の天皇、神国日本、忠君愛国の教育勅語に始まり、二宮金次郎、木口小平ラッパ卒、軍神広瀬中佐、江口、北川、作江の爆弾三勇士に育てられた世代でした。小学校の男子同級生は21名、満20歳までに3名病死、身体障害者2名、徴兵召集軍人になったのは16名、正に皆兵であり、聖戦完遂の先兵だとばかり、貴様も征くか、我も征くと何の疑いももたず、君が代に送られ、日の丸をおし立てて、他国へ土足で踏み込んだのです。（中略）戦前、あの神国日本体制下で教育され、抑圧された社会世相の中で暮らしているうちに、完全に人間性をなくしていたのでした。」[3]

（3）動物の処分を知った子どもの作文

1943年8〜9月、上野動物園の動物たちが殺された。

アジア太平洋戦争は、この年、ガダルカナル島撤退を

1——小学校の通知表の評定は、明治24年~昭和12年の期間、甲乙丙（および丁）だった。

2——女たちの戦争と平和資料館（ｗａｍ）編（2009）『証言と沈黙—加害に向き合う元兵士たち』なお、文中にある「チャンコロ」という言葉は差別用語である。しかし、中国人に対する差別を意味するこの言葉が当時用いられたという歴史の事実を伝える意味で、原文にもとづきここに記載することとした。後出の蘭学教材にある「えた」という差別用語も、同じ理由により教材に置いている。

3——「市民平和訴訟・名古屋　準備書面」1995年2月24日

皮切りに日本の占領地域が失われ始め、アッツ島玉砕、年末にはマキン、タラワ両島守備隊全滅、翌年になるとサイパン島日本軍が全滅する。日本本土も空襲を受けるようになっていく。そのような緊迫した世情の中での、上野動物園のゾウをはじめとする猛獣の処分であった。

動物の処分を知った当時の子どもの作文が残されている。

「僕は昨夜の夕刊を見て、思わず顔をそむけずにはいられませんでした。物心つく頃から、絵本や雑誌に出ているライオン、トラ、クマ。ゾウなどの動物にどんなに心を引かれたことでしょう。ある日、母に連れられていった動物園には本で見たライオン、トラが本と同じ様子で動いていたではありませんか。

ところが、昨夜の新聞で見た文章は、見るに忍びなかったのです。

僕でさえこの様な淋しい気持ちです。まして何十年と手塩にかけられて来た方々のお心は察して余りあるものです。戦いのためとは言いながら本当にかわいそうです。そしてこれらの動物たちを殺させた米、英を討たねばなりません。軍人を志望している僕です。戦場でこの殉国動物の仇討をしてやりたいと思います。そうすれば、僕を喜ばしてくれた動物も喜んでくれると思います。」[4]

「日本の教科書の中で修身教科書こそが子どもたちの脳裏に、極端な国家主義・軍国主義・国家神道・天皇崇拝の根本原理を注入する教材である」[5]とGHQによって結論づけられた通りの風景が、教育勅語体制下の学校と子どもを覆っていた。修身科は正に、ファナティックな高度国防国家を担うべき少国民を「錬成」していた。

しかし、その果たした役割のおぞましさの故か、「修身科はどのように子どもを洗脳しえたのか」等の、その教育内容や教育方法、さらには教師論の側面からの追究が不十分だったのではないか。だが今や、修身科の裏返しとして、ある種のいかがわしさを内包している「特別の教科　道徳」が、教科として立ち上がった。そして、学問の体系とは無縁の、反知性的な教育が勝手になされようとしている。そのような、修身科をなぞるような教育内容や方法を見過ごして良いのだろうか。

私は本論文で、歴史教育が本来的な道徳を子どもたちに身に付けさせるものであることを述べたいのだが、それはおそらく各教科、あらゆる教育活動が、実は担ってきたものではなかったかと思う。今こそそれらの分野の蓄積した実践を見直して、「特別の教科」は不必要であることを言い始めなければならないのではないだろうか。そして、大げさに言えば、人類の叡智を学ぶことが「教育」であり、本来的な道徳の学びはそこに含まれるものであることに自信を持ちたい。母や元日本軍兵士が受けたような、国家の人材を育成することを目的にした教育をくり返してはならないのである。

第2節　社会科で「人が人であること」を考える

（1）正義を求める中学生

たとえば原爆の授業で、『ヒロシマ惨状の記憶』（ＴＢＳテレビ、２００５年8月5日放映）のビデオを見たあと、教室にはシーンと重苦しい雰囲気が広がる。そんな中、相変わらず寝ていたヤツに、「何であいつは寝てるんだ」と居眠りを責める声が上がる。それもふだん自分だって寝ているヤンチャな子が言う。彼は、この広島の惨状を伝える証言者のことばを聞き、これは「寝ていることはゆるされない」学びだと感じたのではないか。子どもたちは、原爆の威力や熱線・爆風・放射線による甚大な被害について学ぶだけでなく、その体験をくぐりぬけた人に対する敬意というものを学んでいるのではないか。誠実な心、物事（歴史の事実）に真剣に向き合う心を学んでいるのだと思う。

4―東京都恩賜上野動物園編（1982）『上野動物園百年史』

5―中村紀久二（1992）『教科書の社会史』岩波書店（岩波新書）

だから、授業は「人々の戦後も続く苦しみ」について、また「どう伝えるか」という未来の問題について、子どもたちに考えさせるように構成していく。ビデオの中で、証言者は、「よう連れていかなかったんです。それが未だに、私の胸につかえてね。どうして連れて逃げてあげなかったかねと思う。この60年間ずっと悔やまれて」「炎が迫り、肌が焦げる。（材木に挟まって動けなくなった娘をおいて）よろめくようにその場を離れた彼女は、のちに広島を去り、罪の意識に耐えながら、戦後を生き抜いた」「私はその夜、６人ほどの人に水をやり、死なせてしまった。私のとった行動は悪かったのだろうか。この疑問が私の一生をつらぬいているようだ」等、語っているが、それを子どもたちに向き合わせる。また、ビデオの最後で、20歳の綾瀬はるかさんが涙を流しながら意見を述べているが、「綾瀬はるかさんはなぜ泣いていたのだろう」と問いかけ、彼女がこの番組のために初めて祖母に（姉の原爆死のことを）聞き、貴重な記録を記録しておきたい、語り継いでいきたいと決意したことを話す[6]。

私は、歴史学習では、過去の時代に生きた人々が「どんな願いを持って生きたか」をできるだけ具体的に教室で生徒に示し、生徒が「人間とは何か」「どのように生きていくか」を考え抜くように授業をつくることを、常日頃思ってきた。なぜなら、子どもたちと授業を作って、思うことは、中学生は「正義」を求めているということである。社会の不正に怒るのが中学生である。

原爆の学習で、「人々の戦後も続く苦しみ」について、人間はそのように考え生きると気づかせたかった。（井上ひさしは『父と暮らせば』でそう人間観察していたと、私は思う。）それは人間の「正義」に類する内容だと思う。辞典を引くと「正義＝正しい道理、人間行為の正しさ（岩波国語辞典）」とあるような、「人間らしく思い、人間らしく生きる」ということである。そしてそれは、民衆の歴史に色濃く染み込んでいるところのものなのである。しかし、既成道徳はそのような正義を語らない。現代社会に適応して生きるノウハウを箇条書きしているだけである。私は、むしろ社会科の一つの目的は、人間はどのように生きるべきかを考える場とすることであると思う、そうであるなら、歴史学習において、そのことを意識的に授業に持ち込むことが必要ではないか、と提案したいのである。

(2) 山脇東洋『腑分け物語』の授業（中2）

江戸時代の洋学の単元は、時代のカベを打ち破ろうとする人々、学問の発展に身をささげた人々の感動的な生き方を見ることができる。私はその教材として、杉田玄白・前野良沢以上に、山脇東洋をとり上げることの意味を、山本典人実践から学んだ（山本典人（２００１）『子どもが育つ歴史学習』地歴社）。

山脇東洋は、教科書などに3枚の解剖図が並べてあるが、その一つ『臓志』の著者である（他は、中国の医学書、解体新書）。授業では、初めに、その3枚の解剖図を比較させる。生徒は、山脇東洋の解剖図を、「首がない」「くわしい説明が書いてある」「（オランダの解剖書『ターヘルアナトミア』より）正確でない」等意見を言う。だが、東洋は、首のない罪人（屈嘉《くつよし》という）で日本初の人体解剖を行い、それを自ら書き留め出版したのである。

しかし、中学校教科書（東京書籍）では、その説明がないので、他の解剖図より見劣りし、居心地が悪そうであった。（さらに２０１２年からの新教科書では、山脇東洋の解剖図そのものが省略された。）でもこの解剖図が描かれるまでの山脇東洋の苦闘、生き方は、中学生にあらためて、学問にささげた情熱（停滞の時代とみなされてきた江戸時代に、近代を象徴する実証主義が確実に広がって学問が発展しているさま）、信念や勇気、身分差別の時代の中で、身分を超えて、人を人として見る平等意識が行動で示されていること、等を、問いかけるのである。

授業では、次のような教師が自作した読み物資料を読んだ。

6 — TBSテレビ『NEWS23』取材班編（2013）『綾瀬はるか「戦争」を聞く』岩波書店（岩波ジュニア新書）

《読み物資料》山脇東洋「腑分け」物語

江戸時代は、人体解剖することは、禁止されていました。なぜでしょう。江戸時代の人びとは、「親から授かった体を切り刻むとは、とんでもないことだ」と考えていたそうです。ところで、江戸時代の後半、日本で初めて人体解剖を試みた人があらわれました。その名は、山脇東洋といいます。医者の家に生まれた東洋は、若いころから中国の医学の本を読み学んできましたが、そこに描かれている内臓の絵に疑問を持っていました。またオランダから伝わってきた医学書を見て、その細かく描かれていることと、中国の本とのあまりのちがいに、不思議に思いました。これらの疑問を解明するには、じっさいに人体を解剖し、実証するよりほかに方法はないと、東洋は考えました。そこで、東洋は、「お家断絶」「切腹覚悟」で、京都所司代に腑分けを願い出、ゆるされました。

1754年のある日、京都の獄舎の裏庭にて、日本最初の腑分けは行われました。腑分けされる人体は、重い罪で刑死した、首のない罪人で、名を「屈嘉（くつよし）」と言いました。腑分けを行うのは、最も身分の低い「えた」の男で、東洋は首のない死体をはさんでえたと対しました。解剖時の出血や洗い水がしみこむように、獄舎の裏庭の草地にむしろを敷いて、解剖が始まりました。……

内臓がすべて取り出され、解剖が終わりました。東洋はじめ弟子たちの目は、感動で充血していました。……

解剖して1か月後、東洋は、屈嘉を、罪人とはいえ医学に貢献したとして、山脇家の墓地に手厚く葬りました。罪人の埋葬が禁じられていた時代に、このようなことは前例のない、画期的なことでした。一方、この人体解剖に対して、人々は、「残忍だ」「解剖は、病気の治療と無関係」などと、すさまじい批難をあびせました。それに対し、山脇東洋は、4年後、今度はみずから解剖を行いました。さらに、その翌年、日本初の解剖書『臓志』を出版しました。[7]

（3）人間らしく生きることを学ぶ～中学生の授業の感想より～

最後に山脇東洋について感想をノートに書き、授業を終える。次は生徒の感想である。

「『お家断絶』『切腹覚悟』など、すごい勇気のある人だなと思いました。それに、屈嘉を山脇家の墓地に手厚く葬るなんて、すごい優しい人だと思いました。私は、この山脇東洋は、とても前向きな人だし、自分から何かを進めようとする人だなと思いました。どんなに批難をあびせられても、それでも自分で決めたことを最後までやり通すなんてなかなかできないので、本当に山脇東洋はすごい人だと思ったし、かっこいいと思いました。」

中学生は、お家断絶・切腹覚悟で願い出た勇気、罪人を山脇家の墓地に埋葬した優しさ、自分で思ったことを貫き通すことに驚き、すごいと感想を述べた。いつも中学生は同様の感想を持つ。

生徒が感想の中で述べている「勇気」「優しさ」などは、いわゆる道徳の徳目であろう。それを、子どもたちは、自分の生活に引きつけて、「根気強さ」について、「私だったら一度文句を言われたら、そこであきらめちゃう」などと考えていく。また「常識にとらわれない」という、道徳の教科書では否定されているが、人間らしく生きていく上でとても大事なことも学びとっている。

そしてもう一点。言うまでもないことだが、中学生は友だちの中で生きているのであり、日々人間として成長しているのである。だから、たとえば中学生は、親や教師からの自立真っ最中で、そんな自分を励ますものとして、山脇東洋の生き方と向き合っていた。

では中学生の心の成長とは、この授業に即して言えば、どのようなものだろう。

「みんなに批難をあびせられながらも、二度も解剖をしてそれを出版して、こん気が強い人だと思う。私だったら一度文句を言われたら、そこであきらめちゃうと思う。」

「他の人々になんと言われようと、あきらめずに解剖をつづけて、ついに本まで出ぱんしてすごいと思う。す

7―次の参考資料による自作資料。山本典人（2001）『子どもが育つ歴史学習』地歴社、岡本喬（1988）『解剖事始め』同成社

ごくしんのとおっている強い人だとも思った。私ならみんなに反対やひはんをされたら、とちゅうでなげだしちゃうと思うので、自分で思ったことをつらぬきとおすことはとても大切なことだと思いました。」

「山脇東洋がすごいと思ったのはやっぱり、まだかつて誰も成し得たことがない事を、やろうと思ったことです。まだ誰も行っていないから、もちろん前例がないなかで行うというのは、きっと誰より勇気のいることだと思いました。そして、いくら罪人だからとはいえ、今後の医療の発展に協力してくれた人を手厚くほうむったというのも、前例が無いぶん驚かれたかもしれないが、自分がしたいと思った事は、誰がなんといおうとつらぬきとおすしんねんはみならいたいと思いました。」

また、いまやスクールカースト（1軍、2軍、3軍）という語が厳然と存在するような、排他的な友人関係の中にいる、いわばいじめ社会の中でもがいている中学生である。彼らは、250年前、すでに相手を対等な人間として見ていた山脇東洋に、本当の優しさというものを教えられ、あらためて自分の中学校での生き方について考え始める。

「禁止されていた人体解剖をやろうとしたその勇気がすごいと思いました。また、中国の医学の本を読んで、疑問を持つこともすごいと思いました。普通ならなっとくすることに疑問を持つというのは、すごいと思います。また、『お家断絶』『切腹覚悟』で、というのにも驚きました。もっと驚いたのは、腑分けされた人体（重い罪で刑死した、首のない罪人、屈嘉）を、罪人とはいえ医学に貢献したとして、山脇家の墓地に手厚くほうむったということです。これには本当にびっくりしました。山脇東洋は心の優しい人だったんだなと思います。また、みずから解剖を行うなど、本当にすごい人だったんだなと思います。」

第3節　平和学習を通して、自ら課題を発見し追究しようとする

（1）近藤一さんの体験

第1節でも紹介したが、近藤一さんは1920（大正

9）年生まれ。満20歳、1940（昭和15）年12月、徴兵され中国戦線に送られた。中国山西省で歩兵として初年兵教育を受け、以後3年8か月、中国各地を転戦。兵長になった「4年兵」の1944（昭和19）年8月、沖縄に転戦した。1945（昭和20）年の沖縄戦開始後、嘉数高地の戦闘で右胸部貫銃創、右鎖骨銃砕骨折の負傷を受ける。4月末、右手に三角巾を吊ったまま中隊復帰、再び戦闘に突入。約200人の所属部隊は「玉砕」し、生きて「本土」に帰れたのはその内11人だった。

近藤さんが語り始めたのは、1982年、沖縄戦をめぐる歴史教科書問題がきっかけである。軍による住民殺害などの記述が検定で削除されたことが問題になる中、日本軍の略奪や地下ごうからの追い出し、虐殺など、さまざまな行為が明らかにされ、「日本軍は悪い人ばかり」という評も起こった。近藤さんは「悪い兵隊ばかりではない」と、生き残った仲間と沖縄での経験を話し始めた。「沖縄戦を語り伝える会」をつくり、圧倒的な米軍の兵力の前で、日本軍の下級兵士がいかに無残に死んでいったかを講演して回った。

だが、沖縄戦の証言を聞くうちに、近藤さんは住民の被害を想像するようになった。中国での過去が心につかえだした。「中国人を生きたまま銃剣で突き刺した初年兵訓練などを抜きに、本当の戦争は伝えられないのではないか」。近藤さんは、次第に、中国人に対する虐殺、強姦、略奪などの、中国での加害行為を講演内容に加えるようになっていった。

（2）近藤一さんと出会った子たちの思い方

近藤一さんへの手紙である。中学3年生は、近藤一さんの話に、次のような衝撃を受けた。

「私が一番鮮明に覚えているのは、訓練のお話です。人間を殺すことは悪いことではないと、体に覚えつけるために、生身の人間をしばりつけて刺していく、私はこれを聞いた時、想像するだけでも恐ろしくなりました。近藤さんは、『人間の肉はこんなにも柔らかく、こんなにも簡単に殺せる、罪悪感はなかった』というような事をおっしゃいました。私はこの時、本当に人の人格を変えてしまう戦争は何よりも恐ろしいと思いました。」

「人間は教え方一つで全然考え方が違う人になってしまうのだと思いました。改めて人間はこわいと思いました。」

「なぜ人は人を殺してしまうのでしょうか？　近藤さんの話を聞いて、ますますわからなくなったような気がします。悪い意味では全くありません。ただ分からないのです。」

初年兵がさせられたという「刺突訓練」。子どもたちは、衝撃を受け、混乱させられながら、戦争の恐ろしさを手探りでつかんでいく。そして、このように話を聞いた子どもたちは、やはり、必ず次のように思うのだった。

「私はまだ中学生で、何の力もありません。けど、力がなくても、日本が二度と戦争をしないために私ができることがあります。それは私が近藤さんから聞いたありのままの戦争を周りの人々に伝えることだと思います。私はもっと戦争について知りたいです。私たちは知る義務があると思います。本当のことを知ることはこわいけど、目をそらしてはいけないので、私はそらしません。」

「今後は戦争体験をした人は年々減ってきてしまうので、現代の私たちが次代にこの出来事や話を話したりして、伝えていきたいです。また今後日本でまた戦争が起きない政治に参加したりして日本を安定させていきたいです。」

近藤さんは、若い中学生に対して、有権者になった時、いかに投票が大切かを語った。その時場違いな感じがしたが、そうではなかった。子どもたちは話を聞いて、必ず「では私たちはどうするか」と考え始める。そのときの指針を、近藤さんは示したのだった。子どもたちはこう応えた。

「わたしが20歳になったら、政治のことを考え、平和のことをよく考え、よりよい社会に向けて実行していく政治家を、選挙で選びたいです。」

「選挙ができるようになったら、戦争が絶対に起こらないように、正しい判断をしたいです。」

戦時体験を直接語ってもらうことで、体験者と出会うことで、中学生は、教師が考えているような「平和学習」を越えて行く。「では私たちはどうするか」「伝えていきたい」「戦争のことをもっと知りたい。こわいけど目をそらさない」と決意する。それは、彼にとって学び方の転換ともいうべき、自ら学習課題を発見し、追究していく学びの始まりである。

（3）三光作戦の加害体験を鈴木良雄さんに聞く

同じく第1節でも紹介した鈴木良雄さんは、埼玉県行田市に住んでおられる。その鈴木さんに私の勤務する埼玉県三郷市立早稲田中学校に来ていただいて、お話を聞いたことがあった。（2004年。証言当時84歳、1920年生まれ。中学3年生対象。）お話の内容は次のようなものだった。

> 「1940年。兵士になった20歳の鈴木さんは、中国の山東省というところで戦いました。といっても、実際に行ったことは、村を取り囲んで、『焼きつくし、奪いつくし、殺しつくす』という三光作戦でした。
>
> ある時、村はずれに5、6軒の農家がありました。鈴木さんたちは、それを一軒一軒焼いていきました。するとある家の前で、一人のおばあさんが立ちふさがり、『この家だけは見逃してほしい』と必死に頼むのです。しかし鈴木さんは、止めようとするおばあさんを銃で突き倒し、かまわず戸をバンと開けました。
>
> すると家の中には、若い女性が、ふとんを掛けて休んでいました。鈴木さんは、銃剣の先で、ふとんをガバッとめくりました。そこにはまだ生まれて間もない赤ちゃんがいたのです。
>
> それを見た鈴木さんは、そのとき、『チャンコロのくせに、ガキなんか産みやがって』と、何ともいえない怒りがこみ上げてきたそうです。家の中に木の枝やコーリャンの束や、燃えそうなものをボンボン投げ入れて、火をつけて、そしてバタンと戸を閉めました。
>
> 鈴木さんは、中国にいた5年間、一度も中国軍と戦わなかったそうです。いつもこんなふうに、命令に従って、村を襲い、村を焼いていたそうです。」

三光作戦の加害体験を話してくれた鈴木良雄さんに、子どもたちは次のように答えた。

「鈴木さんはとにかく私たちに真けんに話してくれました。特に自分が人を殺したということは、思い出したくない出来事だと思うのに、何も隠そうとせず話してくれました。私は、生まれたばかりの赤ちゃんやそのお母さんたちの家を燃やしてしまったと聞き、とてもショックでした。でも最後に鈴木さんは『これから先、もう二度と私のようなことは絶対にしないでください』と言っていました。自分のしたことを相手にどう思われようとも、私たちにはくり返してほしくないという気持ちがほんとによく伝わってきました。」

子どもたちは、鈴木さんのお話にショックを受けるとともに、「なぜ私たちに話してくれたのだろう」と自問していく。

「鈴木さんがわざわざ早稲田中まで来てくれたのは、自分と同じ思いをしてほしくないし、やられている相手も苦しいだろうけれど、やっている自分も苦しい、そんな生き方をしてほしくない、みんなが平和であらそいのない世界をつくってほしい、そのような願いをこめて来てくれたのではないかと思います。」

そして、自分のはずかしい体験を初対面のぼくたちに話してくれた鈴木さんの行動に、自分も応えたいと、子どもたちは決意していく。

「ぼくはこの話を聞いて、何をしたらいいか分からないけど、これから見つけて、実行しようと思います。」

「私は、はじめなぜあんな遠くから来てくれたのかなあと思いました。でも話を聞いているうちに、だんだんこの人は私たちに戦争のつらさや、もうしてほしくないということを伝えにきたんだなあと思うようになってきました。鈴木さんは最後に、なぜあんなことをしたのだろうと言っていました。たぶんそう思ったことを（うまれたばかりの子どもをだいた母親を見たとき、それを憎いと思ったことを）、くやんでいるんだなと思いました。きっと殺してしまったら人生ずっとその重荷をせおっていかなくてはならないんだと思いました。だからそんなふうにならないためにも争いごとはやめて、平和な世界をつくっていきたいなと思いました。」

その後、「がんばっていこうよ1年生集会」（いじめや暴言・暴力が横行していた1年生を、3年生が上級生として励ます集会）で、1年生の前で、自分たちも1年生のときはどれほど悪かったか、先生に対する嫌がらせ、学年内のイジメのことなど、（ある子は、イジメをしていた体験を、）下級生の前で話すなんてカッコ悪いだろうに、実に堂々と語った。そのとき子どもたちは、鈴木良雄さんのように語ろうと思っていたのではないだろうか。

また、次のように手紙を書いた生徒もいた。

「私は今をふつうにくらしています。でもそのふつうにくらせて、すごせて家族がいて、友達がいて……そのことがふつうと思えることがすごい幸せなんだなと思います。幸せです。何も苦労を知らないけれど今を、一日一日を大切に生きていきたいと思います。私は戦争も行ったことないし、たたかったこともないです。戦争に行ってたたかった人の気持ちもわかりません。でも辛い、苦しい、悲しい……そんな気持ちではすまされないと思います。わからないけど、わかります……。気分を悪くしてしまったらすみません。私は、時々、おもいつめると死にたいって思うことがありました。でもお話を聞いて、もうそんなこと思いません。生きます。どんなに辛くても悲しくてもがんばって生きていきます。本当にありがとうございました。」

中学3年生という「生」と何かがカチリッと触れ合うといった本来教育の場で求められていることが、たとえば「戦時体験」を直接聞くことを通して行われていく。子どもたちの生き方に直接問いかけるような、「受験的な学び」とは対照的な「本当の学び」を模索するきっかけが生まれる。

なぜだろうか。そもそも「平和学習」とはそんな学習なのではないだろうか。つまり、平和学習は、子どもたちが自ら考えて、発言し、動いていけるような、課題追究型の、かつ行動的な「学び」、利己的でない「学び」をしていくのではないだろうかということである。

第4節　日本国憲法体制下の、現代の子どもの「本当の学び」

1943年8月16日以降、27頭に及ぶ、上野動物園のゾウをはじめとする猛獣が処分されたことを学習する。

授業の最後に、「動物の処分を知った当時の子どもの作文」を読ませ、感想を書いてもらう。現代の中学生は、当時の子どもについてどう思っただろうか。

（1）「動物の処分を知った子どもの作文」（昭和18年当時）を読んだ現代の中学生

「途中まで『ああ、そうだよね』と読んでいったら、いきなり軍国主義そのものの文章が出てきてびっくりしました。動物たちは、自分の意志で死んだのではありません。政府が命令して殺して、その死を神様か何かのようにまつりあげて、国民に『ほれ見ろ。お前たちも死を覚悟しろ』なんて言っている異常さに気づかず、小学生まで『仇討ちを！』と叫ぶ姿がおそろしかったです。日常的に『お国のために』と言われつづければ、そういったことも、素晴らしい犠牲行為に思えるのだと思います。」

「『動物の処分を知った子どもの作文』を見て、そして今日の授業をうけると、この作文を書いた子どもが政府の思いどおりになっているように思えました。きっとこの子どもだけではないでしょうから、なおさら政府の手の内にいるように見えます。こうして国民が自ら戦争を望むように、動物を使って仕向けるのは、とても汚いやりかただと思いました。」

「子どもがそんなふうに思うということは、大人から戦争は正しいと教えられてきたからだと思います。この頃の人たちの戦争に対しての考えを全面的に否定したいです。」

「普通なら戦場に行ったら死ぬかもしれないのに、子どもが軍人になりたいと言っていた事に驚きました。国民や子どもは本当に日本を『神の国』と思っていたんだと思います。だから戦争が長引いても不満をぶつけなかったのだと思う。とても不思議です。」

「私はとても信じられないと思いました。なぜなら小さいのに、軍人になり米英の人を殺したいという、おそろしい夢を持っていたからです。戦争は、罪のない動物を殺し、少年をやみに染めるおそろしいことだと思いました。」

「私はこの資料を読んで、すごくいわかんを感じました。動物達を殺したのは英・米ではなくて、日本が考えたことだし、それでこの子が戦場で米英を討って動物達がなにを喜ぶんだかって思いました。人間のつごうでかってに飼って、殺して、他の国のせいにされても、自分勝手すぎだし、それを小さい子が仇討してやりたいって思うなんて、なんか洗脳されているみたいですごくいやでした。でも動物達が殺されてしまったことは、本当につらかったのだと思いました。」

(2) 修身と社会科

当時子どもたちは、国民学校で、どのような「修身」教科書で学んでいたのだろうか。

1941年4月から、義務教育の「尋常小学校」が「国民学校・初等科」と改められた。それにともない、修身教科書も改訂された(国定第5期、『ヨイコドモ』『初等科修身』)。

この国民学校において求められた「皇国臣民としての道徳」は、『ヨイコドモ　上』(第1学年用)の教師用書に「すべて天壌無窮の皇運を扶翼し奉らんとするところに帰着するものでなければならない。孝も友も和も信も恭倹も博愛も、その朝宗するところは忠であり、天皇を中心とし奉ることによって天壌無窮の皇運を扶翼すべきものである。」[8]とあるように、個人も家庭も社会も、一切が国家の中に埋没され、すべての道徳の中心が天皇に対する「忠」とされるものであった。

この「天皇中心の臣民教科書」とも称される、軍部が教科書に強く干渉して作成された教科書であった。

1941年2月、陸軍教育総監部は文部省に、『国民学校教科書ニ関スル陸軍要望事項』を突き付けた(数百項目にわたる)。その中、《軍事上取材すべき具体的主要事項》で、第4〜6学年の要望を見ると、「軍人勅諭五カ条」「皇軍及国民皆兵」「遺髪(遺骨モ還ラザル覚悟)」「出征軍人ノ妻」「最後ノ通信(自爆精神)」[9]という過激

8—仲新・稲垣忠彦・佐藤秀夫編(1983)『近代日本教科書教授法資料集成　第5巻』東京書籍、458〜459頁
9—中村紀久二(1990)『複刻国定修身教科書解説』大空社

なものであった。

内容を見ると、次のような従来の修身教科書にない特徴を持っている。
①「日本を神の国としていること」
②「天皇や国のために死を求めた」
③「殉死、戦死者を扱ったものが多い」
④「女児に対し、『婦徳の涵養』を目指した」
天皇や国のために命をすてよと説く教材は、修身教科書ばかりでなく、国語・国史・音楽・習字教科書にも導入された。「教育勅語」発布以降、日本の教科書は忠義を教えてきたが、戦争遂行のために児童に死を要求するこれらの教科書の記述は異常なものであった。

そのような修身教科書で学んだ子どもたちは、「そしてこれらの動物たちを殺させた米、英を討たねばなりません。」と手紙を書いたのである。

1945年12月、GHQにより修身・日本歴史・地理の授業は停止となった。

1947年5月の日本国憲法施行を前に制定された教育基本法では、「日本国憲法の理想の実現は、根本において教育の力にまつべきものである」とされ、新たな日本の教育の理念を明示したものとなった。

一方教育勅語は、1948年6月、国会において「教育勅語等排除に関する決議」(衆議院)、「教育勅語等の失効確認に関する決議」(参議院)が採択され、法的に失効した。

新たに社会科が設置され、文部省は、社会科教育のあり方を示す。そこではまさに新しい日本の教育を具体的に示すものとなり、それまでの教育勅語体制の教育内容、教育方法を否定するものだった。

社会科の目的、授業方法等について見ていく。


『学習指導要領社会科編(試案)』(文部省・1947年)

「社会科においては、このような人間性及びその上に立つ社会の相互依存の関係を理解させようとするのであるが、それは同時に、このような知識を自分から進んで求めてすっかり自分のものにして行くような物の考え方に慣れさせることでなければならない。

従来のわが国の教育、特に修身や歴史、地理などの教授において見られた大きな欠点は、事実や、また事実と事実とのつながりなどを、正しくとらえようとする青少年自身の考え方、あるいは考える力を尊重せず、他人の見解をそのままに受けとらせようとしたことである。これはいま、十分に反省されなくてはならない。……そのわざわいの結果は、今回の戦争となって現れたといってもさしつかえないであろう。

自主的科学的な考え方を育てて行くことは、社会科の中で行われるいろいろな活動に、いつも工夫されていなければならない。」[10]

ここでは、従来の暗記学習ではなく、自ら課題を発見し自ら追究する、すなわち「自ら学ぶ」学習が示されている。それは学習を通して自立するような学習である。従来は生徒に自分で考える余地を与えず、一方的に修身や歴史、地理などを教授していたというのである。さらに、それが今回の戦争に結果したとまで述べている。

戦時中、修身科の教授方法について。実態はどのようなものだったか。

当時の学校教育は教科書に依存することが大部分だった。しかも修身教科書に書かれている事柄は国家的規範としての教育内容そのものだったので、教師は教科書を忠実に教えることが責務という風潮が支配的となる。教授方法は「詰込」を主とするものであり、暗誦に多くの時間を費やした。

だからこそ、『新制中学校・新制高等学校　望ましい運営の指針』（文部省・1949年）において、「学校は、詰込教育から脱却しているか」「学校は、暗誦を生徒の学習活動の主なやり方とすることから脱却しているか」と、真っ先に問うたのである。[11]

10―文部省『学習指導要領社会科編（試案）』（1947年）「第一節　社会科とは」

11―文部省『新制中学校・新制高等学校　望ましい運営の指針』（1949年）「第九　学習指導法」

（3）歴史学習、平和学習を通して市民道徳を身に付ける

私は、「平和学習」の持っている可能性について次のように提案しようと思う。それは、平和学習が、一に世界や日本の「平和」「人権」といったものを学んでいくにとどまらず、シチズンシップ教育（子どもたちが将来有権者や消費者として、また家庭人として、どのように考えて行動し、生きていくかということについての知識やスキルをめざす教育）の中心項目なのではないかということである。

そしてそのような「学び」の契機となるのは、「戦時体験」を直接聞くという子どもたちの体験（語る人との出会い）である。「戦時体験」を通して、「語り手」と「受け手」はどのように出会うのだろうか。

子どもたちはなぜ行動的になるのだろうか。

①子どもたちは、「語り手」の生き方を見ている

「戦時体験」を直接聞くことを通して、子どもたちはなぜ行動的になるのだろうか。そもそも子どもたちは、「戦時体験」を聞くとき、その「体験」だけでなく「体験の語り手」を「聞いている」と思う。では「体験の語り手」の何を「聞いて」いるのか。それは、生き方だと思う。近藤一さんが、中国人の捕虜を刺殺したことについて、「罪悪感はなかった」と語るとき、子どもたちは、中学生の前で自分の恥ずべき心情をさらけだすその覚悟を「聞いて」いたと思う。また、今目の前にいる近藤さんと、戦争時代の近藤さんを重ね合わせて、その落差から、戦争が人の心を変えてしまうと得心し、戦争の持つ恐ろしさを実感していく、というような事を受け止めていったと思う。近藤一さんは、自分の体験を自分に問いかけるために、山西省の自分が中国人を刺殺した現場を、50年たって再訪問するような人なのだ。その人が語る加害行為についての告白を、子どもたちが、何も感ぜずに聞き流すはずがない。それは、中学生にとって、胸が騒ぎ出す体験なのではないか。

戦争という絶望的な状況の中において、それでも生きることの大切さや人間の尊厳について、実は近藤一さんや鈴木良雄さんは、そのことについて語っていたのだっ

た。また、お二人の戦後の生き方そのものが（加害体験を語り続けているという意味もふくめて）無言のうちに語っていた。子どもたちはどう受け止めたか。それは勇気や誠実さといったものである。じつはそれこそ平和を築くことへつながる。子どもたちは、その勇気や誠実さに打たれ、「戦時体験」のバトンを受け継ぎ、平和を築く一人に自分もなりたいと思ったにちがいないのである。

②行動的な「本当の学び」へ

「伝えたい」「もっと知りたい」こういう学び方は、学校のほかの部分では思いもよらないことである。それは今まで気づかなかった学びである。ふつうは、教師も生徒も何のために学ぶかを考えない。何のために学ぶかといえば、受験で成功するためである。そのために生徒は教師に盲従し、ひたすら暗記やドリルをする。そのような「受験のための学び」はあくまで功利的である。

それに対し、何のためでもない、「もっと知りたい」という知的好奇心からの学び。「学んだことを伝えたい」という、利己をつきぬけた社会的な、いわば社会の中で何か役に立ちたい気持ちを満足させるような学び。平和学習を通して、子どもは、そのような行動的な「本当の学び」に気づいていくのではないだろうか。

子どもたちをそのような衝動にかりたてるのには、「語り手」の積極的な学びが関係していると思う。知るべきである、伝えるべきである、この心情は、じつは「語り手」にこそ強烈に見られ、それを「受け手」である子どもたちは、「聞いて」いるのではないだろうか。

近藤一さんは、自分の加害体験を語ろうと決意したとき、戦友会に「寝た子を起こすな」と批判され、浮き上がってしまうことを考えたという。また息子さんに「家族に影響が出る」と止められた。しかし、加害を語らないことは、刺突訓練で「自分のために」中国人を刺殺したときと同じく再び利己的に生きることになるからと、それを乗り越えた。

鈴木良雄さんは、帰国後、自分を16年間も待っていてくれた恋人とすぐ結婚したが、結婚するとき、自分の加害体験をまず妻に話した。「隠しておいて欲しかった」と言われたが、鈴木さんは話さなければ結婚できないと思ったのである。「時間はかかりましたが、今では私を理解し、支えてくれます。」と言う。

このような真剣に伝えようとする生き方を、子どもたちは「戦時体験」を聞くことを通して、学んでいるのである。

「特別の教科　道徳」では、座学でなく討論形式の「深い学び」を行うようにと言う。しかし、それは決められた教材について、指定された課題について行われるのである。学習内容についても、いつも「標準」（スタンダード）から逸脱してはならないと言う。たとえ討論の体裁をしていても、そのような生徒の思考や意見の自由が保障されない学習形態では、「深い学び」は、むしろ国家主体の思考と行動を持たせてしまうのではないだろうか。教師は、子どもたちが自ら学習課題を発見し、追究するような学習の場を用意しなければならない。そして平和学習は、21世紀を戦争のない世界に出来ないものだろうか、と考えている中学生に、そのような追究の契機となるような学習であると思われる。

（こぼり・としお　東洋大学文学部非常勤講師）

第11章

中学校3年間の平和学習と道徳授業地区公開講座

大橋　勝

第1節　ヒロシマ修学旅行の提案

新たに着任した学校で1年が経っていた。いきなり担当した3年生を送り出し、ほぼ同じ学年教員メンバーで1年生に降りた。学年主任になった。退職まであと3年。修学旅行はヒロシマへ行きたい。平和教育の大切さはわかっているし、継承することの大切さもわかっている。そう思って取り組んだ3年間の記録である。

入学式を前にした学年会で、指導目標を次のように提案した。

1学年の指導目標

(1)自治能力のある集団づくりをめざす【達成感】(以下略)

(2)学習する意欲、行動する意欲を持った生徒を育てる【集中力】(以下略)

(3)想像力ある個人を育てる【想像力】(以下略)

(4)平和教育の推進

戦後70年たち、戦争を体験した世代はますます減少している。親、或いは祖父母によって語り継がれたことを、今度は我々が語り継ぐ番であろう。教育に関わるものとしては、その必要性を痛感する。特に被爆体験に関しては、唯一の被爆国に住む者として、その責任さえある。

ヒロシマへの修学旅行を念頭に置いて、平和教育を進めたい。

本当にヒロシマへ行くことの合意を得るには、その意義やかかる費用などさらに丁寧な提案が必要だが、とりあえず「ヒロシマに行きたい」という提案だった。青年教員がほとんどの学年メンバーにも前向きな反応が多かった。

5月になって、しっかりと時間を取って具体的な提案をした。少々長いが、出発点となったものなので、その時の提案文書の一部を引用したい。

２０１７年度　修学旅行計画案

１．基本的な行動計画案（略）

２．なぜ今、平和教育・ヒロシマ学習か

（略）

我々日本に住む人間が「平和」について考える場合は、数ある「平和」の切り口のなかで、やはり「唯一の被爆国である」という視点を避けて通ってはいけないと考えます。唯一であるということは、そのことを世界中の誰よりもよく知らなければならないし、知ったことを継承していかなければならないと思います。それは唯一である者たちの使命でもあるとさえ思います。なかんずく、我々は教師です。目の前の子どもたちは、史上唯一、原子爆弾の被害を被った国に暮らす子どもたちなのです。「継承すること」は我々の仕事の一部ではないでしょうか。

ところが、現在の教育現場のなかでは、そのことが（被爆体験だけでなく平和教育そのものが）プログラム化されているとはとても言えない状況です。これが、平和教育及びヒロシマについての学習を進めようとする大きな出発点です。

３．修学旅行でなぜヒロシマか（略）

４．広島でなくてもヒロシマは学習できる？

広島に行かなくても、原爆に関する学習はできます。被爆された方のお話を、ここ町田で聞くことさえできます。しかし、新幹線で大都会広島の駅に降り、ビルの間を路面電車で移動して、忽然と現れる原爆ドームを実際に目の当たりにする。その地で13万の人間が亡くなったことに思いを致し（想像力を働かせ）、平和資料館に入る。展示物の前に立ち、間接的ながら、子どもたちは被爆体験するのです。さらに、

その地で被爆された方（語り部さん）からお話を聞く。（略）

どんなに想像力を働かせても（「想像力」は1学年の指導目標のひとつです）、我々は被爆者と同じ体験をすることはできません。しかし、ヒロシマの爆心地で語り部さんに直接お話をうかがう。平和資料館の展示物に接する。そして、ありったけの想像力を働かせる。そうすることで、心は被爆できるかもしれません。心に受けた被爆体験を、風化させることなく、次の世代に継承していく。唯一の被爆国に生きる人間として、そういう使命感を感じます。

5．南大谷中の可能性（略）

第2節　平和学習の取り組み【資料1参照】

ヒロシマに行くことが決まると、その先の3年間を見通した平和教育計画が必要となる。あまり頻繁に行うと「平和アレルギー」を起こしてしまう。先は長いので漠然とだが、1学期に1回ぐらいの平和学習を考えた。その3年間の取り組みをまとめたものが資料1（後掲）である。ただし、例えば3年生6月に実施した「長崎平和宣言から学ぶもの」や修学旅行直前に見た「4，000人が暮らした町」など、我々も日々生活している訳で、その中で時宜を得たものを選んで教材化したものもある。

（1）1年生2月（平和学習ガイダンスとしての学年集会を含めて3時間）平和って何だろう

クラスで三つの「平和って〇〇であること」を作る過程を通して、平和に対する意識を共有し確かめ合うことを目的として行った。ワークシートを用意して、まず個人でひとり10個の「平和って〇〇であること」の文を作る。そして、ひとり10個の平和を持ち寄って班で討議する。話し合いを経て、班で三つの「平和って〇〇であること」を決める。それを班長さんが黒板に書いて発表する。そうすると1班から6班までの「平和って〇〇であること」が合計18個、黒板に並ぶ。

さらにみんなでワイワイ言いながらクラスで三つにしぼる。このあたりでは、あっちの班にもこっちの班にも

「おっ」というような表現が出てくる。単純に選ぶと言うよりは、切ったり貼ったりしながらクラスで三つの「平和」を作成することになる。担任の助言も入り個性的なものができあがった。

1組
日常生活が普通にできる世界
たばこや薬物などの体に害のあるもののない世界
好きなことができる

2組
笑顔
自由
満腹

3組
戦争がない
食べ物がある
笑顔

4組
好きなことができる
元気であること
家族や友達と笑顔で過ごせること

子どもたちの感想のなかに、我々大人たちにも通じる「平和との向き合い方」が表現されている。非常に心強く感じた。

- 「平和」はいろんな意味があって、いろんな考え方があるけど、平和は用意されているものではなく、自分たちで造るものなんだと改めて思った。（2組）
- みんなで話し合えば話し合うほど、平和はどんどん形を変えていってしまい、混乱しました。クラスの上位三つを見ても、平和というひとつの形は見えてきません。平和というものにみんながなることはできません。しかし、私はその平和という形のない理想にみんなが向かっていこうとすることこそ、一番「すてき」なことだと思います。悪いことが起こっても、みんなでよい方に進めようと、あきらめずに進み続けるっていうのはとても「すてき」なことです。この「すてきなこと」に「平和」以外の言葉、もっと素敵な言葉がついてほしいです。（1組）

また、平和の対極にあるものをアンケートとして答えてもらった。「戦争」「核兵器」「武器」など一般的なものはもちろんだが、次にあげるような意見がたくさん出た。この「平和学習」を通じて、子どもたちが「平和」をどのようにとらえたか。「平和」に対する意識の広がりを感じる。

「平和の対極にあるもの」「平和を妨げるもの」って何?

「人間の存在」「人々の心の闇」「人」「人類」「人間の欲」
「暴言・暴力」「大人」「貧富の差」「貧困」「差別」
「不景気」「空腹」「敵対思考」「ケンカ」「悪い感情」
「いじわる」「うらみ」「自分勝手」「地球の技術の進歩」
「化学の不必要な発達」「いじめ」「仲間はずれ」
「上下関係」「不平等」「軍隊」
「相手の気持ちをわかろうとしない気持ち」
「気持ちのこもっていない発言」
「人のことを考えられない心」
「恨んだりうざいと思う心」
「環境を良くしようと思わない人々の心」「権力」
「金」「怒りや憎悪」「自然災害」

(2) 2年生6月(2時間)
DVD「君はヒロシマを見たか」

NHKのビデオライブラリーから借りたものを体育館で生徒に見せた。翌日ワークシートで振り返り学習をした後、感想を書いた。振り返り学習はDVDの内容理解を深めるためにも有効であった。感想の一部を抜粋する。

●最初ビデオを見る前は、原爆が落ちたところだけが人が死んだと思っていたんですが、爆風や熱線、放射線だったりと、戦争が終わって何年かしてから病気になることを初めて知った。原爆の怖さやリアルな感じを知ったのが怖かった。

●驚いたのが、翌日に亡くなる方が多いということです。そして、四千度の威力は、もう熱いなど感じないのだろうと思いました。その中で一番つらいのは「生きるのをあきらめた人」です。そして、それを並べる人、見る人、止めようとした人、ただ唖然としていた人。平和とは言えないが、日常を過ごしていた人が「突然」奪われる瞬間であったこと。そして奪われるだけでなく、自分もいなくなること。
「死ぬ」というより「ここからいなくなる」という表記が合うような、遺品もない、体もない、もちろんのこと、心も残らない。「死んだと思えない」というのが原爆だと感じた。

（３）平和について考える新聞（2年総合夏休みの課題）から意見発表会へ

夏休みの課題ガイダンス冊子から抜粋する。大まかな流れが理解されると思う。

「平和を妨げるもの」について、もう少しくわしく学んでみましょう。上記の皆さんが出してくれた「平和を妨げるもの」を、発展させて、さまざまな『調べるテーマ』をあげてみました。そのなかから、あなたがいちばん興味のあるものを選んでください。そして調べる。調べた後は、新聞形式でまとめましょう。

そして、二学期には、「意見発表文」を作ります。自分で作った「平和を考える新聞」を元に、その中身をさらに発展させて「意見発表文」として文章化します。

⇩

そして、さらにその「意見文」の発表会を実施します。クラスで全員の「意見文」を発表し合います。そして、クラスの代表（予定では３人ほど）を決める。
最後にクラスの代表者による「学年意見発表会」を行いたいと思っています。

⇩

南大谷中では、かつてやったことがないくらい壮大な計画です。「私にできるのか……」なんて心配な人もいるかもしれません。でも大丈夫。このプロジェクトの大元・根本・基礎がこの夏休みの「平和を考える新聞」です。ここでしっかり調べて、充実した新聞を作ることが肝心です。がんばりましょう。

⇦

何もないところからいきなり「調べてごらん」では乱暴すぎるので、事前に冊子を作り、ガイダンスを行った。調べるテーマとして、「ヒロシマ」「沖縄戦」「世界の紛争」「日本の基地問題」「格差・貧困」「いじめ」「人権・差別」「環境問題」「原子力発電」「行って調べる平和（博物館などの紹介）」の11個の大分類を設けて、それぞれにさらに項目を挙げた。項目としては全部で71項目となった。

新聞は9月になって廊下に掲示したが、157枚の平和について調べた文章・写真・イラストであふれた新聞が廊下の壁面を埋め尽くす光景は圧巻だった。

そして、次は新聞で表現したことを文章化する意見発表文である。必ず自分の意見を入れて、意見文としてまとめ直す（400字〜800字）。それをもとに各クラスで発表会を開く。全員が黒板の前でそれぞれの意見文を発表する。発表者はまず自分で発表のタイトルを黒板に書く。聞く方もこれから聞く内容が視覚的にわかるので、聞く準備として効果的であった。発表が終われば聞き取りシートに必ず簡単に感想を書く。テーマは多岐にわたった。以下私のクラスの子どもたちが発表したテーマをあげておく。

1	核をなくすためには	2	安保法案	3	核の廃絶を願って
4	核の傘	5	核抑止と平和	6	広島の原爆について
7	日本と争い	8	戦争と向き合って	9	核兵器について
10	多くを望んだ代償	11	沖縄戦と平和	12	平和について
13	私が考える平和	14	原子爆弾投下について	15	平和なんて無い
16	原子爆弾について	17	戦争と差別	18	原子爆弾による被害
19	原爆なぜできたか	20	第二次世界大戦	21	現在も続く苦しみ
22	沖縄戦について	23	平和について	24	広島への原爆投下理由
25	核兵器と平和	26	軍縮は間違いか	27	なくならない核兵器
28	ポツダム宣言	29	原子爆弾	30	戦争による被害
31	平和学習について	32	差別について	33	平和について
34	ハンセン病とは	35	被爆者が語ること	36	原爆投下の理由と被害
37	差別と区別について	38	日本の貧困	39	広島原爆投下について

２時間かけて発表会を行ったが、多岐にわたるテーマについて、聞く方も話す方も真剣そのものだった。投票により３名をクラス代表として、４クラスの代表12名による学年の「平和の主張大会」へと発展していった。

学年の平和の主張大会では、運営をすべて学級委員会に任せた。クラス代表の計12名の発表が終わった後、その場で３名の優秀者を選ぶ投票を行った。

今思えば、特別にガイダンス冊子を作らなくても「この夏休みにニュースで見た気になること、何でもいいから、平和に関するものを調べてごらん」でもよかったかもしれない。現在であれば、テレビから無分別に流される北朝鮮に関係する一方的な内容のものも出てくるだろう。しかし、それでもいい。意見文を書くなかで、必ず様々な意見が出ることが分かったからである。クラス発表会で自分とは違った意見が出される。それを聞いて、生徒はまた考える。その過程がおもしろいし、何よりも生徒どうしで考え合う場が生まれるからである。

（４）「平和の集い」被爆ピアノによる合唱に向けて（３年１学期～）

修学旅行でヒロシマを訪れた際には、何かしらの表現活動を取り入れたいと考えた。３年間の平和学習の成果を合唱で表現してみたらどうかと生徒たちに提案した。原爆ドーム前を流れる元安川の親水テラスで学年生徒全員が合唱する。被爆ピアノ伴奏も生徒である。曲決めから練習内容まで実行委員が取り組んだ。

その取り組みは「何を歌うか」というところから始まった。音楽科の意見も取り入れて、生徒たちからもふさわしい曲を募集した。候補曲を5曲にしぼって投票の結果、2曲が僅差のため決選投票となった。「ヒカリ」という曲になったが、選曲の過程も生徒たちにとって高揚感のあるものだった。

楽譜の印刷、生徒による表紙絵、製本と続き、いよいよ練習段階となった。音楽の授業でやってくれると楽観していたのは私だけだった。音楽科によると、音楽の授業は10月の合唱祭に向けて手一杯で、さらにもう1曲なんて無理とのこと。時間がない……　修学旅行実行委員たちに相談すると「朝練習をやるしかない」との返事。時間は？ どうやって？ どこで？「7時50分から8時20分まで」「パート毎のCDを使ってとにかく音取り」「全体で合わせてみよう」「男子を合わせるとふざけてしまうからダメだ」「先生も来てくれ」等、めまぐるしく日々は過ぎていった。9月になってからすぐに「あと何回練習できるのか教えてください」との要求にこちらが慌てる場面もあった。

本校は体育祭と併せて合唱祭が大きな行事となっている。体育祭では学年を取り払った縦割りの団を作り、5分間の持ち時間で四つの団がパフォーマンスを繰り広げる。たった5分間のために数週間前から連日応援団会議を開く。そして3年生が中心となって1、2年生に教えていく。最近ではあまり見られなくなってしまった光景だが、本校では生徒熱狂の行事として続いている。合唱祭も同じように、練習解禁日となると、どのクラスも連日パートリーダー会議が開かれる。いずれも教員は参加しない。そういった自治的な活動が根付いている。時間と場所を保証してあげれば、生徒たちは動く。3年間の特別活動の積み重ねが、修学旅行での合唱に向けた取り組みでも十分に発揮された。

(5)長崎平和宣言から学ぶもの【道徳授業地区公開講座】(3年生6月)【資料2参照】

毎年の道徳授業地区公開講座では、道徳の授業とともに全校生徒及び保護者に向けた講演をセットにして行っている。今年度は、第二次世界大戦中、志半ばで戦場に散った画学生たちの残した絵画等を展示する無言館館主・窪島誠一郎氏に講演をお願いした。超がつく有名人である。予算も限られている。一公立中学校で講演してくれるのか。立川市で窪島氏の講演を聞いた数学科の教員が発端を拓き、美術科教員の猛烈なアタック。切れそうなくらいの細い糸が様々な働きかけにより、次第に太くなり、当日窪島氏本人を本校に迎えた。その時は「本当にこんなことが実現するんだ」と信じられない気持ちだった。

戦没画学生の絵画を題材にした心に響く話は、我々大人も生徒たちの気持ちも大きく揺さぶった。「私もいつか無言館に行ったら、無言館の叫びが聞こえてくるで

1. 日　時　　2017年6月10日（土）
午前8時50分～9時40分　　道徳授業公開（各教室）
午前9時55分～10時55分　　講演(体育館)「平和について」
講師　無言館館主
窪島　誠一郎氏
午前11時25分～12時05分　意見交換会（音楽室）

2. 内　容　　道徳授業公開　１校時　各学年「平和」に関する事をテーマにする。

学　年	主　題	内　容	ね　ら　い
１年生	『無言館』「家族」の絵を通して	「家族」の絵を見て、絵の内容について班で考察し、印象、内容、作者、絵を通して伝えたかったこと、などを話し合う。	１枚の絵を通して画学生や遺族たちの関わりや思いについて考えることを通して、自分の夢や生命の尊厳を思う心情を養う。
２年生	「無言館」が語りかけるもの	数枚の絵を見て絵に込められた作者の思いにふれ、平和について考える。	無言館の存在を知り、作品にふれることで、生徒が平和について考え、個々が出来ることについて心情を深める。
３年生	「2016年　長崎平和宣言」から学ぶこと	平和を維持していくためにどんなことが大切なのだろうか考える。	世界の中の日本人としての自覚を持ち、世界の平和のために自分たちのできることを考えさせる。
ひまわり学級（特別支援学級）	「コミュニケーションスキルアップ」	正しい姿勢や方法で気持ちを落ち着ける。インタビューした内容を使用してゲームをする。	相手のことを考えて質問できる力を育む。楽しい会話のために質問の方法を理解し、練習する。

しょうか」という生徒のお礼の言葉も会場にいた者の心を打った。

道徳の授業としては、1、2年生は学年の道徳担当教員が無言館の絵画を題材にした指導案を考えた。3年生は美術科教員によりすでに無言館についての授業を行っていたので、9月の修学旅行を見据えて、時事的なことも絡めて授業案を考えた。

毎年8月9日の長崎平和宣言は市民を含めた起草委員会を経て練り上げられる。そのせいか、全体的に平易な表現で中学生にとってもわかりやすい。核兵器を巡る世界の情勢や日本政府に対する言及もある。さらに「市民社会の一員である私たち一人ひとりにもできることがあります。」と中学生にも考えるきっかけを示唆してくれている。ヒロシマに行って学ぶことは、現在の状況と密接に絡めてこそ現実味が増す。過去と現在を同じ視野のなかに置いて考えるという意味で、長崎平和宣言はとても優れた教材である。

2週連続同じテーマで行う2時間続きの道徳授業であった。式典の映像を見て、平和宣言の読み合わせをした。その際に「核兵器禁止条約を作る交渉を開始する」国連決議に反対し、さらにその後の交渉会議にも参加しないという日本政府の立場について確認した。日本政府代表の机上に置かれた折り鶴（wish you were here あなたにいてほしい）についても紹介した。それを知った生徒たちの衝撃は大きかった。併せて、日本政府の取った行動の理由について考え合った。その過程で「核の傘」「核抑止論」という言葉も多くの生徒が知ることになった。ここまでで1時間。

2時間目は前回書いてもらった「疑問」「もっと知りたいこと」や感想を読み合うところから始まった。ここで様々な意見を共有することになる。そして前述の世界平和のために「市民社会の一員としてできること」について個人で考えることになる。

以下の文章は、子どもたちが「考えるためのワークシート」に記入したものである。時間をとって、考えを記入させた後、発表の時間となった。記入したものをメモ代わりにして、自分の言葉として発表する生徒もいれば、記入したものをそのまま読む生徒もいる。できるだけ多くの意見を知ることが重要だと思ったので、とにかく発表することに時間をかけた。２時間目を整理すると、前回の振り返り（感想を読み合う）に10分。ワークシート「市民社会の一員としてできること」の記入に15分。発表に20分。これでも45分。合間合間に私の話も入る。50分はあっという間である。

●戦争、平和について学び、考える。意見を受け入れる。平和について他国とわかり合う。反対の人の立場になって考えてみる。国を超えて交わること。何でそれをその人がやったのか考える。
●国家に反対できる人間になり、間違えた方向に進んだことがあったら、自分たちの力で、国家を変えることができるように頑張りたい。ディベートのように反対の人の意見を考えることも必要だと思う。メディアに流されずに自分の意見を言う。メディアで自分の意見を発信する。世界の大統領に広島に来てほしい。世界平和を考える時間が大切。

●中学生にできることは限られてくると思う。でも、次世代の大人としてなら、学び、考えることができると思う。全国の中学生が平和学習に関心を持ち、自己の意見をしっかりと持つことができれば、人の意見に流されたりせずに「日本の方針」を正しく導けると思う。今の政権でどんなことが決まっても、私たち中学生が大人になったときに、一人ひとりがしっかりした意見を持っていれば、過ちは正されると思うし、世界に対して「平和」を発信できる日本になれると思う。だからそのために、日本の歴史をしっかりと見つめ、自己の意見を持てるような人になりたいと思う。
●まず自分たちが真剣に平和に向き合うことが大切だと思う。次に私たちが行っているような平和学習をどの学校でも、どの国でもした方がいいと思う。平和学習のおかげで、よく知らなかった戦争を知り、悲しみを知り、心の被爆をしました。平和に対する思い、考えを持ち続けること。それを行動にすること。そして唯一の被爆国として世界に伝え合い続けること。このことが大切だと私は考えています。

●修学旅行に行った後、聞いた話を1、2年生にも知ってもらう。（新聞などを作成する。）家族にも話して知ってもらう。（ひとりでも多くの人に知ってもらう。）他国の言葉や文化を知る。（お互いについてよく知る。）他国の人と関わる機会を作り、話を聞いたりして他国のことを知る。ＡＬＴの先生から聞いたりしてもいいと思う。

●自分に関係ないことなんて一つもないと思っていく必要があると思いました。

●中学校のなかでも、お互いを尊重し合い、包み隠さず、意見を言っていくことが大切だと思いました。

「核の傘のなかにいることはやむを得ない」「核武装は必要」と考える生徒もいる。残念ながら、気後れしてしまったようで本時では発表することはなかった。本来であれば、もう1時間ほしいところである。そうすれば「いろいろな意見が出ました。さあ、どうする?・」と突っ込むこともできた。「考え、議論する道徳」へと進むこともできるだろう。しかし、この後で何を議論するというのかという思いもある。

本来的な意味での道徳性とは、その社会の秩序を受け入れ、内面的な規範となっているようなものであろう。現代においては、何よりもまず基本的人権が尊重された社会のなかで、主権者として生活するときの行動規範としてある。

田上長崎市長の問いかけは「市民社会の一員である私たち一人ひとりにもできることがあります」である。焦点は突き詰めれば核兵器である。核兵器を「絶対悪と考える」のか、「必要悪と考える」のかである。次期学習指導要領に向けたこれまでの審議のまとめ（平成28年8月）に次のようにある。「多様な価値観の、時には対立がある場合を含めて、誠実にそれらの価値に向き合い、道徳としての問題を考え続ける姿勢こそ道徳教育で養うべき基本的資質であるという認識に立ち、発達の段階に応じ、答えが一つではない道徳的な課題を一人一人の児童生徒が自分自身の問題と捉え、向き合う「考え、議論する道徳」へと転換を図るものである。」

とすれば、まさに議論するにふさわしい「道徳的な課題」である。しかし、一方で道徳的価値観（学習指導要領の言葉で言えば「道徳的諸価値」）は時の為政者によって左右される。新学習指導要領においても、「道徳的諸価値」は項目（徳目）として規定される。さらに、使用される教科書においては題材の後の「質問」や「記入欄」で徳目に沿った方向へ誘導される。前述の「しかし、この後で何を議論するのかという思いもある」というのはここに起因する。

しかしながら、勤務する中学校の校長は、道徳授業地区公開講座でこのような実践を認め、講師に窪島誠一郎氏を招くことにも許可を出してくれた人物である。もう1時間を最初から計画しておけばよかったと悔やまれる。とは言え、本当にこの先の「議論する道徳」を計画するとなれば、議論の行方は国策に反することになる。クラスだけではなく学年の取り組みである。私以外は20代、30代の青年教員である。今回のように、皆で発表し合うところまでで、精一杯だったというところが正直な気持ちである。

保護者、地域の方々の感想

クラスの授業について

■生徒たちは田上市長のメッセージをまっすぐな視線でとらえ、自分に何ができるか、感想をまとめていたと思いました。日本の歴史や世界の人々の思いなどの資料、無言館の絵など今生徒たちに示せるタイムリーなものだったと思います。

■生徒さんの発表が一人ひとり、しっかりと自分があって、発信しているので驚きました。授業テンポも緩やかでした。

■私は１９４５年８月15日、15歳で中学4年生でした。ほぼ1年上でしたので、非常に関心を持ちました。大きな問題を自由に意見を出していることに、72年前と非常な違いを感じました。

■平和について学ぶ時間が多く取れると良いと思うので、子どもたちにとって幸せなことと思います。

■「世界的な」「大きな事」に対しての意見が多かっ

たように思いましたが、中学生らしい率直な意見がたくさん聞けて良かったと思います。

講演会・意見交換会についての感想

■75歳の窪島誠一郎氏の話は、生徒たちの率直な意見交換と真剣さを受け止めておられました。そのお話は、生徒たちの生活に寄り添った形で、しかも夢を戦争に砕かれた学生の絵の紹介でした。今の自分を見つめさせてくれる話で、大人の私も感銘を受けました。

■窪島様の講演は胸にしみました。無言の意味を知り、ハッとさせられました。中学生にとっても忘れられない日となったと思います。

■戦争体験者ですので、いっそう身にしみて、聞きました。無言館の建設までのすばらしい体験談。一度見学したいです。

南大谷中学校に対するご意見・ご要望等

■心を育てる、自分で考える時間を生徒たちに作ってくださってありがとうございました。

■父母や地域に開かれた学校という印象を持ちました。このように平和教育が行われるのは、学校が民主的なのだと感銘を受けました。道徳の教科書を見てきましたが、疑問項目もありました。日の丸の写真、オリンピック、家族……はあるが、戦争、権利の話は少ない。どう展開していくのでしょう。

■自由な人間らしいことを教え、育てる良い教育の場です。確かな将来を見ることができました。現在の若い中学生、孫も含めてよく知ることができました。

第3節　まとめ

学習指導要領のなかに「平和」の文字は何回出てくるか。第1章　総則の中の道徳教育に関するくだりで2回、第3章　道徳で1回、「平和」の文字は出てくる。（なお新学習指導要領では鏡文のようなものがつき、その中でも2回「平和」という文字はある。）

教育基本法では第１条（教育の目的）で「教育は、人格の完成を目指し、平和で民主的な国家及び社会の形成者として必要な資質を備えた心身ともに健康な国民の育成を期して行われなければならない」と平和について言及している。（ちなみに波線部は１９４７教育基本法では「真理と正義を愛し、個人の価値をたつとび、勤労と責任を重んじ、自主的精神に充ちた」となっていた。）

憲法ではどうか。ご存じのように「平和」は日本国憲法の三大原則（国民主権・平和主義・基本的人権の尊重）のひとつとして謳われている。９条が戦後73年間の日本の平和に果たしてきた役割は燦然と輝いている。しかも、短い前文のなかで「平和」は４回も高らかに宣せられている。

平和の概念は、最高法規の憲法のなかで輝きを放っている。平和教育の重要性は私たちの憲法に由来するのである。私は平和教育は憲法が要請しているものだと考えている。修学旅行の行き先としてヒロシマを提案するときは、いつも憲法を拠り所にしてその重要性を主張する。平和教育の重要性には反論の余地はない。

本校で平和学習を始めた当初は、目の前にいる生徒たちに平和を継承させるという気持ちでいっぱいだった。あれも教えたい、これも伝えたい。しかし平和学習を進めていくうちに、同僚教員たちに伝えるという思いが強くなっていることに気づいた。たまたま出会った８人の学年教員が、この学校で身につけた平和教育の実践を、今後それぞれが赴く各地で継承してくれたら平和教育は何千人もの子どもたちに伝わっていく。

さらに最近では、平和教育は誰でもできるようなものでなければ継承されないという思いに至っている。この３年間で同僚教員には様々な継承があった。１年次にヒロシマへの修学旅行が決まると「自分でも事前に広島へ行っておこう」と夏休みに自費でヒロシマを訪れた同僚。2年次の意見発表会の取り組みでは、無言館を訪れた自らの夏の経験を意見文として生徒たちの前で発表した同僚。そのことがきっかけで、道徳授業地区公開講座での窪島誠一郎氏の講演につながった。これは同僚の熱意がなければ実現できなかったことだ。学年は離れたが、その思いは受け継がれ、学年生徒全員によるコラージュ作品『平和のゲルニカ』として表出した。また地区公開講座の前に「行って見てこなければ教えられない……」と無言館を訪れた同僚。その後も無言館を訪れる同僚は続いた。卒業式で生徒たちを送り出した後「改めてじっくりヒロシマを見てみたい」と、春休みに親と連れだってヒロシマを再訪した同僚。ほとんどが青年教員である。

修学旅行は大きな学校行事である。そういったものへの取り組みには、職員の合意が必要である。しかしその合意は必要最小限のものでよかった。職場で人が目標に向かって有機的に関わり合いを持つと同僚性が生まれてくる。年齢や立場を超えた雰囲気と言えばありふれた表現だが、各人のやることを各人が尊重している。足りないところは自然に補い合う。学年会はいつも議論百出、言いたいことを言うので時間がかかる。職員室にも職層の違いが入ってきているが、どこ吹く風。このような雰囲気を私は同僚性と勝手に呼んでいる。そういうなかで、平和教育は継承されていくことを実感している。

『3年間この学年で見てきたもの、経験してきたものをすべて吸収して、次の学校に行ったらヒロシマ修学旅行を提案してみる……。それは無理です。でも、その中のひとつでもいいから、自分なりにアレンジしてやってみようと思います』こんなことを言って異動していった同僚がいた。教員として日々、実践しているからには「集団の中で」「生徒を活動させる」という意識は皆持っている。こういった特活的な視点を中心に据え、職場の同僚性が生まれたとき、平和教育のハードルは決して高くはないと考えている。

3年間の平和学習を振り返って

私たちの学年は、この南大谷中学校で3年間、平和についての学習をしてきた。修学旅行では実際に広島にも行き、戦争の恐ろしさを改めて感じることができたと思う。これらの平和についての学習を経て、この学年160名の中で、高校に入ってから、又は将来、平和活動を自分から進んでやる人、やらない人は何人いるだろうか。やらない人の中でも気に留める人、留めない人は何人いるだろうか。また、平和活動をやる人、やらない人、気に留める人、留めない人の違いは何なのだろうか。
　３年間平和について学んだことは、何かしらの形で活かすべきだと私は思う。「平和とは何か?」と考えたときに様々な視点からの意見が出たように、これから先の平和への関わり方は色々あるだろう。私は高校に入ってサッカーに夢中になって、サッカーを第一優先にして生活を送るので、自分から平和活動を進んでやることはできないと思う。でも、絶対に平和に対して無関心なクズな人間にはなりたくない。せめて、平和についての自分の考えを持ち、気に留める人でありたい。

　卒業間際に作った「平和を考える作文集」からの作文である。彼女は活動的な生徒ではあったが、大人の言うことには直感的に抗うようなことも度々あるような生徒だった。（しかし、そのことは思春期の子どもの正しい成長である。）サッカーをやるために、家族から離れた高校に進学し寮に入っている。表現上不適切な部分もある。しかし、一読すれば「平和で民主的な国家及び社会の形成者」としての一歩を確実に歩み出していることがわかる。平和を声高に言わなくても、このような感覚を持つことこそ、日本に生きる市民（主権者）として最も大切なことだと思う。そしてこのことは、彼女が３年間南大谷中で平和について学んできたことと密接に絡んでいる。

（おおはし・まさる　東京都公立中学校教員）

2年　9月～10月	2年　3月	3年　6月
5	2	2
意見文の作成·発表	郷土の戦争について学ぶ 「東京大空襲」 NHKスペシャル	2016年8月9日 長崎平和宣言から学ぶもの （道徳授業地区公開講座）
意見文作成 クラス発表会 学年発表会	DVD視聴 感想意見文	長崎平和宣言の動画視聴 ワークシートによる学習 意見の発表
①夏休みの新聞作りをもとにして意見文を作成する（文章表現） ②クラスで意見発表会を開催 投票で各クラス3人をクラス代表として選出する ③各学級3人×4組＝12人 体育館で学年の意見発表会	①体育館でDVD視聴 ②翌日、感想意見文を書く	①クラスで動画を視聴 ②宣言文の中にある核兵器禁止条約制定への交渉会議に関する部分を題材に、考えさせる ③宣言文の中の「市民社会の一員である私たち一人ひとりにもできることがあります」に応える形で「何ができるか」を考える ④意見作成→発表

3年　9月	3年　9月	3年　10月	3年　3月
1	9/24 ～ 9/26	2	1
4400人が暮らした町 吉川晃司の原点 （NNN ドキュメント）	修学旅行 広島 京都	修学旅行文集への 取り組み	平和の集いの学校での 再現
DVD 視聴	①ボランティアガイドさんによる碑めぐり ②平和資料館見学 ③語り部さん証言 ④平和の集い 被爆ピアノによる合唱	修学旅行を通して 平和に対する思いを 整理する文章表現	被爆体験の継承 他学年との交流
①今は平和公園となっている場所は多くの市民の居住地であったことを伝える内容 直前の事前学習として適していると思われる		①ヒロシマを訪れて肌で感じたこと ②2年間の平和学習のまとめ ③平和に対する気持ちのまとめとして、一人ひとりの到達点を文章表現として残す	①合唱祭の中で 或いは ②卒業式の中の「語り」と共にヒロシマでの「平和の集い」を再現する

ネタ授業も随時行われています。道徳の授業でも平和学習に取り組む教員もいます。

資料1　平和学習の流れ

	1年　2月	2年　7月	2年　8月
配当時間	3	2	夏休み課題
主な内容	平和教育ガイダンス 平和って何だろう 13歳の平和観を共有する	広島で起きたことの 基本的な学習 「君はヒロシマを見たか」 NHKスペシャル	平和について 考える新聞 （夏休みの宿題）
学習活動	ガイダンス 平和ってなんだろう 平和に関するアンケート	DVD視聴 感想意見文	ガイダンス 画用紙で作る個人新聞
備考	①平和学習ガイダンス （学年集会） 修学旅行で広島に行くこと 今後の平和学習について ②「平和とは」ひとり10文 ③班で３文にしぼる ④クラスで３文決定 ⑤平和と戦争に関する アンケート	①体育館でDVD視聴 ②翌日、プリントを使って振り返り学習 ③感想意見文を書く	①冊子を使ってのガイダンス 何を調べるか、生徒たちの平和をとらえる視点ができるだけ広がるようにテーマの例を示した ②夏休み明けに廊下に掲示

	3年　6月	3年　6月～9月	3年　8月
配当時間	1	8	夏休み課題
主な内容	無言館 窪島誠一郎さん講演 （道徳授業地区公開講座）	平和の集いに向けて 合唱練習	A Short Story of Sasaki Sadako （英語科としての課題）
学習活動	「平和について」	被爆ピアノ伴奏による 合唱への取り組み	佐々木貞子さんの物語 日本語訳
備考	本校美術科教員の熱意 それをサポートした教員 道徳担当主任教諭の意見 など様々な教員の協力で実現した	①音楽科教員の指導を受けながら、修学旅行実行委員会主導による取り組み ②歌う曲を生徒からの希望も取り入れながら投票で決める 「ヒカリ」に決定 被爆ピアノ・翼をひろげる会の協力	①ひとりで取り組む課題として内容、物語が理解できることを優先した課題とした

憲法記念日・慰霊の日・東京大空襲など、その都度「学年だより」で提起しました。また国語科による新聞を使

資料2（授業当日の資料に基づき再構成したもの。ただし用意された設問に変更はない。）

長崎平和宣言

核兵器は人間を壊す残酷な兵器です。

1945年8月9日午前11時2分、米軍機が投下した一発の原子爆弾が、上空でさく裂した瞬間、長崎の街に猛烈な爆風と熱線が襲いかかりました。あとには、黒焦げの亡骸、全身が焼けただれた人、内臓が飛び出した人、無数のガラス片が体に刺さり苦しむ人があふれ、長崎は地獄と化しました。

原爆から放たれた放射線は人々の体を貫き、そのために引き起こされる病気や障害は、辛うじて生き残った人たちを今も苦しめています。

核兵器は人間を壊し続ける残酷な兵器なのです。

今年5月、アメリカの現職大統領として初めて、オバマ大統領が被爆地・広島を訪問しました。大統領は、その行動によって、自分の目と、耳と、心で感じることの大切さを世界に示しました。

核兵器保有国をはじめとする各国のリーダーの皆さん、そして世界中の皆さん。長崎や広島に来てください。原子雲の下で人間に何が起きたのかを知ってください。事実を知ること、それこそが核兵器のない未来を考えるスタートラインです。

今年、ジュネーブの国連欧州本部で、核軍縮交渉を前進させる法的な枠組みについて話し合う会議が開かれています。法的な議論を行う場ができたことは、大きな前進です。しかし、まもなく結果がまとめられるこの会議に、核兵器保有国は出席していません。そして、会議の中では、核兵器の抑止力に依存する国々と、核兵器禁止の交渉開始を主張する国々との対立が続いています。このままでは、核兵器廃絶への道筋を示すことができないまま、会議が閉会してしまいます。

核兵器保有国のリーダーの皆さん、今からでも遅くはありません。この会議に出席し、議論に参加してください。

国連、各国政府及び国会、NGOを含む市民社会に訴えます。核兵器廃絶に向けて、法的な議論を行う場を決して絶やしてはなりません。今年秋の国連総会で、核兵器のない世界の実現に向けた法的な枠組みに関する協議と交渉の場を設けてください。そして、人類社会の一員として、解決策を見出す努力を続けてください。

核兵器保有国では、より高性能の核兵器に置き換える計画が進行中です。このままでは核兵器のない世界の実現がさらに遠のいてしまいます。

今こそ、人類の未来を壊さないために、持てる限りの「英知」を結集してください。

日本政府は、核兵器廃絶を訴えながらも、一方では核抑止力に依存する立場をとっています。この矛盾を超える方法として、非核三原則の法制化とともに、核抑止力に頼らない安全保障の枠組みである「北東アジア非核兵器地帯」の創設を検討してください。核兵器の非人道性をよく知る唯一の戦争被爆国として、非核兵器地帯という人類のひとつの「英知」を行動に移すリーダーシップを発揮してください。

⑤日本国憲法の平和理念って？　裏面に続く

核兵器の歴史は、不信感の歴史です。

国同士の不信の中で、より威力のある、より遠くに飛ぶ核兵器が開発されてきました。世界には未だに1万5千発以上もの核兵器が存在し、戦争、事故、テロなどにより、使われる危険が続いています。

この流れを断ち切り、不信のサイクルを信頼のサイクルに転換するためにできることのひとつは、粘り強く信頼を生み続けることです。

我が国は日本国憲法の平和の理念に基づき、人道支援など、世界に貢献することで信頼を広げようと努力してきました。ふたたび戦争をしないために、平和国家としての道をこれからも歩み続けなければなりません。

市民社会の一員である私たち一人ひとりにも、できることがあります。国を越えて人と交わることで、言葉や文化、考え方の違いを理解し合い、身近に信頼を生み出すことです。オバマ大統領を温かく迎えた広島市民の姿もそれを表しています。市民社会の行動は、一つひとつは小さく見えても、国同士の信頼関係を築くための、強くかけがえのない礎となります。

被爆から71年がたち、被爆者の平均年齢は80歳を越えました。世界が「被爆者のいない時代」を迎える日が少しずつ近づいています。戦争、そして戦争が生んだ被爆の体験をどう受け継いでいくかが、今、問われています。

若い世代の皆さん、あなたたちが当たり前と感じる日常、例えば、お母さんの優しい手、お父さんの温かいまなざし、友だちとの会話、好きな人の笑顔…。そのすべてを奪い去ってしまうのが戦争です。

戦争体験、被爆者の体験に、ぜひ一度耳を傾けてみてください。つらい経験を語ることは苦しいことです。それでも語ってくれるのは、未来の人たちを守りたいからだということを知ってください。

長崎では、被爆者に代わって子どもや孫の世代が体験を語り伝える活動が始まっています。焼け残った城山小学校の校舎などを国の史跡として後世に残す活動も進んでいます。

若い世代の皆さん、未来のために、過去に向き合う一歩を踏み出してみませんか。

福島での原発事故から5年が経過しました。長崎は、放射能による苦しみを体験したまちとして、福島を応援し続けます。

日本政府には、今なお原爆の後遺症に苦しむ被爆者のさらなる援護の充実とともに、被爆地域の拡大をはじめとする被爆体験者の一日も早い救済を強く求めます。

原子爆弾で亡くなられた方々に心から追悼の意を捧げ、私たち長崎市民は、世界の人々とともに、核兵器廃絶と恒久平和の実現に力を尽くすことをここに宣言します。

2016年（平成28年）8月9日

長崎市長　田上富久

長崎平和宣言から学ぶもの　No.1

6月7日（水）

①なぜナガサキなの？

②この後どうなった？

秋の国連総会で「2017年3月に核兵器禁止条約を作る交渉を開始する」との決議が採択されました。

賛成123カ国　反対38カ国　棄権16カ国

日本は［賛成・反対・棄権］しました。

③今年の3月「その交渉」はどうなった？

核兵器を法的に禁ずる「核兵器禁止条約」の交渉会議が3月27日、米ニューヨークの国連本部で始まった。

日本政府代表で演説した高見沢将林《のぶしげ》軍縮大使は、「核兵器国の理解や関与が得られないことは明らかだ。残念ながら、交渉会議に建設的かつ誠実に参加することは困難」と述べ、交渉への［参加・不参加］を宣言した。（毎日新聞）

日本政府代表の机の上には折り鶴が置かれていました

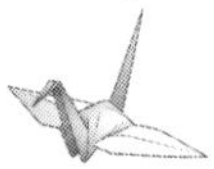

折り鶴の羽には
メッセージが・・・
wish you were here

設問1　「　　　　　　　　　」というメッセージは何を表しているんだろう。

設問2　どうして日本は［賛成・反対・棄権］するの？
交渉に［参加する・参加しない］の？

④「武力」をどう考えるかということにつながっています。憲法記念日の前日に配った学年だよりを思い出してください。

軍備に関しては悩ましい問題がつきまといます。例えば、自分の国が軍隊を持つ。すると敵対する国はもっと強い軍隊を持とうとする。するとこっちはもっともっと強い軍隊を持とうとする。
安心するためにはキリがありません。
行き着くところは「核兵器」です。

学年だより第3号より

皆さんは、「過去に向き合う一歩」をもうすでに踏み出しています。
1年生のときから平和学習をやってきました。
今日は、「未来のために」の部分を考えていきます。

⑤日本国憲法の平和理念って？

⑥日本国憲法第9条

> 1　日本国民は、正義と秩序を基調とする国際平和を誠実に希求し、国権の発動たる戦争と、
> 武力による威嚇《いかく》又は武力の行使は、国際紛争を解決する手段としては、永久にこれを放棄する。
> 2　前項の目的を達するため、陸海空軍その他の戦力は、これを保持しない。
> 国の交戦権は、これを認めない。

素直に読めば「紛争を解決するためには武力に訴えません（戦争しません）。戦争をするための軍隊を持ちません。」と書いてあります。「じゃあ、自衛隊は？」ということになります。

1945 年の敗戦と共に日本は GHQ（連合国軍最高司令官総司令部）に統治されていました。1950 年に朝鮮戦争が起こると、在日米軍が出動してしまったために GHQ は日本国内の治安を守る目的で「警察予備隊」の設置を指令しました。それが後に「保安隊」と名称が変わり、さらに「自衛隊」へと発展していきました。

⑦自衛権について

防衛省ホームページ

> わが国は、第二次世界大戦後、再び戦争の惨禍を繰り返すことのないよう決意し、平和国家の建設を目指して努力を重ねてきました。恒久の平和は、日本国民の念願です。この平和主義の理想を掲げる日本国憲法は、第９条に戦争放棄、戦力不保持、交戦権の否認に関する規定を置いています。もとより、わが国が独立国である以上、この規定は、主権国家としての固有の自衛権を否定するものではありません。政府は、このようにわが国の自衛権が否定されない以上、その行使を裏づける自衛のための必要最小限度の実力を保持することは、憲法上認められると解しています。

⑧憲法9条の下において認められる
自衛権の発動としての武力行使（政府見解）

> 1.我が国に対する急迫不正の侵害がある
> 2.これを排除するために他の適当な手段がないこと
> 3.必要最小限度の実力行使にとどまるべきこと

⑨第2次安倍内閣が2014年7月1日に
閣議決定した新たな３要件

> 1.我が国に対する武力攻撃が発生したこと、又は我が国と密接な関係にある他国に対する武力攻撃が発生し、これにより我が国の存立が脅かされ、国民の生命、自由及び幸福追求の権利が根底から覆される明白な危険があること
> 2.これを排除し、我が国の存立を全うし、国民を守るために他に適当な手段がないこと
> 3.必要最小限度の実力行使にとどまるべきこと

これがよく言われる
「集団的自衛権」の容認
というものです
憲法９条の解釈を１８０度
変えてしまったと
言われています

憲法学者の9割が
「憲法違反」だと考えている
とのアンケート結果がありま
す（東京新聞）

⑩ですから、おとなたちの意見も揺れているのです!!

> あなたは、憲法９条を改正する必要があると思いますか。
> それとも改正する必要はないと思いますか。

（2016 年 NHK 憲法に関する意識調査を元に作成）

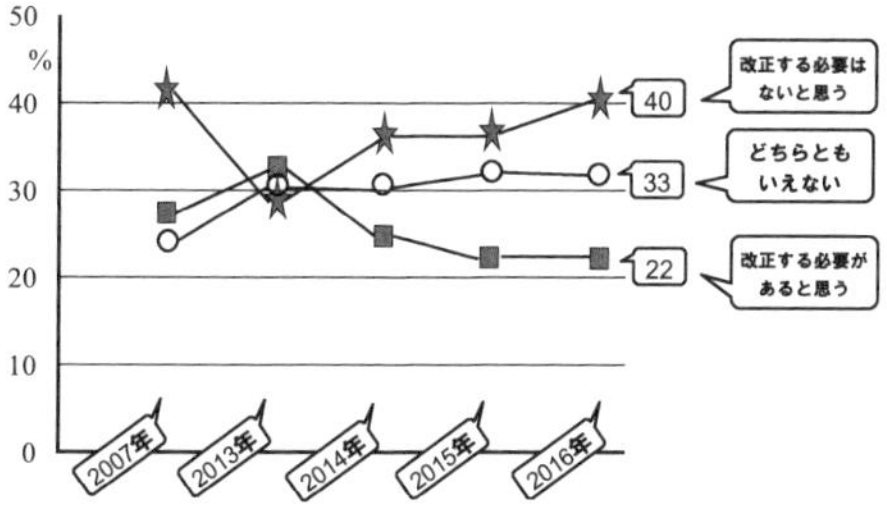

今日の授業のまとめ

疑問に思ったこと

もっと知りたいと思ったこと

感想

⑪さて、ここからが本番です。未来のことを考えましょう。 次回６月 10 日（土）に続く　**3年　　組　　番　名前**

第12章 道徳教育の批判と創造

――「特別の教科　道徳」と私たちの課題

藤田　昌士

第1節　「道徳の教科化」のねらい

1999年3月、当時の小渕恵三首相のもとに設けられた「21世紀日本の構想懇談会」（河合隼雄座長）は、翌年1月、「日本のフロンティアは日本の中にある―自立と協治で築く新世紀―」と題する最終報告書を提出した。同報告書は、第5章「日本人の未来」で「教育のもつ二面性」と題してつぎのように述べている。

「第一に忘れてはならないのは、国家にとって教育とは一つの統治行為だということである。国民を統合し、その利害を調停し、社会の安寧を維持する義務のある国家は、まさにそのことのゆえに国民に対して一定限度の共通の知識、あるいは認識能力を持つことを要求する権利を持つ。（中略）そうした点から考えると、教育は一面において警察や司法機関などに許された権能に近いものを備え、それを補完する機能を持つと考えられる。義務教育という言葉が成立して久しいが、この言葉が言外に指しているのは、納税や遵法の義務と並んで、国民が一定の認識能力を身につけることが国家への義務であるということにほかならない。」

（傍点は引用者）

同報告書が「第二の側面」として挙げるのは「サービスとしての教育」であるが、それはさておき、国民の「教育を受ける権利」をうたった日本国憲法のもとで、驚くべき教育のとらえ方ではないか。日本国憲法第26条は、旭川学力テスト事件最高裁判所判決（１９７６年5月）にもあるように、「子どもの教育は、教育を施す者の支配的権能ではなく、何よりもまず、子どもの学習をする権利に対応し、その充足をはかりうる立場にある者の責務に属するもの」としてとらえているのである。

しかし、実質改憲ともいうべき前記のような教育のとらえ方の延長線上に２００６年の教育基本法改定があり、その後の安倍内閣による「教育再生実行」政策もあると考えることができる。「道徳の教科化」は、教育委員会制度の改定、教科書検定の強化などとあいまって、道徳教育を国家の統治行為のなかにより深く組み込もうとするものである。そのために、いじめ問題にこと寄せて、その実は「道徳」を教科にすることによって、①その実施への強制力を強める、②文科省検定道徳教科書の使用を義務づけることによって授業の内容・方法を規制する、③当面は文章記述によるものとはいえ、「特別の教科　道徳」の評価をも義務づける、さらには④「特別の教科　道徳」を要として学校の教育活動全体の「道徳教育」化をさらに推し進める、以上のようなねらいを重ね合わせながら、つまるところは政府のいう「愛国心」をはじめとする国定道徳をおしつけようとするものといえる。あるいは、戦後、文部省が従来の道徳教育を批判して述べた「いかに既成の秩序に服従するかといふ個人の心術」（『中等学校・青年学校公民教師用書』１９４６年）を今また作り上げようとするものともいえる。

＊ここでいう「愛国心」とは、これまでの政府の施策によって意味づけられてきたもので、拙著『学校教育と愛国心―戦前・戦後の「愛国心」教育の軌跡』（学習の友社、２００８年）でも述べたように、①１９５０年当時の天野文相発言をはしりとして１９６６年、中央教育審議会「期待される人間像」のなかでもいわれたような「天皇への敬愛」と不可分なものとしての「愛国心」、②１９５３年、池田・ロバートソン会談日本側議事録草案要旨にいう「自衛のための自発的精神」、さらには防衛庁『第２回　防衛白書』（１９７６年）等にいう「国を守る気概」としての「愛国心」、③１９８０年代、臨時教育審議会の一連の答申のなかであらためて強調された日本の「伝統・文化」の尊重、それにもとづく「日本人としての自覚」としての「愛国心」、少なくともこの三つの「顔」をもつものといえる。ただし、日本教育会研修事業委員会編著『愛国心と教育』（１９８７

年）に「天皇制こそがわが国の伝統の中心である」（163頁）とあるように、①と③は重なり合っている。

このような「愛国心」を作り上げることこそ、「道徳」特設当初からの政府の道徳教育政策の基本的なねらいであった。降って2006年の教育基本法改定は「愛国心」の法定を中心的なねらいとしていた。その翌年、日本経済団体連合会も「美しい薔薇が健やかな枝に咲くように、美徳や公徳心は愛国心という肥沃な大地から萌え出る」（『希望の国、日本』2007年1月）としている。近くは2013年12月、安倍内閣が策定した「国家安全保障戦略（NSS）」に「国を愛する心」が明記された。

なお、筆者は『季刊教育法』2007年6月号（№.153）所収の論文において、「競争と選択」をキーワードとする政府の新自由主義的な施策と、同じく政府のいう「徳育の充実」との関連を問うて、「政府は『徳育』の名において、共生—一人ひとりの基本的人権の確立—をめざす本来の共同性にかえるに国家への所属感・帰属意識（疑似『共同性』）の造出を意図することによって『徳育』を新自由主義的な施策の補完物にしようとしている」と述べたことがある（「道徳教育の批判と創造—学校における道徳教育再編の動向をめぐって—」、10頁）。今日に引き続く問題として再確認しておきたい。

＊＊文部科学省『初等教育資料』2015年9月号臨時増刊所収の初等中等教育局教育課程課による解説「『特別の教科　道徳』設置の経緯と概要」に、つぎのような説明がある。

「本改正（2015年3月の学校教育法施行規則及び小学校学習指導要領等の一部改正—引用者注）は、従前『読み物』道徳と言われたり、軽視されたりしてきた『道徳の時間』を、『特別の教科　道徳』（以下、『道徳科』と言う）として新たに位置付けるとともに、一人一人の児童生徒が、答えが一つではない課題に道徳的に向き合う『考える道徳』『議論する道徳』へと質的に転換し、道徳教育の充実・強化を図ることを目的としている。これは、昭和33年に告示された学習指導要領に『道徳の時間』が特設されて以来、約60年に及ぶ道徳教育の大きな転換であると考えている。」（傍点は引用者）

このように喧伝されて登場したのが「特別の教科　道徳」であった。しかし、2018年3月検定の中学校道徳教科書に即してみると、その実態とはいかなるものか。すべての教材は中学校学習指導要領に定める22の内容項目のいずれかに対応すべきものとされ、その結果、大方の教材は個々の内容項目の「理解」へと方向づけられている。日本教科書や廣済堂あかつきには、それに加えて22項目の一つ一つについて理解度を問う4段階ないし5段階の自己評価も用意されている。反面、「答えが一つではない課題に道徳的に向き合う『考える道徳』『議論する道徳』」を意図するかにみえる教材は、「二枚のチケット」（日本教科書1年）、「裏庭での出来事」（学研1年）、「あなたならどうしますか」（教育出版1年）、「死刑制度を考える」（同3年）などが散見されるにすぎない。しかも、「二枚のチケット」を例としていえば、それは電車の乗務員が身体障害者を介助する制度があることを無視したわざとらしいジレンマである。

文科省のいう「考える道徳・議論する道徳」とは、多分に「特別の教科　道徳」の本質をなすインドクトリネーション的な性格を覆い隠すためのカムフラージュではなかったか。より立ち入った考察は他日の課題としたい。

第2節　国家は「道徳の教師」か
——「良心の自由」にかかわって

「道徳」時間の特設（１９５８年度）に先立ち、１９５７年8月4日、松永東文相は記者会見で「民族意識、愛国心高揚のために小・中学校に道義に関する独立教科を早急に設けたい」と言明している（同日付朝日新聞夕刊参照）。その後、１９５８年3月の教育課程審議会答申にもとづき、小・中学校「道徳」実施要綱（１９５８年3月）、ついでは小・中学校学習指導要領道徳編（１９５８年8月）において、道徳教育の目標の基本は「人間尊重の精神」、「道徳」は、これを過去の修身科の復活とする批判を考慮するところから、学校の教育活動全体を通じて道徳教育を行うという従来の方針を踏襲しつつ、他の教育活動における道徳指導を「補充・深化・統合」する「時間」とされた。しかし、当時の文部省が学習指導要領から「試案」という文字を削除し、国家基準性を強化した１９５８年改訂小・中学校学習指導要領（同年10月全面告示）で「道徳」の特設とその目標・内容等が規定されるについては、前記のような文相発言とそこにいたる一連の政治過程があったことを見なければならない。１９５７年5月、国防会議は「国防の基本方針」を決定、愛国心の高揚が国家の安全保障の基盤と強調している。同年7月、自民党政策審議会は「文教政策大綱」を発表、民族精神の涵養と国民道義の高揚を強調している。

さて、このような状況にあって１９５７年11月、日本教育学会教育政策特別委員会は「道徳教育に関する問題点（草案）」を発表し、その「あとがき」の中で「近代民主主義のもとで、個人の自由と良心の問題である道徳とその教育について、公権力が一定の方向づけやわくづけをすることが、はたして妥当であるかどうかが考えられねばならない」としている（日本教育学会編『教育学研究』第24巻第6号所収。上田薫編集代表『社会科教育史資料2』東京法令出版、1974年、に再録）。

　他方、この指摘に対応するかのように、特設後、文部省が行った一連の道徳教育指導者講習会で講師の一人、小沼洋夫（元文部省教学官）は「日本の事情というものを考えますと、この際、道徳教育の基準というものを、ある程度明らかにして、それを学校が中心になって、その基準に則した道徳教育をやっていき、それが将来、家庭・社会という所に浸透していけば、日本として道徳教育というものの地盤ができていくのではないか（中略）考え方によっては特設時間を設けたということよりも、今回の道徳指導要領で道徳の目標ないし内容を示したことに大きな意義がある」と述べている（文部省『新しい道徳教育のために』東洋館出版社、1959年、152頁、傍点は引用者）。

　なお、小沼は、その講演のなかで「人間愛・人間尊重の中に、基本的人権は含まれるが、基本的人権を認めるだけでは、ただちにそのために自己が犠牲になるという道徳的な根本問題はでてこない。そういう意味で、人間尊重ということばはより包括的な意味をもっている」とも述べている（同書168～169頁、傍点は引用者）。

　これらの指摘からいえるように、特設「道徳」の問題は、学校における道徳教育の方法として特設時間によることが妥当であるかどうかという問題であるより前に、国家と道徳教育との関係をめぐる近代民主主義の原則にかかわる問題、つまりは国家（具体的には政党内閣によって指揮監督された文部省［文部科学省］）は「道徳の教師」（堀尾輝久）であり得るのかという問題なのであった。1958年度に始まる「道徳の時間」の特設が、国家が再び「道徳の教師」として登場する第一段階であったとするならば、今、「愛国心」を法定した改定教育基本法のもとで、「道徳」を教科とすることによって、国家を「道徳の教師」とする第二段階が到来している。日本国憲法第19条、子どもの権利条約第14条が保障する「良心の自由」にもとづき、国家と道徳教育との関係を律する民主主義的原則を問い、道徳教育に対する特定政党ないし一部の勢力の支配を排除することがあらためて求められている。

他方、子どもの道徳性の発達を援助することが私たち父母・教師・国民に課せられた責務であるからには、私たちが子どもとともにめざす人間像とはいかなるものか、そのことをはじめとして、父母・教師・国民の道徳教育にかかわる合意を学校・地域から追求するという課題が私たちに課せられている。「子どもの自主的な判断力を育てる」ことが、求められる国民的合意の出発点となるだろう。

＊２０１４年10月、下村文部科学大臣（当時）は、中央教育審議会（第94回）において答申提出を受けた後の挨拶の中で、文科省がこれまで3回にわたって『私たちの道徳』を学校で活用するとともに家庭にも持ち帰らせるよう教育委員会に通知を発してきたことに触れながら、つぎのように述べている。

「今回のような形で答申を頂いたことを契機として、学校における道徳教育の充実を図るということはもちろんのこと、今お話がありましたが家庭、またそれだけでなく地域、こういうところとの連携を更に強化して、社会全体でこれからの時代を担う子供たちのよりよく生きる力の育成を図ることができるよう、力を尽くしてまいりたいと思います。」（第94回議事録参照）

国家を、学校のみならず家庭・地域にもわたって「道徳の教師」にしようとする意図をここにもみることができる。

＊＊文中、「道徳」特設の実施年度を「１９５８年度」としていることについて若干補足するならば、１９５８年３月18日付の各都道府県教育委員会他宛て文部事務次官通牒にいう「昭和33年度から」を翌19日付の文部大臣談話は「昭和33年４月から」と補足している（石三次郎編『小学校・中学校「道徳」実施要綱解説』参照、誠信書房、１９５８年）。このような先行する措置を承けて、学校教育法施行規則の一部改正（８月28日）及び小・中学校学習指導要領道徳編の公示（同日）にもとづき、特設「道徳」はあらためて同年９月１日から実施するものとされた。

第３節　「学校の教育活動全体を通じて行う道徳教育」の変質、その「道徳教育」化
——徳育と知育との結合か、徳育と知育との分離、さらには徳育の名による知育の歪曲か

戦前・戦時、日本の初等学校・中等学校における道徳教育は、単に首位教科（筆頭教科）としての修身のみに

よって担われるものではなかった。それを支えるものとして、国語や「国史」（日本歴史）などの教科があった。「御真影」（天皇・皇后の写真）への最敬礼と教育勅語「奉読」等から成る「天長節」などの学校儀式があった。

＊たとえば国民学校期に即してみると、『初等科国語　六』（第5学年後期用）には「水兵の母」と題する教材があった。当時の文部省の編纂趣旨によると、「陛下の御ために、愛《まな》子《ご》が死ぬることこそ、愛子を永遠に生かす道であると堅く信じて疑はない母親」を描き賛美したものである（ふりがなは引用者）。『初等科国史　上』（第5学年用）の冒頭「第一　神国」の「一　高千穂の峯」では、あの天孫降臨の神話があたかも史実であるかのように（いや史実として）教え込まれた。

このような修身教育体制への反省に立って、戦後の学校における道徳教育は、社会科をはじめとして社会・自然・人間の真理・真実を学ぶ教科指導と、教科外諸活動を主な場として民主的な人間関係・自治能力を育てる生活指導とを二本柱とし、学校の教育活動全体を通じて行うものとして再出発した。そこで指向されたのは知育（科学教育）と徳育（道徳教育）との結合、そして子どもの実生活に即するという原則であった。

なお、学習指導要領の上で、学校の道徳教育は学校教育の全面において行うという方針が明示されたのは1951年改訂の『学習指導要領一般編（試案）』においてであるが、そこにはつぎのようにあることに注意したい。

「民主社会における望ましい道徳的態度の育成は、これまでのように、徳目の観念的理解にとどまったり、徳目の盲目的実行に走ることを排して、学校教育のあらゆる機会をとらえ、周到の計画のもとに、児童・生徒の道徳的発達を助け、判断力と実践力に富んだ自主的、自律的人間の形成を目ざすことによって、はじめて期待されるであろう。したがって道徳教育は、その性質上、教育のある部分でなく、教育の全面において計画的に実施される必要がある。」（傍点は引用者）

また、これに先立ち文部省が発表した『道徳教育のための手引書要綱』の総説（1951年4月）で「憲法および教育基本法の精神にもとづいて、教育が個人の人格の完成をめざしている以上、（中略）道徳教育をおこなう立場としても、個人の人格をなによりも重んじ、人権をなにもまして尊ぶということが、根本とならなくてはならない」といわれていたことをも想起したい。

しかし、「道徳」の特設以降、とりわけ１９８９年の小・中学校学習指導要領改訂以降、文部科学省が学習指導要領の上でも求めてきた「学校における道徳教育の全体計画」のもとで、「道徳」の内容を構成するあれこれの項目（徳目）が各教科や特別活動の中にも持ち込まれることによって、「学校の教育活動全体を通じて行う道徳教育」が、かつて修身教育体制にもみたような学校の教育活動全体の「道徳教育」化を意味するものに変質しつつある。現に、栃木県教育委員会の指導事例集『とちぎの子どもたちへの教え』（２０１３年３月）では、小学校六年社会科「日本国憲法」に関する単元で、「基本的人権の尊重」という重要な内容を取り上げながら、その憲法学習を学習指導要領「道徳」の内容の一つ、「公徳心をもって法やきまりを守り……」という項目のもとに位置づける事例が紹介されている。公権力の行使をしばる規範としての憲法の本質理解を誤らせるものといえる。「特別の教科　道徳」は、学校における道徳教育のいわば司令塔として、このような動きを加速させる恐れがある。子どもの真理・真実を学ぶ権利を保障する教師の教育の自由が不可欠である。

＊ここに述べたことと関連して、２０１５年３月の「一部改正」による小・中学校学習指導要領が「道徳科を要として学校の教育活動全体を通じて行う道徳教育の内容は、第３章特別の教科道徳の第２に示す内容とする」ことを総則に移し、また各学校における「道徳教育の全体計画」に関する指示をも総則に移していること（前回はいずれも第３章道徳）に注意する必要がある。２０１７年３月、全面改訂された小・中学校学習指導要領の場合も同じである（小・中学校とも総則の第２、３（１）カ及び第６、１参照）。

第４節　私たちの課題
――民主的な道徳教育の創造をめざして

（1）学校における道徳教育への父母・国民の期待

１９８７年１月、東京都葛飾区立亀青小学校は、教師

集団による自主的な学校づくりの一環として「学校評価父母アンケート」を行った。その中に「亀青小の学習指導について、特に関心がある、あるいは力を入れてほしい教科、領域」について問うた項目があり、その結果はつぎのとおりであった。

算数	低学年65・9％	中学年69・8％	高学年79％
国語	低学年60・0％	中学年74・0％	高学年73％
道徳	低学年43・0％	中学年45・2％	高学年34％
社会	低学年16・3％	中学年28・7％	高学年21％
理科	低学年12・6％	中学年21・9％	高学年17％

（以下略）

出典　日本民間教育研究団体連絡会編『道徳教育実践ノート』（労働旬報社、１９８８年）、13頁。教科等の配列はもとの表とは異なる。

もちろん、このような調査結果が個々の教科・領域の軽重を示しているわけではない。しかし、学校における「道徳の時間」、というよりも道徳教育への父母の期待が決して小さなものではないことが、このような調査結果からもうかがわれる。なお、同校が翌年、文章記述による回答を求めたところ、「道徳」への期待としては「言葉づかい」「いじめをしない」「思いやり」など、日常の人間関係に関する事柄が多く挙げられていた。

その後、読売新聞が２０１３年３月に実施した「教育」世論調査の中にも、つぎのような結果がある（同紙２０１３年４月18日付朝刊参照）。

①今の学校教育に対して不満に思うこと、あるいは改善が必要だと思うこと（複数回答）として、いじめ（54％）、教師の質（47％）に続いて道徳教育（36％）が挙げられている。さらに校内暴力・非行（34％）、学力の低下（32％）と続く（以下略）。

②小・中学校の教育内容で、とくに力を入れてほしいと思うこと（複数回答）として、「他人への思いやりや道徳心・公共心など、心の教育を行うこと」（57％）、「社会生活に必要な常識やマナーを身につけること」（55％）、「学ぶ意欲を高めること」（45％、以下略）が挙げられている。

なお、この調査では「道徳の教科化」についてつぎのような設問で賛否を問うている。

「政府は、小・中学校の『道徳』の科目を正式な教科に採用し、授業内容を充実させることを検討しています。あなたは、政府のこうした方針に賛成ですか。反対ですか」

「道徳の教科化」を授業内容の充実と短絡させるきわめて誘導的な質問であるが、回答は「賛成」が84％、「反対」が10％であった。むしろ、私たちはこのような結果のなかに、子どものための道徳教育の充実を求める国民の思いを読み取る必要があろう。それぞれ理由として用意された選択肢によれば、「賛成」の理由としては「他人を思いやる心が育つ」（52％）、「反対」の理由としては「成績評価の対象にするのはなじまない」（48％）が最多であった。

ここでは以上の二例にとどめるが、学校における道徳教育に対する父母・国民の期待を示す調査結果は少なくない。もちろん道徳教育は学校だけの責任ではないが、私たちは、学校にふさわしいあり方で父母・国民の期待にこたえる必要がある。

（2）学校における道徳教育への意図的・計画的な取り組みを

教育は本来、意図的・計画的ないとなみである。道徳教育もその例外ではない。学校における道徳教育は教育の全面において行うとの方針を戦後はじめて明らかにした1951年版の文部省『学習指導要領一般編（試案）』は、その際、道徳教育は「教育の全面において計画的に実施される必要がある」（傍点は引用者）としている。

さて、このような指摘を承け、1957年、日本教育学会教育政策特別委員会「道徳教育に関する問題点（草案）」（本章第2節参照）はつぎのように述べている。

「道徳教育を『教育の全面において計画的に実施』する方法は、教育の全体を統一する道徳教育の目標が明確にされたときに具体化される。そしてその目標を裏付けする基本的価値は、学校生活の全体において具現されるようになっていなければならない。」

いまあらためてこの指摘をも受けとめながら、学校における道徳教育に意図的・計画的に取り組む必要がある。

（3）道徳教育の目標をどうとらえるか

私たちがめざす民主的な道徳教育は、日本国憲法と子どもの権利条約にもとづき、つぎのような二つの目標を統一的に追求するものといえる。

民主的な道徳教育は、第一に、子どもの自主的な価値選択と行為の能力を育てることを目標とするものである。

なぜ、子どもの自主的な価値選択と行為の能力を育てることを道徳教育の基本的な目標とするのか。それは、なによりも現代の道徳の本質が要請するところである。かつて勝田守一が「公教育における道徳教育の問題」と題する論文（『勝田守一著作集』第４巻所収、１９７２年、国土社）のなかで述べたように、道徳とは対立する価値の比較や選択が自主的に行われるところに成立するものである。いわば、価値ある行為が道徳的行為となるのは、それが自主的な行為であることによってである。こうして自主的な価値選択と行為の能力を育てることは、現代の道徳の本質が要請することといえる。

それと同時に、その目標は、教化（価値のおしつけ）としての「道徳教育」への批判に立って、子どもを真に「良心の自由」の担い手として育てようとする立場からいわれるものである。日本国憲法・子どもの権利条約が保障する「良心の自由」は、子どもが「自主的な価値選択と行為の能力」を身につけることによってこそ実質化するものだからである。その目標にはまた、個人の発達と社会の発展とを統一的に追求する立場から、子どもを人類のさらなる道徳的進歩の担い手として育てようとする願いが込められている。子どもは、いまの大人をのりこえることが期待される「新しい世代」なのである。

なお、道徳教育がめざすものを道徳性ということばでとらえるとき、この第一の目標では、道徳性が「能力」、それも後にも述べるように科学的・合理的な知性や共感能力を含んだ、総合的な性格をもった能力としてとらえられている。他方、これまでの「道徳教育」は道徳性を「道徳的心情」に一面化し、矮小化してきた。

民主的な道徳教育は、第二に、現代の道徳を基本的には人類共生のための規範（基本的人権の尊重がそのかなめ）としてとらえながら、子どものなかに人権尊重を基本とする民主的な価値・規範意識（民主的な価値・規範への要求）を育てることを目標とするものである。人権尊重こそは、現代の道徳の歴史的な到達点であり、人類共生のために求められる基本的な価値である。私たちは、子どもが今日から未来にかけて、この歴史的な到達点を承け継ぎ発展させることを期待する（「基本的人権」といわれるものの内容をより豊かにすることを含めて）。その期待を込めて私たちは、民主的道徳教育において、子どものなかに人権尊重の意識、それを基本とする民主的な価値・規範意識を育てることを目標とするのである。

なお、この第二の目標では、道徳性がその中核をなす「価値・規範意識」に焦点化してとらえられている。先に述べたように、私たちは道徳性をさまざまな要素から成る総合的な能力としてとらえるとともに、その中核に価値・規範意識の位置を明らかにする必要がある。そしてそこに、基本的には人権尊重という人類普遍の原理を据える民主的道徳教育に対して、これまでの「道徳教育」は日本の「伝統・文化」の尊重とそれにもとづく「日本人としての自覚」なるものに方向づけられてきた。なにを日本の「伝統・文化」というか、「日本人としての自覚」というかについて批判的な検討を要する。

以上に述べた二つの目標は、たがいに結びついている。道徳教育において真に子どもの自主性を育てようとすることのなかには、人権尊重への方向性が宿されている。なぜなら、自主性は、子どもの内面的・必然的欲求（人間的な願い）をもとに、自然や社会や人間についての真実の知識とたしかな判断力を条件として育つものだからである。それらが結びつくところ、自主性は人権尊重を求める方向へと発展する。また、子どもに人権尊重の意識を育てようとする道徳教育は、子どももまた有する「良心の自由」を無視して価値をおしつけるようなものではありえない。その道徳教育は、人権尊重という価値の、子どもによる発見・創造を促すものである。

民主的な道徳教育の目標を基本的にはこのようにとらえながら、学校における道徳教育を支える父母・教職員の合意を追求しよう。

（4）道徳教育の内容はなにか
——民主的道徳教育における基本的価値

1　改訂小・中学校学習指導要領は、「特別の教科　道徳」の内容として19項目ないし22項目を挙げている。従来の学習指導要領を踏襲した視点別の項目列挙である。しかし、私たちはそこに内在する価値方向性を見てとる必要がある。それらの項目は全体として政府のいう「愛国心」と「宗教的情操」（学習指導要領によれば「人間の力を超えたものに対する畏敬の念」）に方向づけられたものといえるだろう。

　ところで、筆者はかつて「道徳的諸価値の構造的把握」と題して、学習指導要領において列挙される諸価値を「基本」と「発展」、さらには「派生」という関係においてとらえなおすことを提案したことがある。その際、学習指導要領が「道徳」の目標に掲げる「人間尊重」を「人権尊重」と同義のものとしてとらえながら、「人間尊重」というその原則的な価値から直ちに導き出される「基本的価値」として挙げたのは、①自他の生命、自由の尊重、②自他への誠実と思いやり、③労働、真理の尊重という三つの系列から成る価値であった。つぎに「発展的価値」として挙げたのは④主権者としての自覚に裏づけられた愛国心、⑤他国民との友好、平和愛好の精神であった。これらは先の三系列をいわば要素的な価値として、それらを国民、さらには人類という次元において発展させた総合的な価値ということができる。さらに、たとえば「勇気」とか「努力」とかの価値を考えた場合、なにをもって「勇気」というのか「努力」というのか、その中身は上記の基本的価値や発展的価値との関連においてとらえられるべきものであって、その意味でそれらを派生的な価値と呼んだのである（拙著『道徳教育—その歴史・現状・課題』エイデル研究所、１９８５年、第５章の２参照）。

2　上記のような提案はその後、宇治市御蔵山小学校の研究・実践において発展的に承け継がれることとなった。全日本教職員組合『教育課程づくりハンドブック①これならできる！自主的・民主的教育課程編成』（１９９１年８月）によれば、同校では藤田の提案の不備をも補いながら、（a）自他の生命、自由の尊重、（b）自他への誠実と思いやり、（c）労働の意義、（d）真理をみつけだす力、（e）平和を求める力、（f）民主主義を求める力、（g）自然との好ましい関係を結ぶ力、以上の七つを「道徳の基本的価値」としている（42頁）。そしてこれらの「基本的価値」に指導の重点を置くとともに条件に応じた変更等をも大切にしながら、学年別に「道徳年間指導計画」案を作成している。

また、雑誌『教育』１９９２年９月号所収の実践報告、坪井多愛子・谷田川和夫「地域の特性を生かした道徳の授業づくり（小学校）」によると、坪井の勤務校である東京・秋川市立一の谷小学校では、地域の特性を生かし、同校の児童の実態に合った学校独自の年間指導計画をつくろうという教職員の合意にもとづき、「道徳」に即してはつぎの六つから成る「指導内容の柱」とそれにもとづく指導計画が立てられている。

１．自立心と自治能力、　２．自分のねうちと友だちのねうち、　３．生命の尊重、　４．労働と協働、
５．平和の尊重、　６．世界のなかの私たち

さらに同じ『教育』１９９２年９月号にある古池千秋（東京・清瀬第二中学校）の実践報告「私たちのめざす道徳の授業づくり（中学校）」によると、氏は「人権・真理・連帯・平和」を視点として中学校三か年にわたる「道徳指導プラン」を作成している。

よりくわしくはそれらの文献を参照していただくとして、項目（徳目）の単なる羅列ではなく、それぞれの学校が自主的に設定した「基本的価値」あるいは「柱」「視点」にもとづき「道徳」の年間指導計画が立てられていることに注目したい。なお、御蔵山小学校を端的な例として、「基本的価値」が各教科や特別活動においても考慮されるべきものとされていることをも付言しておきたい。

３　このような経過を承けて、近くはさいたま教育文化研究所・教育課程と授業づくり研究委員会『民主的な道徳教育を創造するために　理論編』（２０１５年３月）の中に、つぎのような「民主的道徳の基本的価値を学ぶための五つの柱」をみることができる（52頁）。

①自他の生命と自由を尊ぶこと。

②学習と労働を大切にし、真理・真実を学ぶこと。
③主権者としての自覚と活動力を高めること。
④自然との共生をはかること。
⑤平和な世界を希求すること。

これに先立ち、同書が述べるところによると、これら五つの柱は①日本国憲法から導きだされる「日本国民」の資質、②１９４７年教育基本法が掲げる国民像、③現代社会・世界の現状が要請する課題、④子どもの権利条約が「各国ともに子どもに教育すべき」と要請する内容、以上の四つの視点を踏まえることによって導き出されたものである。先に見たような経過をうけて、「道徳の基本的価値」についての新たな提案をみることができる。

ところで、この『理論編』において特徴的かつ重要なことは、これらの「基本的価値」が教師の一方的な教え込みによって押し付けられるものではあり得ない以上、子どもがどのような学習活動をとおしてそれらの価値を発見・創造していくのか、それぞれの柱に即して「学習のねらいと内容例」が試論的に提案されていることである。くわしくは同書第２部のⅡをお読みいただくとして、ここでは柱の⑤「平和な世界を希求すること」に即して「学習のねらい（●）と内容例（・）」とある部分を紹介する。求められる学習の過程が同『理論編』にいう「取り立てての『道徳の学習』」に限らず、広く学校の教育活動全体を視野に言われていることをご理解いただけるであろう。

⑤平和な世界を希求すること

●「平和」とはどのようなことをいうのか認識を深める
・障害となる差別・貧困等の構造的暴力とテロルや戦争等の直接的暴力
●侵略戦争に向かった日本の近現代史を直視し、歴史認識を深める
・軍国主義・帝国主義～ファシズム体制下の人権剥奪と抵抗の事実
・加害・加担と被害の事実、戦争責任・戦後責任の検証
●日本の恒久平和主義の特徴と歴史的意義を理解す

る
・20世紀の四つの世界的潮流（民主主義化、戦争違法化、脱植民地化、連帯化）
・憲法前文（平和的生存権）と9条（戦争放棄、戦力不保持と交戦権の否認）
・憲法「改正」への動き
●現代世界の武力紛争の実情と日本政府の動向を把握する
・旧植民地等の貧困、大国の利害が絡む民族対立・宗教対立、武器輸出や供与
・自衛隊増強と海外「派遣」、集団的自衛権行使容認の閣議決定、沖縄基地問題
●世界平和に貢献する日本国民の活動を知る
・原水爆禁止運動でのリーダーシップ
・個人や団体（NGO、NPO）による多様な草の根の国際協力・貢献
●平和のバトンランナー（平和を築く主体）としての自覚をもつ
・国内外の戦争体験の継承
・諸国民の平和的生存権の追求、他民族蔑視や「敵国」視の排除
・平和を求める多様な市民運動、主権者そして地球市民としての自覚と責任感

出典　さいたま教育文化研究所・教育課程と授業づくり研究委員会『民主的な道徳教育を創造するために理論編』（2015年3月）、第2部のⅡ

(5) 教科指導・教科外活動をとおしての道徳教育

筆者はすでに別の機会に「学校における道徳教育の実践構造」を①見えないカリキュラム（とその民主的なものへの組み替え、あるいは民主的な学校づくり）、②教科指導と教科外活動を通しての道徳教育、③「取り立て指導」と道徳の授業、という三つの層から成るものとして論じたことがある（「道徳教育をどうとらえ、どう実践するか」宇田川宏・藤田昌士・大畑佳司編著『「道徳」授業をのりこえる』所収、明治図書、1991年）。ここでは、まずその第二の層、それも教科指導と教科外活

動とを一括してとらえながら、道徳教育とのかかわりを考える。

まず教科指導・教科外活動をとおしての道徳教育には、国語科における言語能力の育成、算数・数学科における論理的思考力の育成、教科外活動における自治能力の育成など、教師にとっては必ずしも道徳教育とは意識されないにせよ、それらも道徳的行為を支える要因であるという意味で道徳性の発達に関与するとみられる場合がある。たとえばかつて文部省『道徳教育のための手引書要綱』の総説（1951年4月）が、道徳教育を学校教育の全面で行うということは学校教育のあらゆる部面で道徳に関する内容を直接とりあげ、強調するということではないとして、つぎのように述べたことがある。

「（各教科の学習や特別教育活動など―引用者注）学校教育の種々の部面の指導が、たがいによく連絡をとりながら、それぞれの特性を十分に発揮して、各自の目標を達成することにより、はじめて児童生徒の円満な人格を育成することができると考えられるが、そのような人格を形成することが、実は道徳教育の目的であるといってよい」

ここには先に述べたような、個々の教科・教科外活動が全体として道徳的行為を構成する種々の要因の育成にかかわることによって道徳教育を支えるという事情が見込まれていたといえるだろう。

つぎに教科指導・教科外活動をとおしての道徳教育には、教科指導、さらには教科外活動も、それぞれの特質にもとづいて世界観（自然観・科学観・人間観など）の形成にかかわることを通して道徳性の発達にかかわるといえる場合もある。ここで想起されるのは、白井春男著『人間の歴史』を教材とした久津見宣子の実践である（久津見宣子『人間ってすごいね先生―子どもたちとともにつくった人間の歴史の授業』参照、授業を創る社、1988年）。

その授業のなかで子どもたちは、たとえば「狩りと採集の時代」に道具や火、ことばを使用し、さらには「お葬式」さえ生み出した人類の祖先の歴史を学び、その一人河内史枝は「人間の歴史を勉強して私は、たくさんのことがわかりました。そして人間はすばらしい、としみじみ思いました」と書いている。また、女子高校生の間に「人間てすばらしい！」という感想を生み出した仲本正夫による微分の授業は、数学教育に即して人間観の形成にかかわるその可能性を示している（仲本正夫『学力への挑戦』労働旬報社、１９７９年）。

さらに教科指導・教科外活動をとおしての道徳教育については、前述の民主的道徳における「基本的価値」のもとで、それらの価値の子どもによる発見・創造を促すような学習活動の目的意識的な構成をはかることが重要である。たとえば先に挙げた「⑤平和な世界を希求すること」という「基本的価値」のもとでは、その価値の子どもによる発見・創造を促すような学習活動としてどのようなものが考えられるか。たとえば文部省『中学校・高等学校学習指導要領社会科編Ⅱ　一般社会科（試案）』（１９５１年改訂版）の中の中学校一般社会科第５単元「われわれは、どのようにして世界の平和を守るか」のような過去の遺産をも掘り起こし、参考としながら、また本書第10章や第11章にある実践にも学びながら、私たちの実践のレパートリーを豊かなものとする必要がある。

＊なお、前掲「道徳教育に関する問題点（草案）」は、「全教科を通じての道徳教育」についてつぎのように述べている。ここに摘記して読者の参考に供する。

「第一に、各教科の『主として目ざしているねらい』を実現する過程が、必然的に道徳的態度、知見、心情を育てることになる、という考え方がある。（後略）」「第二に、道徳的な知識内容を、教材として、各教科にもりこむことによって、道徳的知見を養うという方法がある。（後略）」「第三に、各教科の学習形態が、各生徒に与える影響について考えてみる必要がある。（後略）」「第四に、各教科での教授、学習過程を円滑にするための管理の方法が、各生徒に与える影響について考えてみる必要がある。（後略）」

＊＊かつて堀尾輝久は『教育と科学の結合』のための一つの視点」と題して、つぎのように述べたことがある。

「教育と生活の結合の課題は、教育と科学の結合の課題と矛盾し対立するものでは決してなく、両者は、科学（学問）そのものの質の問い直しを、科学の国民化、あるいは学問の真の実学化（学問と生活との結合）という課題を媒介として固く結びつくべき課題なのである。」（『教育』１９６９年８月号、17頁）

この堀尾の指摘に負うていうならば、民主的道徳教育における基本的価値のもとで、子どもによるそれらの価値の発見・創造を促すような学習のプログラムづくりは、「学問と生活との結合」を具体化する作業といえるのではないか。なお、この場合、上記の「基本的価値」は「生活」という概念の中枢に位置するものとしてとらえられている。

(6)「特別の教科　道徳」をつくりかえる

さらに私たちは、「特別の教科　道徳」をたとえばつぎのようなものとしてつくりかえるという課題にも取り組む必要があろう。

①子どもが現にもつ問題（いじめ、性など）と結びつき、あるいは人権・平和・民主主義・共生等の現代的課題のもとで、知育と徳育とを結び、かつ実際生活に即して構成される総合学習（子どもが自らの生き方を考える総合学習・テーマ学習）としてつくりかえる。

1990年代初頭、当時の小・中学校学習指導要領が定める「道徳」への批判にもとづき対抗的実践として提出されたものは、上記のような総合学習としてのあり方であった。たとえば当時の東京都葛飾区立亀青小学校の実践報告資料は「教科や、生活指導には解消されない、人間、社会、労働、平和、性などを柱に人間の生きざまを総合的に学習する場が必要である」としている。

②教科指導や生活指導を通してなされる道徳教育の意味ある補足として位置づける。たとえば貝田久「短歌『六二三・・・』を読み解く」（さいたま教育文化研究所・教育課程と授業づくり研究委員会編『民主的な道徳教育を創造するために　実践編』所収、2014年。六二三は1945年、沖縄の日本軍がほぼ全滅した日）は、戦争の惨禍をつたえる短歌を道徳の教材として取り上げることによって、小学校六年社会科で行われてきた憲法学習の意味ある補足としている。また、永橋和行「きびしく指導するってどういうこと?―いじめの授業実践―」（雑誌『生活指導』2007年6月号所収）は、道徳の時間に松谷みよ子『わたしのいもうと』を教材として取上げ、そこから現に学級にあるいじめの問題に立ち返るという実践を行っている。これらの実践は、道徳の時間に文学作品などを取り上げながら、教科指導や生活指導を通してなされる道徳教育の一環を構成するものとも言える。

③特に中等教育段階にあっては、道徳教育と政治教育（主権者教育）とを結んで、民主的なシティズンシップ教育として再編成することが重要な課題となろう（高校科目「公共」を含めて）。本書第10章や第11章にある実践は、この意味でも参考とされるべきものであろう。

なお、上述の民主的道徳教育における「基本的価値」の追求といい、それらの価値の子どもによる発見・創造を促すような教育活動の創造といい、「特別の教科　道徳」をつくりかえることといい、それらの実践が「子どもの最善の利益」をめざす教師の「教育の自由」を不可欠のものとしていることは明らかである。

（7）教師と子どもとの協力による民主的な学校づくりを

学校が子どもの意見を無視するような反民主的な状況にあることをそのままにして、民主的な道徳教育を進めることはできない。校則の制定や教育課程編成・授業づくりへの子どもの参加を保障し、教師と子ども、さらには父母をも含めた協力による民主的な学校づくりを進めることが、学校における道徳教育の土台である。

ここで想起されるのは、１９７７年、市民性の教育に関する全米特別委員会の報告書『責任ある市民性のための教育』が、その勧告事項の中でつぎのように述べていたことである。

「効果的な公民教育のカリキュラムを開発するためには、つぎの三つの要素が必要である。すなわち、適切な学習内容、生徒の学習を導くよう準備された教師、そして民主社会において要求される価値と技能とを育てるような学校の諸措置である。市民性教育の目的として言われていることに対して、『潜在的カリキュラム（hidden curriculum）』――教師の言動や教室のきまりや教師と生徒、生徒どうしの相互作用をとおしてなされる非公式の学習――が矛盾している場合があまりにも多い。」(Education for Responsible Citizenship, The Report of The National Task Force on Citizenship Education, McGRAW-HILL,1977, p.10)

特に最後の一文に注意したい。これは道徳教育についてもあてはまる。

また、１９８８年、国民教育研究所が行った「校則に関する調査」（対象は千葉・石川・三重・広島・大分五県の中・高校生と教職員）の中で、「学校生活の中で『自分が人間として大切にされている』と感じているか」という質問に対して中学生の60％、高校生の64％が「もたない」あるいは「あまりもたない」と答え、ついで「生徒が『人間として大切にされる』ということは」という質問に対して、中・高校生ともに「成績で差別されない」（中学生62％、高校生44％）、「言い分をきちんと聞いてもらえる」（中学生51％、高校生42％）という回答がもっとも多かったという結果をも想起したい（国民教育研究所『民研教育時報』第23号所収、１９８９年。藤田編『日本の教育課題４　生活の指導と懲戒・体罰』東京法令出版、１９９６年、に抄録）。

その学校にある「潜在的カリキュラム」の点検とそれにもとづく「潜在的カリキュラム」の民主的なものへの組み替えをめざす教師の取り組みを指して、生活指導と呼ぶこともできる。先に全米特別委員会の勧告に「民主社会において要求される価値と技能とを育てるような学校の諸措置」とあるのは、なによりも「学校の管理運営における生徒参加」を意味するものであるが、その「生徒参加」（子どもの権利条約第12条にもとづく子どもの意見表明権の制度的保障）を含めて、生活指導による「潜在的カリキュラム」の民主的なものへの組み替えを図る必要がある。

終わりに、１９９２年、スロバキアのニトラで開かれた第7回ヨーロッパ教育研究所長会議（テーマは「ヨーロッパにおける民主的市民性のための教育—中等教育への新たな挑戦」）の総括報告の中で、フォーゲルマン教授（レスター大学）が述べたつぎのような言葉を紹介して、参考にしたい。

「教室や学校で起こるほとんどすべての事柄が民主的な市民性をめざす教育に関係している。（中略）学校が決定過程に関与するためのどのような機会を生徒に提供するか。学校がどの程度に、そのすべての市民

（生徒のこと―引用者注）のスキルと価値の発達のためにモデルとコンテキストを提供するような民主的な施設であるのか。民主的な市民性の指導（teaching）は反民主的な風土においては成り立ち得ない。」（L. Edwards, P.Munn, K. Fogelman(eds.), Education for Democratic Citizenship―New Challenge for Secondary Education,SWETS & ZEITLINGER, 1994, p. 18）

＊本節で取り上げた「子どもの参加（生徒参加）」は、日本の教育で最も遅れているものの一つである。日本政府が「児童の権利に関する条約」（外務省訳）を批准したのは１９９４年３月のことであるが、その後、国連・子どもの権利委員会は、日本政府から提出された第１回報告の審査にもとづく同委員会の「最終見解―日本」（１９９８年、以下「見解」と略称）のC13項で「児童一般が、社会のすべての部分、特に学校制度において、参加する権利（第12条）を行使する際に経験する困難について特に懸念する」（外務省仮訳）と述べ、続いて２００４年の「見解」（27項）でも同趣旨の「懸念」を表明している。さらに２０１０年の「見解」（44項）では「条約第12条及び児童の意見の尊重に関する委員会の一般的意見No.12（２００９年）に照らし、委員会は、児童が、学校、その他の児童関連施設、家庭、地域社会、裁判所、行政組織、政策立案過程を含むあらゆる状況において自らに影響を与えるあらゆる事柄について意見を十分に表明する権利を促進するための取組を締約国が強化するよう勧告する」（外務省仮訳。傍点は引用者）と述べるにいたっている。しかし、その後も日本政府の態度は、たとえば文科省『私たちの道徳』（２０１４年）において、子どもの権利条約第12条はおろか同条約については一切触れないというものであった。このような状況の中で、本書第９章にみられるような、子どもが独自のゲームの規則を作ることを含めて、教室を子どもの意見表明を保障する空間に作り変えようとする取組みに注目したい。

　なお、子どもの参加（生徒参加）に関する拙稿としては、「子どもの学校参加と生活指導」（日本生活指導学会編『生活指導研究　第11号』所収、大空社、１９９４年）、「教育課程編成・授業づくりにおける生徒参加とその意義―３校の事例調査から―」（日本教育方法学会編『教育方法31』所収、図書文化、２００２年）などがある。

（ふじた・しょうじ　元立教大学教授）

教科研「道徳と教育」部会の研究経過
——おおよそ1990年代まで

藤田　昌士

はじめに　——部会・分科会の名称など

１９５７年度教育科学研究全国連絡協議会全国集会で「道徳教育」という分科会が設けられたことを前史として、翌58年度の全国集会で「道徳と教育」という新たな名称による分科会が設けられた。

その後、１９５９年度集会における中断をはさんで、１９６０年度から84年度までは、おおむね「道徳と教育」という名称で、１９８５年度から２００４年度までは「生活指導と道徳教育」という名称で分科会が設けられたが、２００５年度大会からは、新たに「道徳性の発達と教育」という名称を用いて今日にいたっている。ちなみに、当初の「道徳と教育」という名称は、道徳教育の問題を広く教育（家庭教育や就学前教育、学童保育などの校外教育を含む）という視野の中で考えようという意図にもとづくものであったが、とりわけ１９８０年代以降、「道徳」の授業が現場に浸透しつつある状況の中で、「道徳と教育」の中の「道徳」が「道徳の時間」と誤解される恐れを考慮し、「道徳性の発達と教育」と改めた次第である。

なお、１９６２年12月以降、「道徳と教育」部会の名による日常活動が始められたが、今日においても部会の日常活動は「道徳と教育」という名称を踏襲して行われている。

第１節　部会研究の視野と課題

「道徳と教育」部会の創設にあたって指導的な役割を果たした勝田守一は、部会研究の基本的な視野として「人間の成長や発達にはたらく諸因子の分析的追求」を挙げている（勝田「道徳教育部会の提案」、『教育』１９６３年２月号所収、『勝田守一著作集』第４巻に再録）。あるいは「子どもの人間としての全的《トータル》な成長が、道徳性の形成のための努力にいつも見失われないように、そのことを明らかにするのが『道徳と教育』部会の今後の課題だと思います」とも述べている（『道徳と教育部会報』№１所収、勝田「創刊のことば」、１９６４年９月25日発行）。

それと同時に部会は、道徳教育における学校の無限責任意識を排し、道徳教育における学校（公教育の機関）固有の責任を明らかにしようとするものであった（勝田、１９５８年度分科会報告「公教育における道徳教育の問題」、『教育』１９５８年12月増刊号所収、前掲『著作集』第４巻に再録）。このような研究の視野と課題が部会の研究を方向づけている。

第２節　道徳とはなにか
——自主性・社会性・方向性

前掲、１９５８年度分科会報告において勝田は「対立する価値の比較や選択が自主的に行われるというところに、道徳が成立するという基本的な理解の上に立って、価値の質の問題をとらえなければならない」「価値のある行為が、道徳的行為として成立するのは、それが自主的行為であることによってなのだ」と述べている。

ついで勝田は自主性についての心理学的定義を試みて、つぎのように述べている。

「⑴なによりもそれは自発性によって支えられる。ところで、自発性というのは、個人の内的な傾向、あるいは内面的必然的欲求に支えられているということである。もっとはっきりいえば、生理的な基本的要求と連続しているということであり、その肯定と結びつ

いているということである。（自然主義的な考え方の基礎）

⑵ それだけでなく、自主性は、知的な統制において成立するということである。自主性は、知的・論理的能力の成長と歩を合わせて現われてくることがその証拠である。直接的外的刺激や内的衝動を抑制して、いっそう価値は高いけれども、その実現にはいっそう困難な目的を立て、その実現のために、目的と手段との関係を知的に組織して、その実現に自己を集中させる能力が必要である。いわば一種の自己統制のはたらきである。これはふつう、七・八才ぐらいからかなりの程度に発達してくるといわれている。（合理主義的な考え方の基礎）」

右のような定義にもとづいて、勝田はいう。

「だから、自主性にもとづく道徳教育という思想そのものには、それ自身、前から議論されてきた『方向性』から考えるのではないけれども、『人間をだいじにする』とか『基本的な人間の権利を尊重する』『平和を求める』という方向への内的な関係が含まれている。このような『方向性』を主体的に支えるところに、道徳が成立するということを明らかにすることが必要であろう。」

自主性、そして自主性と一定の方向性との内的な関連についての右のような提案が、その後の部会研究を基礎づけている。なお、後に藤田は、堀尾輝久との連名による論文「道徳と教育」（教育科学研究会編『教育科学入門』所収、1967年、国土社）の中で、価値選択の自主性は、意志の自律を基本とする近代の道徳観につらなるものであると同時に、「内面の自由」（良心の自由）の主体的表現を意味するものという権利論的なとらえ方をも提出した。

ところで、求められる自主性は他方での社会性と相互規定的な関係にあるものととらえなければならない。この社会性の発達という課題が部会研究の課題として提出されたのは、部会世話人会「『道徳と教育』部会の展望」

（『教育』1963年8月号所収）においてである。そこでは「社会性の発達として、わたしたちは、集団認識の発達を中心に考えながら、同時に、発達一般に対する集団の機能を問題にしてゆかなければならない」としている。それと同時に「社会性の発達」への注目は、求められる自主的な価値選択と行為の能力が、他者の欲求・必要にも感応し、それを知的に統制する「共感能力」を内に含むものであることを明らかにする契機ともなったと言えるだろう。

第3節　認識の発達と道徳性の発達

（1）幼児段階から考える　道徳教育における学校固有の任務を明らかにするという課題のもとで、まず設定されたのが「認識の発達と道徳性の発達」と題するテーマである。その際、部会は、先に述べた部会研究の基本的視野にもとづき、「知的発達と行為の発達との関連」を「幼児段階における生活習慣とその自律化」の過程に即して明らかにすることを課題とした。その実践報告と討議を

1962年度の分科会報告（斎藤健一）にみることができる。そこで取り上げられた実践の一コマを紹介する。

「砂場で遊んでいた子どもたちが、手洗場にきて、蛇口のまえで直接手を洗う。すると、土管に砂がつまってしまう。そこで、実際に土管に砂がつまっているところをみせて、こうしたばあいにはバケツに水をくんで、手を洗うことが必要であることを理解させた。」

「行き過ぎた理解先行主義」を戒めながらも、部会は、右のような実践例（畑谷光代、東京）に見る知的発達と行為の発達との関連に注目した。

（2）教科指導と道徳教育　1967年度の分科会報告（宇田川宏）によれば、教育科学研究会には、学校の道徳教育についてのつぎの三原則がある。

・特設道徳に反対し、
・道徳教育は全教育活動を通して行う。

・しかし、教科を道徳化しない。
（この第三の原則は、その後、「教科と教科外活動を道徳化しない。」というように改められたと記憶する。―藤田注）

　そこで、知育を基本とする学校の任務に即して、道徳性を育て、しかも「道徳」化されない教科の指導はどうあればよいかが問われる。以下、１９６７年度分科会報告の中からその一端を拾うならば、まず小笠原英三郎（静岡大学）の報告は、社会科が責任をもつべきものとして「世界観の形成」を挙げ、それを、いわば認識と道徳性との媒介項としてとらえるものであった。その際、小笠原が「人間はすばらしいものだと感ずる一定の方向性をもった価値感情」とも述べているところをみると、その報告は、当時、教科研社会科部会で実践されていた「地球の歴史」「人間の歴史」の授業を念頭に置いたものと考えられる（本書第12章参照）。なお、小笠原の報告をめぐる討議の中で堀尾が、個々の知識が世界観にまで高まるためには「どういう課題とかかわって教材をつくるか」と問うていたことにも注目したい。

　つぎに楡木元子（神奈川県、公立小学校）の報告は、「行動や態度にまでつながる認識は、体験をとおしてできる感情まで入ったものでなければならない」（傍点は原文）として、単なる科学的認識とちがった「感情まで入った認識」の重要性を、間接体験を保障するものとしての文学教育の重要性とともに指摘するものであった。

　ちなみに、勝田も『能力と発達と学習』（１９６４年）の中で「道徳を知的能力に解消する主知主義も、感情の質に還元する主情主義もともに誤っている。行動に、高い水準における均衡をもった構造をつくりあげる知的能力と、その行動に高い目標をめざして方向づけを与える動力となる感情との二つの面が、道徳的な高さを保障するのである」（『勝田守一著作集　第六巻』所収、国土社、１９７３年、１４８頁）と述べて、道徳的行為における感情の問題にも注意を促している。

　認識と道徳性をめぐる問題については、その後、１９７５年度分科会報告（寺田清子）の中に、本多公栄による提案の紹介がある。その提案の中で、本多は、歴教協の研究活動に即して、「科学と教育との結合」というこれまでの実践原則と共に、今後は「生活と教育との結合」という実践原則をも明らかにし、追求していかなければならないとしている。

第４節　生活指導・集団づくり

教科研と地域民教研との合同研究集会は、「道徳と教育」部会の場合、地域の生活指導研究団体・サークルとの協力により行われることが多かった。その合同集会を含めて、生活指導・集団づくりに関する部会の研究経過をふりかえるならば、おおよそつぎのようなものとなろう。

生活指導という言葉は、戦前、綴方教育のなかから生まれ出て、やがては「教育全般の目的」とさえいわれたものであるが、私たちの部会では生活指導を、教科指導を本来的な任務とする学校教育において、学習集団の形成、つまりは教科指導のための前提条件づくり、さらには日本の現実が課する例外としてとらえる見地があった。他方、日本教職員組合編『私たちの教育課程研究・生活指導』（一ツ橋書房、１９６８年）にみるように、「教科外活動を主たる領域とする民主的訓育」（36頁）として、教科指導と並ぶ学校教育のもう一つの筋道としてとらえる見地もあった。その後の経過は、教科指導のための前提条件づくりという役割を見込みながらも、基本的には、後者の理解に立って研究が進められたと言えるだろう。つまりは、学校を教科学習を含む子どもの集団生活の場としてとらえ、教科の内外で民主的な集団生活の建設をめざす子どもの自主的な活動を組織し援助することによって、子どもの自主性・集団性（社会性）を育てる道徳教育のもう一つの筋道として、生活指導を捉えたということである。

さて、部会の討議の中では、この生活指導について、端的には１９７２年度の分科会報告（小宮隼人）の表題にあるように、「子どもの欲求・要求を組織する」ことが実践の原則とされた。それは、要求こそが集団に自主的集団としての実質を付与するものであり、子どもたちがお互いの要求を出し合い、統一し、その実現に取り組むことを教師が指導し、援助する過程にこそ、子どもの自主性・集団性、そして民主的人格の形成が見込まれるからである。

その際、私たちは、「要求」を「必要」（客観的必要）としてとらえる全生研の把握に学びながらも、その「必要」がやはり子どもの内面的・必然的欲求と知的統制とにもとづいて子ども主体の側から発見されていく筋道を重視する。そしてそこから「要求をもたない子ども」という、当時しばしばみられた子ども把握の是非を問い直し、子どもの作文その他の方法によって子どもの内面に潜む願いを掘り起こし、さらには子ども相互の共通理解・要求に導く教師の指導性を課題視したのである。

第5節　学校の管理運営の民主化を

分科会発足の当初、１９５８年度分科会報告に「子どもたちが、自主的に判断する能力を育てるためには、まず、子どもたちが自由に判断するという環境がつくられなければならない。（中略）自由な選択がゆるされない学級管理や学校管理のもとでは自主的な行動を期待することはできない」として、学級・学校管理の在り方への言及が見られる。また、１９６０年度分科会報告にも、竹内常一によるつぎのような指摘がある。

「自治会の学校運営への参加は、教師集団が学校運営に民主主義をつらぬこうとしなければ不可能である。学校にあっては、教師集団からの、つまり上からの民主主義が保証されていないかぎり、生徒集団からの、つまり下からの民主主義は発展しない。」

「教師の学校民主化に対する見通しがあってこそ、学級づくりの実践は、子どもの自主性を正しく育てていくことができるのである。」

このような学校管理の民主化（子どもの学校参加の保障を含む）の必要性が、分科会発足の当初から言われていたことに注目したい。

第6節　さまざまな分野からの実践の交流

１９７４年度「生活指導と道徳教育」分科会報告の中で田中孝彦は、同年度の分科会全体の特徴として第一に「今日の子どもの状況をトータルにどう把握するかという点での論議が一定の深まりをみせたこと」を挙げるとともに、つぎのように述べている。

「この点とも関連して、分科会の全体的特徴の第二は、異なった分野の実践者・研究者が異なった分野の実践を交流し検討するなかで、一人の人間の道徳性・人格は、まさに、乳幼児から青年にいたるまでの、家庭・地域・学校における、実に多様な教育的はたらきかけの総体の結果であり、したがって、自主的・民主的な道徳性・人格の形成を問題にするということは、そうした方向へさまざまな教育的はたらきかけを全体的・統一的にどう組織してゆくかを問うことに他ならないという認識が、参加者の間に鮮明になっていったことにあった。」

ちなみに、分科会参加者数は、１９７３年度のように全生研神奈川支部との共同によって２００名にも及び、全期間、四つの分散会に分かれて進められた年度は別としても、１９８３年度のように１００名を超える年度もあった（前川吉彦報告）。参加者の内訳は小・中・高の教師、校外教育（学童保育など）の指導者、乳幼児保育の実践者、学生、研究者等であった。思えば、北は北海道から南は鹿児島県にいたるまで、全国の多くの方々から貴重な実践報告が寄せられたことを忘れることができない。

第7節　道徳の授業

文部省（現文科省）「道徳」に対する批判としては、たとえば１９６７年度の分科会で堀尾輝久によって、つぎの三点に要約される指摘がなされている（前出、１９６７年度分科会報告参照）。

・国家が道徳の主宰者になってはいけない。

・内容そのものがいけない。
・教育学的原理からみていけない。

ところで、一方ではこのような批判を保持しながらも、1970年代の半ばあたりから、後に宇田川宏・藤田昌士編著『道徳教育の実践—自主的な子どもをどう育てるか—』（総合労働研究所、1981年）で「特設の時間で」という柱のもとに紹介された古谷信一（福岡県、公立小学校）「戦争と平和を教える—『特設平和教育（授業）』の実践—」、君和田和一（京都市、公立中学校）「非行防止のカリキュラム」のような実践が登場するにいたった。さらに文部省の特設「道徳」の実施が強制されつつある状況の中で1982年度には、岡田イチ子（神奈川県、公立小学校）による「道徳の授業」と題する実践報告が登場するにいたった。その学級の子ども、美緒の作文「どうして、私きもちわるいの」を題材とした学級の話し合いを伝えたものである。この報告をうけ、1982年度の分科会報告（万羽晴夫）は「特設時間内での『道徳』授業の実践報告」と題して、つぎのように述べている。

「これは分科会の歴史の中で一定の意味をもつ報告であった。これまで私たちは、人間のあり方に関わる根本的なものを子どものリアルな生活実感に基づき、とりたてて教えることは必要だろうと考えてきた。岡田実践は、こうした課題意識を前提にもっている。」

以来、道徳教育におけるとりたて指導、それも授業という形態における実践の報告が毎年度のように行われることとなった。その一例を柴田康正（愛知県、公立中学校）の報告（1991年度）に即してみると、柴田は、押しつけられた道徳授業で失敗した経験から、道徳の授業では何よりも教師が自由に工夫できることが大切だと考える。そこで柴田は、一定のテーマを系統的に追求する取り組みを、中学生にふさわしい道徳教育の実践として進めてきた。テーマは「地球の環境問題を考える」「学ぶ意味を考える」「障害者問題を考える」「平和を考える」など、多岐にわたる。その一つ、「環境問題を考える」の学習では、子どもに様々な資料を提示するとともに、子どもたち自身に関心のある課題にそって班ごとに調べさせ、その結果を「地球環境学会発表要綱」と題するレポートにまとめて発表させた。こうして、環境問題について自分たちで調べるという経験をとおして、子どもたちは学習への意欲を高めていったという（1991年度分科会報告、橋迫和幸）。

第8節　民主的道徳教育における「基本的価値」と指導計画

1990年代の討議は、1991年度分科会における白根俊之（京都府、公立小学校）の報告にみられるように、民主的な道徳教育の計画化にどう取り組むかという課題の提起にも発展している。本書第12章でも紹介したように、同校では「自他の生命・自由の尊重」をはじめとする七つの「基本的価値」が立てられ、それらが「道徳」、広くは道徳教育の計画を構成する基本的な柱とされている。同様の指導計画づくりとそれにもとづく「道徳」の授業づくりが翌年度の分科会でも報告されたことは、本書第12章第4節（4）で述べたとおりである。

おわりに

紙幅の制約もあり、部会の経過はひとまず1990年代の半ばあたりで閉じることにしたい。ただ一つ補足しておきたいことは、雑誌『教育』1996年4月号の巻頭に「子どもの価値選択と授業」と題する「主張」があり、その末尾でつぎのようにいわれていることである。

「私たちの授業実践や教育倫理において、科学的認識の形成と主体的道徳的価値判断能力の形成との結びつきについて、どれだけ意識的な注意が向けられてきたであろうか。子どもの価値観形成に認識の裏づけを重視するのは当然だが、それ以上に、認識の授業において子どもの主体的価値判断をもっと重視し、励ます必要があると思う。」

この「主張」に続く論文「授業のなかの知と道徳―授業における子どもの主体的価値的選択を励ます―」の中でも、著者の奥平康照は、「授業における訓育」について考慮すべき諸側面や「課題学習」のもつ可能性などに触れながら、「授業において子どもの価値判断・選択をもっと重視すれば、知育と道徳教育はともに新しい展望を開くことができるのではないだろうか」と述べている。

振り返ってみると、大槻健「社会科教育における経験―態度―人格主義について」（雑誌『教育』1962年8月号所収）を契機に「態度主義」批判がなされた当時、筆者は堀尾輝久の指摘を承けて「態度主義批判はことの一面であって、科学・芸術の教育がどういう態度を育てるのかを積極的に明らかにしなければならない」と述べたことがある（『部会報№.6』編集後記、1966年6月）。そしてその後、右の奥平論文に見られるような、あらためての問題提起。その後の経過はどうか。他日の課題としなければならない。

（ふじた・しょうじ　元立教大学教授）

付記　部会関係者による共編著ないし部会に関連する共編著としては、本章および第12章で挙げたものの他につぎのものがある。教育科学研究会道徳と教育部会編『研究集録1　自主的な子どもをどう育てるか―民主的道徳教育の探究―』（1974年）、藤田昌士（著者代表）『講座日本の学力11　道徳と教育』（日本標準、1979年）。

『研究集録1』は「I　参考論文」として勝田守一「道徳教育の歴史」（勝田『道徳教育 中学校編』第1章、1958年、日本書籍）を収め、以下「II　全国大会分科会の報告」「III　部会関係論文」「IV　部会研究の課題」から成る。IV部は「自主的・民主的な道徳性の発達をめざして」というテーマのもとに宇田川宏・田中孝彦・藤田昌士の3名が分担執筆したものである。なお、この補章では特に触れ得なかった学童保育の実践について若干補足するならば、右のIV部でも述べているように、指導者の援助のもとに行われる子どもの異年齢集団による自発的・自治的活動の報告に接して、分科会参加者は、未来のすべての子どもに保障されるべき校外教育のあり方の一つの原型をそこに見いだしたのである。

『講座日本の学力11　道徳と教育』は、講座の一巻として部会のメンバー及び協力者、計10名によって執筆されたものである。「序　今日の子どもと道徳性の問題」「I　道徳教育の批判と建設―近代日本における知育と徳育」「II　道徳とはなにか」「III　道徳性の発達と教育」「IV　学校における道徳教育」「V　道徳教育の展望」から成る。

図1　教育科学研究会道徳と教育部会編『研究集録1 自主的な子どもをどう育てるか－民主的道徳教育の探究－』1974 年８月発行。内容構成については前頁付記参照。

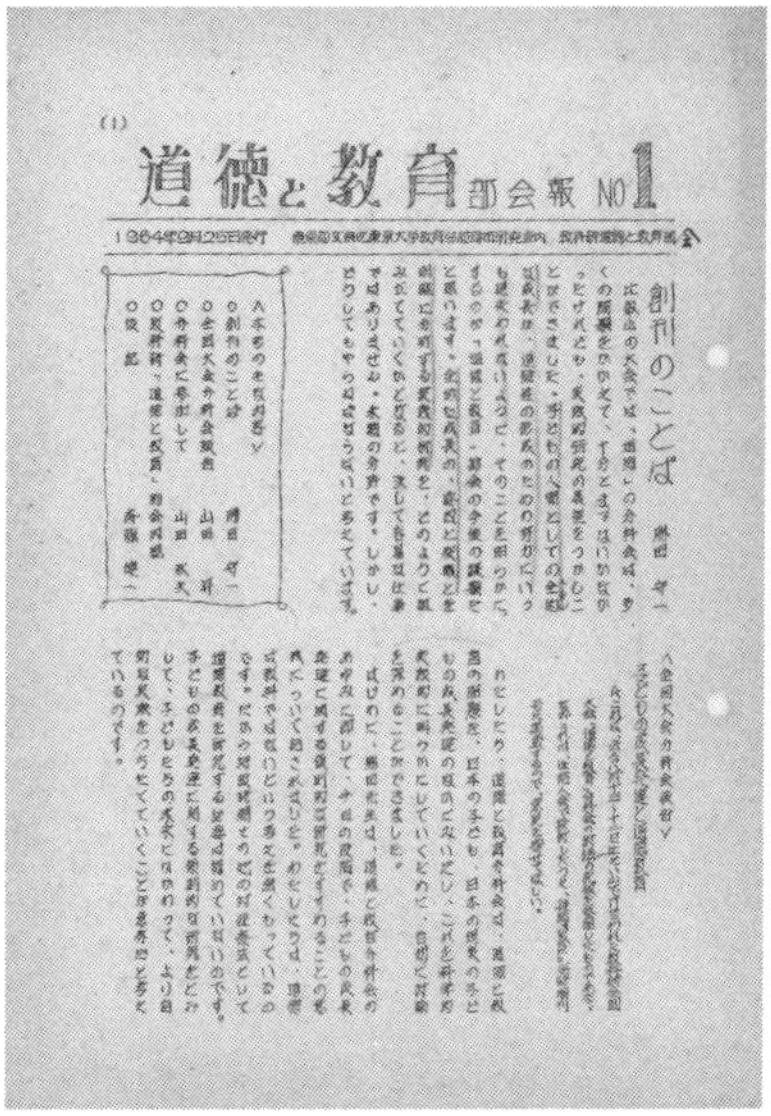

図２　教科研道徳と教育部会『道徳と教育部会報№. 1』（1964 年９月25 日発行）から。なお、同部会報は№47（1982 年９月７日発行）に至るまで発行された。

あとがき

日本の学校における道徳教育の歴史は、次のように大づかみに時代区分することができる。①1872年の「学制」から1945年の敗戦に至るまでの〈修身科の時代〉、②終戦直後から1958年の道徳の時間特設までの〈全面主義の時代〉（道徳のための特別の教科や時間が置かれなかった時期）、③1958年以降の〈道徳の時間の時代〉である。

道徳の時間の特設からちょうど60年を経る2018年、「特別の教科　道徳」（道徳科）が小学校で開始された（中学校での実施は2019年度より）。多くの批判や懸念にもかかわらず、安倍晋三政権の強力なイニシアティブによって実現した「道徳の教科化」は、道徳教育の歴史において間違いなく大きな節目をなすものである。

本書は、いわば〈道徳科の時代〉に突入した状況に対する教育科学研究会「道徳と教育」部会（以下、道徳部会と記す）としての応答である。

本書のおわりに、この論集の生い立ちについて記しておきたい。

2012年12月に発足した第二次安倍内閣のもと、政権誕生からわずか2か月後に教育再生実行会議より提出された「いじめ問題等への対応について（第一次提言）」（2013年2月26日）では、いじめ問題の解決の方途として第一に道徳の教科化が挙げられた。これを受けて教科化政策が具体化していくのだが、一方、私たち道徳部会では、２０１３年の秋には、部会の研究活動をもとにした書籍の刊行が発案されていた。資料で確認できる限り、２０１３年11月29日の道徳部会において、世話人の一人である私（櫻井歓）より発案したのが、おそらく最初であったと思われる。

その後、道徳教育論集の刊行について、道徳部会の世話人の間で総論的には合意されながらも、計画を速やかに具体化していくには至らなかった。その背景には、世話人それぞれの多忙さや、その当時イニシアティブをとって計画を進めるメンバーが出なかったという事情があるものと考えられる。その間に、世話人が個人として教科化批判の論文や論説を発表していくことになるが、道徳部会として共同で研究成果を発信していく点では、比較的に取り組みが弱かったことは否めない。

２０１６年度に私は、日本大学の海外派遣研究員として11か月余り渡航することとなった。この年は、イギリスのＥＵ離脱決定、アメリカ合衆国でのトランプ大統領の選出など、グローバル化の反動としてのナショナリズムの台頭とみられる出来事が相次いだ。

私の主な滞在地はイギリス北部・スコットランドのエディンバラであったが、ちょうどエディンバラに入った２０１６年６月に、イギリスのＥＵ離脱を問う国民投票が実施され、イギリス全体を騒然とさせる衝撃に遭遇することになった。国民投票は僅差で離脱派が勝利したが、スコットランドではこの結果は逆転していた。この結果を受けてスコットランドのニコラ・スタージョン首相は、EUでのスコットランドの地位保全を訴えたり、イギリスからのスコットランド独立を問う2回目の住民投票の可能性に言及したり、あるいはスコットランドは移民を歓迎しているというメッセージを送ったりしていた。私はこうした状況に刺激を受け、ひと夏をかけてスコットランドのカリキュラム文書を調べ、そこに読み取れるナショナル・アイデンティティを分析する論文を書いた。結論として、スコットランドには多様性をアイデンティティとする逆説的な構図があり、そのナショナル・アイデンティティは包摂と排除との相反する方向性をもつ危ういバランスの上に成り立っていることを指摘した。この論文は、本書の第7章に収録した拙論の元になっているものである。エディンバラでの研究生活は、ナショナル・アイデンティティの問題を海外との比較の観点から考えるうえで貴重な経験となった。２０１７年の3月に私は帰国し、その年の夏にスコットランドでの研究成果を教育科学研究会や日本教育学会で報告した。

道徳教育論集の出版については、２０１７年の秋に私が企画書の素案を作り道徳部会に提案した。いま思い返すと、この時期に私自身が本企画のイニシアティブをとるという選択をしたのだと思われる。それ以降、世話人の間で計画が具体化していった。道徳の教科化が実現する情勢にあって、道徳教育のオルタナティヴ（alternative＝既存のものとは別のもの、代案）を探り、道徳教育を作りかえていくためのヒントを提供することを目ざす論集づくりをすることとなった。執筆陣としては、道徳部会の世話人6名（藤田昌士、奥平康照、小渕朝男、伊東毅、田口和人、櫻井歓）が原稿を書くことはもちろん、論集で扱うテーマの多様性を豊かにする原稿を執筆していただけそうな方々にも執筆をお願いし、それぞれ快諾していただいた。

一方、厳しい出版事情のなか、論集の刊行を引き受けていただく出版社を見つけることが懸案となっていた。2018年に入ってから、以前に藤田昌士氏の『道徳教育 その歴史・現状・課題』（1985年）を出版しているエイデル研究所に本企画を説明してお願いしたところ、幸いにも出版を引き受けてくださることとなった。

各執筆者も多忙ななかで原稿を書き、2018年の秋にはすべての原稿が調《ととの》い、出版社への入稿が可能となった。当初の発案から実に5年の歳月を経てようやく論集の刊行が実現するわけである。計画の具体化に時間をかけた分、道徳部会の世話人を超えて執筆者のネットワークが広がりつつあるように思われる。何人かの執筆者には、道徳部会のなかで、あるいは教科研大会「道徳性の発達と教育」分科会のなかで研究や実践の報告をしていただいた。また各章の原稿は、完成稿となる前の段階から電子メールで情報を共有し、相互にコメントや感想を述べ合える形をとり、活発な交流を経て原稿の修正が行われた。

道徳の教科化の現実は楽観を許さない厳しさがあるが、この論集が読者の方々に道徳教育を作りかえていくヒントを提供するものとなることを願っている。また、本書を作る過程で広がってきたネットワーク――人と人とのつながり――を大切にして、道徳教育研究をさらに発展させていきたいと考えている。とりわけ、本書の出版をきっかけに道徳部会に新たな仲間が加わってくださることは嬉しいことである。

最後に、道徳部会からの呼びかけに応じて多忙ななかで原稿を書いてくださった執筆者の方々、そして厳しい出版事情のなかで本書の刊行を引き受けてくださったエイデル研究所、とりわけ本書の企画を担当して刊行に導いてくださった山添路子さんには、改めて感謝申し上げたい。本当にありがとうございました。

２０１９年３月

教育科学研究会「道徳と教育」部会世話人の一人として

櫻井　歓

再生１)』（かもがわ出版、2013年、共著)、『現実と向きあう教育学―教師という仕事を考える25章―』（大月書店、2010年、共著）ほか。

小堀　俊夫（こぼり・としお）　第10章

1952年生まれ。1975年より埼玉県三郷市公立中学校に38年勤務（５校）。現在、東洋大学文学部非常勤講師。著書:『日本国憲法に出会う授業』（かもがわ出版、2005年、共著)、『中等社会科の理論と実践』（学文社、2007年、共著)、『明日の授業に使える中学校社会科・歴史』（編集代表、大月書店、2013年）ほか。

大橋　勝（おおはし・まさる）　第11章

1958年生まれ。中央大学文学部卒業。高校卒業までを静岡県静岡市で過ごす。1984年東京都の中学校教員（英語科）として採用され、中野区、品川区、稲城市、町田市などの中学校に勤務する。2018年３月定年退職後、現在再任用フルタイム教員として町田市立南大谷中学校に勤務する。

田口　和人（たぐち・かずと）第6章

1963年生まれ。1999年、立教大学大学院文学研究科教育学専攻後期課程単位取得退学。現在、桐生大学医療保健学部講師。道徳教育・特別活動などを中心に研究を進める。関連業績：「食育基本法・学校給食法下の『食・道徳教育』の検討―特別活動における『給食の時間』を対象として―」（『群馬県立女子大学教職研究』平成29年）、「小学校『特別の教科　道徳』の教科書分析―『内容項目』の支配と『考える道徳』『議論する道徳』の矛盾―」（『桐生大学教職課程年報』、2018年）、『特別活動論』（武蔵野美術大学出版局、2002年、共著）ほか。「子どもと自然学会」理事。

櫻井　歓（さくらい・かん）　第7章

1972年生まれ。2004年、東京大学大学院教育学研究科博士課程満期退学。現在、日本大学芸術学部教授。教育哲学専攻。西田幾多郎の人間形成論的研究のほか、現代の道徳教育に関する批判的研究などに従事。主な業績：『西田幾多郎　世界のなかの私』（朝文社、2010年新版）、『「甘え」と「自律」の教育学』（世織書房、2015年、共著）、「メディアは「道徳」の教科化をどう論じたか」（『人間と教育』86号、2015年6月）ほか。

横井　夏子（よこい・なつこ）　第8章

1985年生まれ。文京学院大学人間学部教職課程センター特任助教。教育哲学を専攻し、教育関係における信頼論を研究。ときどき幼稚園でも働く。最近の業績：「道徳教育における信頼の機能分析―「他者の予期の予期」の両義性に着目して」（『文京学院大学人間学部研究紀要』19、2018年、105～114頁）、「「他者」を「尊重」し「協働」すること―新学習指導要領をジェンダーの視点から検討する」（『文京学院大学教職研究論集』9、2018年、83～90頁）。

大江　未知（おおえ・みち）　第9章

1960年生まれ。1983年、神戸大学教育学部教育学科卒業。2015年武庫川女子大学大学院臨床教育学研究科修士課程修了。現在、兵庫県公立小学校教諭。『教育をつくる―民主主義の可能性―』（旬報社、2015年、共著）、『魔女先生の玉手箱』（私家版、2015年）、『子どもの生活世界と子ども理解（講座 教育実践と教育学の究会編『戦後日本の国語教育』東京学芸大学出版会、2018年）ほか。

伊東　毅（いとう・たけし）　第3章

1962年生まれ。1998年、東京大学大学院教育学研究科博士課程満期退学。現在、武蔵野美術大学造形学部教授。教育哲学専攻。いじめなどの教育問題や道徳教育などを中心に研究を進めている。主な業績：『未来の教師におくる特別活動論』（武蔵野美術大学出版局、2011年）、『道徳科教育講義』（武蔵野美術大学出版局、2017年、共著）、『新しい教育相談論』（武蔵野美術大学出版局、2016年、共著）、『新しい生活指導と進路指導』（武蔵野美術大学出版局、2013年、共著）、『よくわかる教育原理』（ミネルヴァ書房、2011年、共著）ほか。

広瀬　信（ひろせ・しん）　第4章

1952年生まれ。1983年、京都大学大学院教育学研究科博士後期課程研究指導認定退学、2010年、博士（教育学）（名古屋大学大学院教育発達科学研究科）、2018年、富山大学名誉教授。関連業績：井ノ口淳三、吉田一郎、広瀬　信編『子どもと学ぶ道徳教育』（ミネルヴァ書房、1992年、共著）、「『モラルジレンマ資料』は『道徳』授業に有効か」（『富山大学教育学部紀要Ａ（文科系）』第49号、1997年）、「道徳教育の歴史に学ぶ―道徳の教科化を考えるために」（『教育』2013年９月号）、井ノ口淳三編『道徳教育　改訂版』（学文社、2016年、共著）ほか。

橋本　紀子（はしもと・のりこ）　第5章

東京大学大学院教育学研究科博士課程単位取得満期退学。一橋大学にて博士号（社会学）取得。女子栄養大学名誉教授。日本のジェンダー・セクシュアリティ教育を国際的視野から問題にする。主な著書に『男女共学制の史的研究』（大月書店、1992年）、『フィンランドのジェンダー・セクシュアリティと教育』（明石書店、2006年）、『青年の社会的自立と教育―高度成長期日本における地域・学校・家族』（共編著、大月書店、2011年）、『ハタチまでに知っておきたい性のこと　第２版』（共編著、大月書店、2017年）、『教科書にみる世界の性教育』（共編著、かもがわ出版、2018年）など多数。

執筆者紹介

藤田　昌士（ふじた・しょうじ）　本書監修　第12章・補章

1934年生まれ。1956年３月、東京大学経済学部卒業。東京都大田区立大森第二中学校教諭（６年間）を経て、1962年４月、東京大学大学院教育学研究科学校教育学専攻修士課程入学、1964年５月、同博士課程中退。以後、東京大学教育学部助手（約３年間）、国立教育研究所研究員・研究室長（約17年間）、福島大学教育学部教授（５年間）、立教大学文学部教授（10年間）、帝京平成大学情報学部教授（４年間）などを歴任。専門分野は道徳教育、生活指導、子どもの参加。著書は『道徳教育―その歴史・現状・課題』（エイデル研究所、1985年）、『子どもの権利と生活指導（子どもの権利をいかす生活指導全書１）』（編著、一葉書房、1993年）、『児童会・生徒会活動（同全書４）』（同）、『生活の指導と懲戒・体罰（日本の教育課題第４巻）』（編著、東京法令出版、1996年）、『学校教育と愛国心―戦前･戦後の「愛国心」教育の軌跡』（学習の友社、2008年）など。

奥平　康照（おくだいら・やすてる）　本書監修　第１章

1939年生まれ。1968年、東京教育大学大学院教育学研究科博士課程退学。教育哲学専攻。大阪市立大学勤務を経て1987年和光大学教授、2010年定年退職後、2015年まで和光学園理事長。和光大学名誉教授。欧米近代教育思想史、子ども論、道徳教育論などで論著。関連論著：「戦後教育実践史における〈教育の生活課題化的構成〉の系譜」（『教育実践の継承と教育方法学の課題（教育方法47）』図書文化、2018年）、「子どもの生きる不安に応答する」（『教育』2017年10月号）、『山びこ学校のゆくえ―戦後日本の教育思想を見直す』（学術出版会、2016年）、『少年期の道徳』（新日本出版社、1987年）など。

小渕　朝男（おぶち・あさお）　第２章

1956年生まれ。1988年、東京大学大学院教育学研究科博士課程満期退学。現在、二松学舎大学教授。主に道徳教育や生活指導に関する研究を進めている。主な業績：「上田薫の道徳教育思想」（『二松学舎大学論集　第56号』2013年）、「道徳の授業をつくるために」（『生活指導』2014年8/9月号）、『生活指導と学級集団づくり　小学校』（共編著、高文研、2016年）、「沖山光と大正自由教育」（沖山光研

道徳教育の批判と創造
——社会転換期を拓く

2019年 4月 25日　初刷発行

監修者　藤田 昌士・奥平 康照
編　者　教育科学研究会「道徳と教育」部会
発行者　大塚 孝喜
発行所　株式会社エイデル研究所
〒102-0073　東京都千代田区九段北4-1-9
TEL 03-3234-4641　FAX 03-3234-4644

装　幀　野田 和浩
本文デザイン　株式会社六協
印刷・製本　中央精版印刷株式会社

ISBN 978-4-87168-630-3